A SURPREENDENTE CIÊNCIA DOS RELACIONAMENTOS

Por que *(quase)* tudo o que você sabe sobre se relacionar com os outros está errado

A SURPREENDENTE CIÊNCIA DOS RELACIONAMENTOS

Por que *(quase)* tudo o que você sabe sobre se relacionar com os outros está errado

ERIC BARKER

Autor de *A Surpreendente Ciência do Sucesso*, best-seller do *Wall Street Journal*

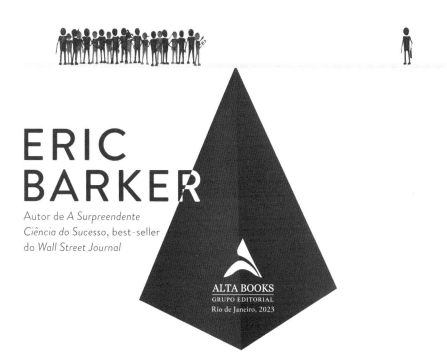

ALTA BOOKS
GRUPO EDITORIAL
Rio de Janeiro, 2023

A Surpreendente Ciência dos Relacionamentos

Copyright © 2023 STARLIN ALTA EDITORA E CONSULTORIA LTDA.

Copyright © 2022 Eric Barker.

ISBN: 978-85-508-1853-5

Translated from original Plays Well With Others. Copyright © 2022 by Erick Barker. ISBN 9780063050945. Th translation is published and sold by HarperOne, an imprint of HarperCollins Publishers, the owner of all righ to publish and sell the same. PORTUGUESE language edition published by Starlin Alta Editora e Consultor Ltda, Copyright © 2023 by STARLIN ALTA EDITORA E CONSULTORIA LTDA.

Impresso no Brasil — 1ª Edição, 2023 — Edição revisada conforme o Acordo Ortográfico da Língua Portuguesa de 2009

Todos os direitos estão reservados e protegidos por Lei. Nenhuma parte deste livro, sem autorização prévia por escrito da editora, poderá ser reproduzida ou transmitida.
A violação dos Direitos Autorais é crime estabelecido na Lei nº 9.610/98 e com punição de acordo com o artigo 184 do Código Penal.
O conteúdo desta obra fora formulado exclusivamente pelo(s) autor(es).

Marcas Registradas: Todos os termos mencionados e reconhecidos como Marca Registrada e/ou Comercial são de responsabilidade de seus proprietários. A editora informa não estar associada a nenhum produto e/ou fornecedor apresentado no livro.
Material de apoio e erratas: Se parte integrante da obra e/ou por real necessidade, no site da editora o leitor encontrará os materiais de apoio (download), errata e/ou quaisquer outros conteúdos aplicáveis à obra. Acesse o site www.altabooks.com.br e procure pelo título do livro desejado para ter acesso ao conteúdo.
Suporte Técnico: A obra é comercializada na forma em que está, sem direito a suporte técnico ou orientação pessoal/exclusiva ao leitor.
A editora não se responsabiliza pela manutenção, atualização e idioma dos sites, programas, materiais complementares ou similares referidos pelos autores nesta obra.

Alta Life é um Selo do Grupo Editorial Alta Books

Produção Editorial: Grupo Editorial Alta Books
Diretor Editorial: Anderson Vieira
Vendas Governamentais: Cristiane Mutús
Gerência Comercial: Claudio Lima
Gerência Marketing: Andréa Guatiello

Produtor Editorial: Gabriela Paiva
Tradução: Renata Vettorazzi
Copidesque: Alberto Gassul Streicher
Revisão: Raquel Escobar, Alessandro Thomé
Diagramação: Cristiane Saavedra
Capa Joyce Matos
Leitura Crítica: Weslley Souza

Rua Viúva Cláudio, 291 — Bairro Industrial do Jacaré
CEP: 20.970-031 — Rio de Janeiro (RJ)
Tels.: (21) 3278-8069 / 3278-8419
www.altabooks.com.br — altabooks@altabooks.com.br
Ouvidoria: ouvidoria@altabooks.com.br

Editora
afiliada à:

Para todos os relacionamentos que arruinei.
(Eu listaria todos, mas só posso usar uma página na dedicatória.)

Henry Thomas Buckle uma vez disse:

"Grandes mentes discutem ideias; mentes medianas discutem eventos; mentes pequenas discutem pessoas."

Estou aqui para discutir pessoas.

SUMÁRIO

AGRADECIMENTOS XI

SOBRE O AUTOR XIII

INTRODUÇÃO XV

PARTE 1
VOCÊ É CAPAZ DE "JULGAR UM LIVRO PELA CAPA"?

1 2
2 11
3 20
4 30
5 41

PARTE 2
É "NOS TEMPOS RUINS QUE CONHECEMOS OS BONS AMIGOS"?

6 50
7 59

8	67
9	79
10	86

PARTE 3
"O AMOR SUPERA TUDO" MESMO?

11	96
12	110
13	126
14	138
15	155

PARTE 4
"NINGUÉM É UMA ILHA?"

16	160
17	171
18	182
19	196

ALGO VAGAMENTE PARECIDO COM UMA CONCLUSÃO	201
RECURSOS	209
ANTES DE DIZER ADEUS	210
REFERÊNCIAS	211
ÍNDICE	277

AGRADECIMENTOS

Escrever um livro é como contar uma piada e ter que esperar dois anos para saber se foi engraçada ou não.

— ALAIN DE BOTTON

QUASE NINGUÉM LÊ A SEÇÃO DE AGRADECIMENTOS. FRANCAMENTE, ISSO É uma pena, porque "nenhum livro é uma ilha". Muitas pessoas ajudaram esta coleção de palavras a chegar até suas mãos, e elas merecem alguns elogios.

Mesmo que sejam poucas pessoas as que lerão, estou emocionado ao escrever porque posso mostrar uma gratidão muito merecida, e é o mais perto que chegarei de ser capaz de agradecer.

- Jason Hallock. Meu verdadeiro amigo aristotélico. Ele é definitivamente um Outro Eu, e muito mais agradável. Com demasiada frequência, ele tem sido a única peça do Jenga impedindo meu colapso.
- Nick Krasney, Josh Kaufman e David Epstein. Eles são heróis poderosos no BCU (Barker Cinematic Universe). Consegui suportar o lockdown pandêmico quando estava muito sozinho por causa deles. Não importa o que meu saldo bancário diga, eu sou rico por ter vocês na minha vida.
- Meus pais, que claramente não sabiam no que estavam se metendo.

- Meu agente, Jim Levine, e meus editores, Gideon Weil e Hilary Swanson, todos os quais toleram minha miscelânea de excentricidades com menos suspiros audíveis do que se esperaria.

- Tyler Cowen, que colocou meu blog no ar e me ajudou a provar que F. Scott Fitzgerald estava errado: vidas norte-americanas podem ter segundos atos.

- Eu também gostaria de comer os intestinos de Gautam Mukunda, Don Elmore, Mike Goode, Steve Kamb e Tim Urban.

- E para todas as pessoas que leem meu blog, você são incríveis. Simplesmente incríveis. Você são minha comunidade, minha tribo. Vocês mudaram minha vida de maneiras que nunca imaginarão, todas elas para o bem. Eu não tenho palavras para descrever o quanto vocês significam para mim.

Ok, voltando ao meu discurso. Como eu disse, é injusto que as seções de agradecimentos nunca sejam lidas...

Espere. Espere um segundo... Isso não é mais verdade, é? Você está lendo esta. Isso é muito incrível de sua parte. Obrigado por reconhecer a contribuição de meus amigos. Você merece algo especial. Talvez um tipo de "Golden Ticket" da fábrica Wonka? Entre no link para reivindicar seu prêmio, Charlie:

https://www.bakadesuyo.com/goldenticket

Easter Eggs não são divertidos? Acho que não há o suficiente em livros. Agora, claro, talvez haja mais deles neste livro em algum lugar. Quem sabe?

Nota da editora: Os recursos online oferecidos ao longo do livro apresentam conteúdo em inglês e são de total responsabilidade do autor.

SOBRE O AUTOR

Quando escrevo, sinto-me um homem sem braços e sem pernas
com um giz de cera na boca.

— KURT VONNEGUT

ERIC BARKER PAROU DE PRESTAR ATENÇÃO À AULA DE FÍSICA QUANDO ELES
pararam de falar sobre acidentes de carro e perdeu o interesse pela
biologia depois que eles falaram sobre sexo. Apesar disso, ele escreve
sobre ciência. Ele frequentou a Universidade da Pensilvânia, uma
escola que se orgulha de transformar pirralhos egocêntricos em adultos educados. Ele então se mudou para Hollywood, uma cidade que se
orgulha de transformar adultos educados em pirralhos egocêntricos.
Seu blog, *Barking Up the Wrong Tree*, apresenta respostas baseadas em
evidências e percepções de especialistas sobre como ser incrível na
vida. Mais de 500 mil pessoas se inscreveram em sua *newsletter.* Seu
primeiro livro, *A surpreendente ciência do sucesso*, foi um best-seller
do *Wall Street Journal* e foi traduzido para dezoito idiomas. Eric deu
palestras em lugares como MIT, Yale, Google, Comando Central dos
Estados Unidos (CENTCOM), NASDAQ e Centro Olímpico de Treinamento. Ele fez todo tipo de coisas extravagantes e impressionantes...
mas chega de falar sobre ele: como vai você?

INTRODUÇÃO

NINGUÉM FOI BALEADO AINDA. SIM, EU SEI, ESSAS NÃO SÃO AS PALAVRAS mais reconfortantes que você já ouviu, mas de onde estou sentado, elas são completamente otimistas.

Dois caras tentaram roubar uma loja de conveniência, mas o caixa acionou o alarme silencioso. A polícia chegou, os bandidos fizeram uma barricada, e o caixa foi feito de refém. A Unidade de Serviços de Emergência, uma maneira elegante de chamar a SWAT, está parada do lado de fora. A Equipe de Negociação de Reféns (ENR) da Polícia de Nova York (NYPD) estabeleceu contato.

Ah, e a ENR tem um convidado especial hoje. Este sou eu. Oi. Durante a maior parte de minha vida, tive medo de receber e-mails que diziam "De: Detetive Thompson, NYPD", mas queria escrever um livro sobre como lidar com as pessoas, e essa parecia uma maneira divertida de aprender. Agora eu estou *aqui*. "Diversão" não é a primeira palavra que vem à mente. As equipes da SWAT estão mobilizadas, vidas estão em risco, e eu gostaria de ter optado por passar o fim de semana em algum seminário de relacionamentos dessa nova era, onde menos armas são apontadas para as pessoas. Eu faço todas as minhas próprias acrobacias, pessoal. Os próximos cinco minutos serão os dez anos mais estressantes de minha vida.

Estranhamente, o cara do outro lado do telefone parece muito legal. Mas é muito cedo para se sentir bem com as coisas. A primeira meia hora de uma negociação de reféns é a mais perigosa. Não há conexão, nem transferência, nem nada que aja como um amortecedor caso as coisas deem errado. Apenas adrenalina e medo.

Enquanto o negociador começa a falar com ele, eu me recordo do procedimento adequado: *Alivie a situação. Use a escuta ativa. O tom de voz é importante. Lembre-se de que suas ações são contagiosas.* Mas a coisa mais importante agora é: *mantê-lo falando.* Porque, se ele estiver falando com você, não estará atirando nas pessoas. Infelizmente, ele não está mais falando conosco. A linha simplesmente caiu. As coisas não podem piorar...

Então, é claro, elas pioram. Ele liga de volta. Mas não é o mesmo *ele.* É outra pessoa. Alguém que está falando rapidamente e soltando xingamentos para todos os lados. Não consigo nem acompanhar tudo o que o cara está dizendo. Consigo ouvir vagamente sobre ser um ex-aluno do sistema penal e matar duas pessoas anos atrás, junto com uma quantidade enorme de outros crimes.

"Não surte", digo a mim mesmo, totalmente surtado. No fim dos filmes, eles sempre dizem: "Nenhum animal foi ferido na produção deste filme." Meu aviso legal possivelmente seja: "*Pouquíssimas* pessoas ficaram feridas durante o processo de escrita deste livro."

O negociador responde ao suspeito: "Parece que você está frustrado." Sim, isso é um eufemismo épico, mas também é uma técnica fundamental de escuta ativa: rotular. Dar um nome à emoção do sequestrador. A pesquisa em neurociência de Matthew Lieberman na UCLA confirmou que a rotulagem amortece emoções poderosas. Também cria uma conexão, mostrando a alguém que você compreende o que ele está sentindo.

"Eu *estou* frustrado! Você está com uma equipe inteira da SWAT aí fora?!? Meu sobrinho está morrendo de medo!"

"Sobrinho?" Imitação. Outro pilar da escuta ativa. Em forma de pergunta, repita a última coisa que pessoa disse. Mantenha-a falando. E o tempo todo você está obtendo mais informações e construindo uma conexão.

INTRODUÇÃO

"Sim, você acabou de falar com ele... Olha, eu não aguento ficar fora da prisão. Mas eu não quero isso para ele."

"Parece que você está preocupado. Com o futuro dele. Você quer que ele saia daí com segurança." Mais rotulagem. Mais conexão. E lentamente empurrando-o na direção na qual você quer que a situação vá.

Enquanto eles continuam falando, o tom muda gradualmente. A hostilidade começa a se dissolver, e é quase como se estivessem trabalhando juntos para resolver esse problema. Não demora muito para que o suspeito deixe o caixa sair. Em seguida, seu sobrinho. E logo depois, ele está se rendendo.

Ver o poder da escuta ativa em ação me atinge como um frisbee na cara. Sinto como se tivesse assistido a uma demonstração de mágica, mas em vez de o mágico enfiar a mão no chapéu e tirar um coelho, ele tirou um carro de luxo. Esse método não apenas muda a mente, mas também leva as pessoas a largar as armas e aceitar sentenças de prisão. Estou empolgado. Empolgado por ter a chave de meu próximo livro e empolgado por não ser eu ao telefone.

O negociador se vira para mim: "Eric, é sua vez de falar ao telefone."

Ah, esqueci de mencionar que isso era uma simulação de treinamento? Opa! (Por favor, não me chame de "narrador não confiável"; isso fará minha mãe pensar que sou um autor que não paga o aluguel em dia.) Apesar de a situação ter sido "de mentirinha", há uma boa razão para minha adrenalina ter sido liberada. As instalações de treinamento da NYPD são espetaculares. São do tamanho de um aeroporto e lembram a parte de trás de um estúdio de Hollywood. Existem conjuntos realistas para os locais mais comuns de incidentes com reféns: um saguão de banco, uma unidade de entrada da polícia, um cenário para aqueles que tentam pular de telhados e uma loja de conveniência (com Oreos). Atores profissionais desempenham os papéis de perpetradores e reféns. Eles levam isso mais a sério do que eu já levei qualquer coisa. E com razão. (Na verdade, a pedido da

XVII

NYPD, alterei alguns elementos do cenário para manter seus protocolos de treinamento confidenciais.)

Depois de uma dose generosa de terror simulado, não poderia me sentir melhor. Subi o topo da montanha para estudar com os mestres zen de habilidades pessoais e alcancei a iluminação dos relacionamentos. Ainda estou nas nuvens quando saímos para conversar depois do treino. Encontrei a chave-mestra da comunicação humana: a escuta ativa. Agora sei do que todo mundo precisa para melhorar seus relacionamentos em casa...

"A propósito, essas coisas não funcionam em casa." Foi o que disse um dos negociadores.

Hein? Eu acho que meu coração acabou de pular uma batida.

"Com seu cônjuge. Essas técnicas não funcionarão em casa com seu cônjuge." Outro negociador balança a cabeça e ri como se dissesse "Né?" Meu queixo cai. Junto com minha vontade de viver. Então esse sistema incrível para lidar com as pessoas não funcionará quando sua esposa estiver com raiva ou seu marido estiver sendo um idiota? Pode salvar uma vida, mas não um casamento? Quero gritar com eles: *vocês não percebem que tenho um livro para escrever e preciso de respostas que gerem boas frases de efeito?*

Mas não grito. Eu respiro fundo. Posso não saber muito sobre como lidar com ladrões de banco armados, mas sei bastante sobre psicologia. E praticamente todas as formas de terapia de casamento recomendam a escuta ativa durante o conflito. Volto para meu hotel e checo duas vezes. E estou certo. *É* recomendado por todo mundo...

Só que não funciona. Todo terapeuta matrimonial (e eu) está errado. Os negociadores de reféns estão certos. John Gottman, professor emérito de psicologia da Universidade de Washington, na verdade, colocou isso à prova. A escuta ativa soa ótima. E funciona bem em cenários como negociação de reféns ou terapia, onde o praticante é um terceiro e tem alguma distância do problema. Mas as discussões matrimoniais são diferentes; elas são sobre *você* não tirar o lixo. Repetir, rotular e aceitar todas as emoções quando seu cônjuge grita com você é tão natural quanto dizer a alguém para não fugir ou revidar

XVIII

quando agredido fisicamente. Gottman descobriu que as pessoas simplesmente não conseguiam fazer isso no calor do momento. E em estudos de acompanhamento, com os poucos casais que realmente conseguiam ouvir ativamente, mostrava apenas benefícios de curto prazo. Os casais rapidamente tinham recaídas.

Na negociação de reféns, benefícios de curto prazo são bons. Funciona bem o suficiente para algemar o cara? Perfeito. Mas em um casamento que vai (espero) durar mais do que horas ou dias, é um desastre. Os terapeutas o recomendam, mas até Gottman aparecer, ninguém realmente havia *testado*. Exceto os negociadores de reféns. Talvez seja por isso que a pesquisa mostra que apenas entre 18% a 25% dos casais relatam melhorias um ano após a terapia de casal.

Lembrete: algo projetado para terroristas e pessoas emocionalmente perturbadas não será perfeito para sua família. (Ok, talvez algo projetado para terroristas e pessoas emocionalmente perturbadas seja perfeito para *sua* família, mas não é o que presumirei.) Humanos são complexos. Complexos feito xadrez tridimensional. E foi ingênuo de minha parte pensar que algo tão complexo teria uma simples chave-mestra.

O que presumi sobre lidar com as pessoas estava errado. Aquilo em que todos os terapeutas de casais acreditavam está errado. E muito do que *você* acha que sabe sobre relacionamentos está errado. Relaxe, não é sua culpa. Recebemos informações conflitantes a vida toda:

- "A roupa faz o homem?" Mas me disseram "não julgue um livro pela capa"!
- "Diga me com quem anda e lhe direi quem és?" Espere, eu ouvi "os opostos se atraem"!
- Você deve "ser você mesmo". Ou é "quando em Roma, faça como os romanos"?

Claro que estamos confusos e acreditamos em coisas bobas. Como não poderíamos? Mas isso é algo de vital importância. E não me refiro a isso como aquelas mensagens clichês açucaradas. Considere o seguinte: o Grant Study da Faculdade de Medicina de Harvard acompanha um grupo de 268 homens há mais de 80 anos. A quantidade de dados acumulados sobre eles poderia encher salas, e as percepções sobre o que contribui para uma vida longa e feliz são abundantes. No entanto, quando perguntaram a George Vaillant, que liderou o estudo durante grande parte de sua vida, o que aprendeu em décadas estudando esses homens, ele respondeu com uma frase:

Que a única coisa que realmente importa na vida são seus relacionamentos com outras pessoas.

Parece absurdo que tanta pesquisa possa ser reduzida a uma única frase. Mas parece verdadeiro. Passamos muito tempo perseguindo as coisas superficiais da vida. Mas quando ocorre uma tragédia, ou tarde da noite, quando seu cérebro faz muitas perguntas, sabemos que são os relacionamentos que mais importam. *Em quem posso confiar? Alguém realmente me conhece? Alguém realmente se importa?* Se você pensar em seus momentos mais felizes, eles serão sobre pessoas. Os momentos mais dolorosos também. Nossos relacionamentos com os outros fazem ou quebram nossa vida.

Sendo assim, os humanos têm lidado com humanos há milhares de anos, e ainda não conseguimos acertar. Como não temos boas respostas para essas coisas? A coisa mais importante na vida é deixada para a habilidade inata, os boatos e o pequeno discernimento que podemos lentamente triturar de forma brutal por meio da dor e da rejeição. Alguns podem dizer que há muitos textos sobre o assunto, mas as palavras *livro de relacionamento* geralmente são murmuradas no mesmo tom que *infomercial*. Sabemos muito bem que a maioria delas é de opiniões ilusórias, na melhor das hipóteses, com um nível de precisão científica no nível de um jogo de adivinhações. Precisamos de respostas reais.

Sigmund Freud disse: "Amor e trabalho são as bases fundamentais da nossa humanidade." Meu primeiro livro foi sobre trabalho. Pratiquei a lógica d'*Os Caçadores de Mitos* nos ditados mais populares que todos nós crescemos ouvindo, para ver se eram realmente verdadeiros. (Felizmente, o livro foi um best-seller, porque, se você escreve um livro sobre sucesso e não é bem-sucedido, bem, não consigo pensar em nenhuma prova maior de que você não sabe do que diabos está falando.) E aqui e agora, analisaremos a primeira metade da declaração de Freud. Relacionamentos.

Este livro é sobre em que *erramos* quando se trata de relacionamentos e como podemos estar um pouco mais certos. Testaremos os ditados que crescemos ouvindo e veremos se eles se sustentam cientificamente:

- Você é capaz de "julgar um livro pela capa"? Ou isso é algo que apenas Sherlock Holmes é capaz de fazer na TV?
- É "nos maus momentos que conhecemos os bons amigos"? E o que essa frase realmente *significa*?
- "O amor supera tudo" mesmo? Ou as taxas de divórcio são tão altas por algum motivo?
- "Ninguém é uma ilha?" (Sempre senti que eu era mais como um arquipélago, para falar a verdade.)

Utilizaremos as melhores evidências disponíveis, sem chavões ou pensamento mágico. (Não acredito em assoprar os dados para dar sorte antes de jogar. Acredito na contagem de cartas.) E veremos *vários* lados da questão antes de dar um veredicto. O que encontraremos é surpreendente e contraintuitivo. Abalará a Lousa Mágica da sabedoria convencional. Desvendaremos os mitos, obteremos as respostas reais e depois aprenderemos como podemos usar essas informações para viver uma vida cheia de amor, carinho e bondade, tudo sem sufocar ninguém no processo.

Passei a última década estudando a ciência do comportamento humano em meu blog, *Barking Up the Wrong Tree*. Ganhei vários diplomas sofisticados e até mesmo sobrevivi crescendo em Nova Jersey. Mas essas não são as razões pelas quais você deve confiar em mim para ser seu Virgílio nesta turnê ao Inferno dos relacionamentos.

Já fui chamado de muitas coisas nesta vida, mas "uma pessoa do povo" não é uma delas. A amabilidade está entre os cinco traços fundamentais que os psicólogos usam para avaliar a personalidade de alguém. Nesse atributo, eu pontuei quatro... de cem. Ai. Em termos de relacionamento, tenho dirigido pela vida com o freio de mão acionado.

Uma razão pela qual comecei a estudar psicologia social é que nunca fui bom com as pessoas e queria entender o porquê. Então este não é um livro em que digo *eu sou um guru, faça o que eu faço*. Este é, na verdade, um livro em que *eu não tinha ideia do que estava fazendo, então conversei com diversas pessoas muito mais espertas do que você e eu para obter umas informações concretas.* Por mais que você sinta que precisa dessas respostas, por mais que tenha fracassado nos relacionamentos, que tenha estado sozinho por muito tempo, deslocado, ou que seja apenas alguém a quem nada nunca deu certo, estou aqui com você. Vamos nessa jornada *juntos.*

Veremos que o núcleo fundamental dos relacionamentos são as histórias que nosso cérebro tece para criar identidade, agência e comunidade, e como essas histórias não apenas nos unem, mas podem nos separar se não tomarmos cuidado.

E então explicarei o sentido da vida. Sério. (Que nunca digam que Patricia Barker criou um filho desambicioso.)

Relacionamentos nos trazem o mais alto dos altos e o mais baixo dos baixos, do tipo *ai meu deus, eu não achava que o fundo do poço era tão fundo.* Todos nós tememos ser vulneráveis ou passar vergonha. Às vezes nos perguntamos se fomos amaldiçoados ou se estamos quebrados. Não podemos parar as ondas, mas podemos aprender a surfar. Seja você bom com as pessoas ou um introvertido socialmente ansioso, todos nós podemos construir melhores amizades, encontrar o amor, reacender o amor e nos aproximar dos outros nesta era de crescente distância emocional e solidão.

Muitas vezes, nossos problemas com os outros começam com nossa percepção imprecisa deles. Todos nós já nos queimamos tentando julgar o caráter das pessoas. Será que conseguimos aprender a medir as pessoas com precisão? Para saber o que está na mente delas, cientificamente? Para detectar mentiras? Ler a linguagem corporal? (E cobrir tudo isso em menos de sessenta páginas?)

Simplificando: podemos "julgar um livro pela capa"? Vamos começar por aí...

PARTE 1

VOCÊ É CAPAZ DE "JULGAR UM LIVRO PELA CAPA"?

1

SUA FILHA DE 18 ANOS HAVIA DESAPARECIDO HÁ UMA SEMANA, E A POLÍCIA não tinha nenhuma pista.

Em 13 de fevereiro de 1917, Ruth, a filha de Henry Cruger, saiu para afiar seus patins de gelo e nunca mais voltou. Apesar das garantias dos níveis mais altos de que o caso era uma prioridade, os rastros que a polícia tinha esvaneceram imediatamente. E como se isso não fosse doloroso o suficiente, os jornais comentavam sobre o caso freneticamente. Uma garota de uma família rica e proeminente havia desaparecido? A mídia estava obcecada.

Sua esposa chorava toda noite. Não que ele estivesse conseguindo dormir. Mas Henry Cruger não era do tipo que desistia. Ele era rico. Era poderoso. E sabia que encontraria sua filhinha. Pois ele havia contratado o melhor detetive que havia.

Esse homem não era um policial. Seu trabalho investigativo havia salvado recentemente alguém de uma sentença de morte. Ele era um mestre do disfarce. Era um ex-procurador distrital dos EUA. E fez tudo isso enquanto enfrentava oposição e desafios que nenhum homem em 1917 enfrentava. Porque no início do século XX, o maior detetive dos EUA não era homem algum.

O nome dela era Grace Humiston. E não demoraria muito para que os jornais de Nova York se referissem a ela como "Sra. Sherlock

Holmes". As comparações com o personagem fictício eram devidamente apropriadas — porque sua vida parecia saída diretamente de um romance policial. Grace só usava preto. Ela pegava todos os casos *pro bono*. Já que as faculdades de direito de Harvard e Columbia ainda não aceitavam mulheres, ela foi para a NYU, a Universidade de Nova York. Havia apenas mil advogadas nos Estados Unidos quando ela foi aprovada na ordem em 1905.

Grace abriu seu próprio escritório de advocacia para representar imigrantes pobres, ajudando-os a lutar contra empregadores e senhorios que os exploravam. Ela recebia ameaças de morte com a mesma frequência que você recebe e-mails inúteis. Quando homens imigrantes desesperados por trabalho começaram a desaparecer no extremo sul, ela se disfarçou e expôs uma conspiração de peonagem que resultou em um escândalo nacional. Aos 27 anos, tornou-se a primeira mulher promotora distrital dos Estados Unidos. Nada mal para quem, como mulher, ainda não podia nem mesmo votar.

Mas com a investigação de Ruth Cruger, Grace teria bastante trabalho a fazer. Não só o caso tinha esfriado, mas a história também. Os jornais esgotaram suas especulações escandalosas e voltaram seu foco para a Primeira Guerra Mundial, que assolava a Europa. Não havia ajuda nenhuma vindo. Mas até mesmo Sherlock precisa de um Watson.

Foi enquanto trabalhava para o Departamento de Justiça que Grace conheceu "Kronnie". Julius J. Kron tinha a reputação de ser um pouco agressivo demais, e talvez um pouco honesto demais, para um cargo governamental. Isso combinava perfeitamente com Grace. Ex-detetive da Pinkerton com uma cicatriz facial profunda, ele nunca estava sem o próprio revólver. E Kronnie era muito bom em garantir que as ameaças de morte que Grace frequentemente recebia permanecessem apenas assim, meras ameaças. Quanto ao caso Cruger, Kronnie era pai de três meninas. Ninguém precisou convencê-lo de nada. Os dois começaram a trabalhar.

Eles verificaram cada hospital e necrotério da cidade, mas não encontraram nada. A única coisa remotamente parecida com um suspeito era Alfredo Cocchi. Era o dono da loja onde Ruth havia ido afiar seus patins de gelo no dia em que desapareceu. A polícia o interrogou, mas não descobriu nada. Eles o eliminaram como suspeito. Duas vezes, na verdade. Como um recém-imigrante italiano, Cocchi temia que uma multidão viesse atrás dele e, então, voltou ao seu país de origem. Simplesmente não havia muito o que fazer. Eles passaram cinco semanas sem uma única pista nova sequer.

Mas Grace não desistiria. Ela estava convencida de que a polícia havia deixado algo passar. Ela e Kronnie se separaram para refazer a investigação *inteira*. Kronnie levou suas habilidades de "persuasão" para as ruas a fim de descobrir mais sobre Cocchi, enquanto Grace revisava cada fragmento de evidência que havia sobre o caso até que soubesse cada um de cor e salteado.

Conversando com os moradores, Kronnie descobriu que havia mais sobre Cocchi do que a polícia havia descoberto. Sua loja/oficina era um ponto de encontro para apostadores e golpistas. E Cocchi gostava de garotas. Muito. Ele as atraía para sua adega no porão para beberem em sessões pós-expediente. Era dito que ele organizava "encontros" entre mulheres jovens e seus clientes. E ocorreram abusos. Ninguém disse uma palavra à polícia porque não queria que a reputação de suas filhas fosse manchada.

Enquanto isso, Grace revisou os arquivos da polícia e encontrou algo que nunca havia chegado aos jornais: quando Cocchi falou pela primeira vez com os policiais, seu rosto e suas mãos tinham arranhões agressivos. Essa foi a gota d'água. Sem nunca ter posto os olhos em Cocchi, Grace sabia que era ele. Ela teria que entrar naquele porão para provar isso.

Mas a Sra. Cocchi não aceitava de jeito nenhum. Ela resistiu a cada nova tentativa de revistar a loja desde que o marido fugira. Ela até ameaçou Kronnie com um martelo. Como a polícia já havia revistado a loja, não havia como Grace conseguir um mandado, sendo assim, ela conseguiu uma *escritura*. Com a ajuda de um intermediário, ela comprou a loja da Sra. Cocchi. E não havia como impedir a nova proprietária de verificar sua própria adega.

Grace, Kronnie e alguns operários desceram os degraus frios e escuros. Para uma oficina, o local era assustadoramente vazio. Havia uma única mobília nela: a bancada de trabalho de Cocchi. Os operários a empurraram para o lado. Abaixo dela, as tábuas do assoalho haviam sido arrancadas.

Embutida no concreto, havia uma porta. Kronnie abriu e encarou a escuridão abaixo. Era como olhar para tinta preta. Não tinha como ver o que havia lá embaixo. Ele não hesitou. Kronnie pulou na escuridão e pousou em... alguma coisa.

Um corpo. Tão decomposto, que era impossível identificar. Membros amarrados. A cabeça amassada. E então Grace os viu... um par de patins de gelo. Encrostados de sangue seco.

Em 29 de outubro de 1920, em sua Itália natal, Alfredo Cocchi foi condenado pelo assassinato de Ruth Cruger. Grace nunca chegou a conhecer Cocchi pessoalmente, mas sabia que era ele o culpado e provou isso. Ela deve ter usado uma dedução ao estilo Sherlock Holmes, certo?

Errado. De acordo com Brad Ricca, autor de *Mrs. Sherlock Homes* (Sra. Sherlock Holmes, em tradução livre), Grace riu da sugestão e respondeu: "Não, nunca li Sherlock Holmes. Na verdade, não acredito em dedução. Bom senso e persistência sempre resolverão um mistério. Se você se empenhar em um caso, não precisará das dramatizações nem de Drs. Watsons."

Portanto, a pessoa real mais parecida com Sherlock Holmes não precisava de habilidades de leitura de pessoas para resolver seu caso mais difícil. Ela nem sequer pôs os olhos no agressor. Será que a capacidade de avaliar pessoas com precisão existe apenas na ficção?

Não, mas antes de aprendermos a fazer da maneira certa, precisamos descobrir o segredo por trás do que estamos fazendo de errado...

Quem precisa analisar a personalidade das pessoas com pouquíssima informação quando o que está em jogo é extremamente importante? Qual é o padrão de excelência quando precisamos analisar o comportamento das pessoas quando não temos sua cooperação e há vidas em jogo?

Eu diria que é o *criminal profiling*, ou profilamento criminal, de assassinos em série. O valor de tempo, energia e dinheiro investido na construção desse sistema de análise de personalidade não foi pouca coisa. A Unidade de Ciência Comportamental do FBI vem trabalhando nisso desde sua criação em 1972. Parece um ótimo ponto de partida para aprender a julgar um livro pela capa, certo? Há apenas um probleminha...

Perfilamento criminal não funciona. É pseudociência.

Você provavelmente faria um trabalho tão bom quanto sem treinamento algum. Em 2002, o estudo de três pesquisadores, Kocsis, Hayes e Irwin, mostrou que os graduados em química da faculdade montavam perfis mais válidos do que os investigadores de homicídios treinados. Ai. Um estudo de 2003 deu a um grupo de policiais um perfil real feito por profissionais e a outro grupo de policiais um perfil falso de um criminoso fictício. Não, eles não conseguiram diferenciar um do outro. E uma meta-análise de 2007 (o resumo de todas as pesquisas sobre um tópico para obter uma visão geral) apontou: "Perfiladores não superam decisivamente outros grupos ao prever as características de um criminoso desconhecido."

O governo do Reino Unido analisou 184 crimes que utilizaram perfilamento e determinou que o perfil foi útil em apenas 2,7% das vezes. Talvez você esteja se perguntando por que um autor norte-americano está citando estatísticas britânicas. Porque o FBI se recusa a fornecer esse tipo de dados. Com que frequência o perfilamento funciona para eles? Eles se recusam a dizer.

Apesar de tudo isso, as pessoas acham que o perfilamento é útil. De fato, 86% dos psicólogos pesquisados envolvidos em casos legais o fazem. Você provavelmente pensou que era útil até cinco minutos atrás.

Como poderia um sistema supostamente baseado nos mais altos níveis e utilizado em algo tão sério quanto um assassinato ser basicamente inútil? Como fomos todos enganados? Acontece que não é algo tão surpreendente quanto você imagina. Muita gente se deixa enganar pela astrologia e por falsos médiuns, certo? Eu sei, você provavelmente está pensando: "Isso é uma história completamente diferente." Na verdade, não. É a mesma situação. *Exatamente* a mesma, de fato.

Na psicologia, isso é conhecido como "o efeito Forer", ou pelo nome mais popular, "o efeito Barnum". Sim, advindo do nome de P. T. Barnum, o infame vendedor ambulante. Em 1948, o professor universitário Bertram Forer aplicou um teste escrito de personalidade aos seus alunos. Uma semana depois, ele deu a cada um deles um perfil personalizado descrevendo sua personalidade única com base nos resultados. Forer pediu que classificassem o perfil entre 0 e 5, sendo 5 o mais preciso. A média da turma foi de 4,3, com apenas um aluno dando menos de 4. E então, ele revelou a verdade… todos receberam exatamente o mesmo perfil. No entanto, cada um deles olhou para o dossiê e disse: "Sim, isso é exclusivamente único sobre mim." Sabe de onde Forer tirou o perfil? De um livro de astrologia.

E o efeito Barnum foi visto repetidamente em estudos. É um erro comum que nosso cérebro comete. O famoso psicólogo de Cornell, Thomas Gilovich, o define: "O efeito Barnum refere-se à tendência de as pessoas aceitarem a mesma avaliação generalizada como estranhamente descritiva de si mesmas, desde que acreditem que foi escrita especificamente para elas com base em algum instrumento de 'diagnóstico', como um horóscopo ou um inventário de personalidade."

A questão-chave aqui é o que os estatísticos chamam de "taxa-base". Simplificando, as taxas-base informam o quão comum algo é em média. A taxa-base para alguém "ter feito um telefonema" é absurdamente alta. A taxa-base para completar uma caminhada espacial para a NASA é extremamente baixa. Portanto, saber que alguém fez um telefonema não é muito útil para limitar um grupo de pessoas, enquanto saber que alguém completou uma caminhada espacial pega toda a população do planeta e a reduz a apenas algumas pessoas.

Perfilamentos (não intencionais) se baseiam em altas taxas-base, assim como o experimento Forer o fez. Se a maioria das pessoas quer ser apreciada, dizer que alguém quer ser apreciado tem uma grande probabilidade de estar correto, mas não é muito perspicaz. Quer fazer um perfilamento aparentemente legítimo? Pegue alguns fatos de alta taxa- base (75% dos assassinos em série dos EUA são caucasianos, 90% são do sexo masculino). Então, adicione algumas coisas não verificáveis que você não tem como errar. ("Ele tem fantasias sexuais pervertidas, mas pode estar relutante em admitir isso.") Por fim, acrescente alguns palpites aleatórios. ("Ele ainda mora com a mãe e sempre se veste casualmente.") Se você estiver errado nesses palpites, eles serão ignorados — mas se tiver sorte, parecerá um gênio. E um estudo de 2003 descobriu exatamente isso. Os pesquisadores criaram um perfil que consiste em afirmações vagas para medir deliberadamente o efeito Barnum. Os policiais julgaram ser tão preciso quanto um perfil real.

Forer enganou seus alunos, e o fato é que o perfilamento tem enganado a todos nós. Quando nos dizem que alguma qualidade vaga com uma taxa-base alta conta uma história relevante, queremos que seja verdade. De fato, procuramos evidências para *torná-la* verdadeira. E temos a tendência de nos lembrar daquilo que reafirma nossas crenças e de nos esquecer daquilo que não.

As pessoas recorrem às bolas de cristal e às cartas de tarô não para obter respostas difíceis, mas para obter uma história que lhes dê uma sensação de controle sobre a própria vida. Médiuns falsos e mágicos de palco usam um sistema chamado "leitura fria", que utiliza o efeito Barnum e as taxas-base para fazer parecer que podem ler mentes e prever o futuro. E nossa mente conspira para que as histórias que nos contam soem verdadeiras. O mentalista Stanley Jaks demonstrou isso lendo a sorte das pessoas e dizendo-lhes o *oposto* do que a leitura de mãos padrão teria dito. O resultado? Não importava. As pessoas acreditavam da mesma forma.

Como Malcolm Gladwell explicou em um artigo da *New Yorker* de 2007, o perfilamento é basicamente isto: leitura fria não intencional. Laurence Alison, um dos principais pesquisadores sobre a ineficácia do perfilamento, chega a citar um estudo sobre leituras psíquicas comparando-as ao perfilamento: "Uma vez que o cliente está ativamente engajado na tentativa de dar sentido à série de declarações às vezes contraditórias vinda do leitor, ele se torna um solucionador de problemas criativo tentando encontrar coerência e significado no conjunto total das declarações." Não estamos avaliando objetivamente o que ouvimos; somos participantes ativos na tentativa de encaixar a peça do quebra-cabeça. Racionalizando. Dando desculpas. Aceitando algo vago como "próximo o suficiente".

Talvez você pense que qualquer pessoa que acredite em cartas de tarô ou bolas de cristal tenha um QI altíssimo, mas todos nós somos afetados por esse viés até certo ponto. Há uma razão fundamental pela qual há mais astrólogos do que astrônomos. Como Gilovich explica, os humanos são propensos a ver significado onde não há. Emocionalmente, queremos uma sensação de controle sobre o mundo ao nosso redor. Precisamos desesperadamente que o mundo pelo menos *pareça* fazer sentido. E para isso, precisamos de uma história, mesmo que não seja verdadeira: "Ah, meu relacionamento acabou porque meu Mercúrio está no Gatorade."

O verdadeiro desafio em analisar as pessoas muitas vezes não está nelas; está em nós mesmos. Sim, decodificar o comportamento dos outros é difícil, mas o problema oculto, que raramente percebemos e nunca abordamos, é que nosso próprio cérebro muitas vezes trabalha contra nós. Achamos que o segredo para ler as pessoas é aprender algum indicador mágico especial em linguagem corporal ou detecção de mentiras. Mas a principal coisa com a qual temos que lutar são nossos próprios vieses cognitivos. É isso que realmente precisamos superar...

2

EM 1891, WILHELM VON OSTEN PERCEBEU QUE SEU CAVALO, HANS, ERA UM gênio. Ok, ok, não um *gênio no nível Albert Einstein*, mas, para um cavalo, era genial. Hans se tornou um dos cavalos mais famosos de todos os tempos e foi responsável por um tremendo avanço na história da ciência... mas, hum, não da maneira que von Osten esperava ou desejava.

Von Osten acreditava profundamente que a inteligência dos animais havia sido subestimada. Ele levava isso tão a sério, que começou a ensinar matemática para seu cavalo, Hans, usando torrões de açúcar e cenouras como recompensa para respostas corretas. Ele fez isso todos os dias... *pelos quatro anos seguintes*. (E *você* acha que tem vizinhos malucos.) Mas poderia um cavalo realmente aprender feito uma pessoa? Ou tudo isso foi tão ridículo quanto parece?

Bem, após quatro longos anos de treinamento, von Osten realizou sua primeira exibição pública da habilidade de Hans. Uma multidão estava reunida em frente ao palco. Ele virou-se para Hans e disse: "Quanto é dois mais um?" Hans bateu seu casco três vezes. Sorrisos de diversão em toda a multidão. "Qual é a raiz quadrada de dezesseis?" Hans pisoteou quatro vezes. Os sorrisos foram substituídos por surpresa. "Que dia do mês será esta quarta-feira?" Hans pisoteou nove vezes. A multidão arquejou.

E então, eles fizeram frações. Hans disse as horas. Ele contou os membros da plateia. Ele até contou o número de membros da plateia que usavam óculos. Alguns mais tarde estimaram que Hans tinha as habilidades matemáticas de um humano de 14 anos. E ele não respondeu apenas a comandos verbais. Von Osten escreveu o número "3" em um quadro-negro, e pisa-pisa-pisa foi a resposta.

Ao codificar o alfabeto em números (A = 1, B = 2 etc.), Hans conseguia soletrar palavras e responder perguntas. Ele podia identificar cores, cartas de baralho e pessoas na multidão. Era só tocar uma música, e ele conseguia apontar o nome do compositor. Mostrar-lhe uma pintura, e ele nomeava o pintor. Hans não era perfeito, mas acertava cerca de nove em cada dez vezes.

Não demorou muito para que a notícia se espalhasse sobre o cavalo apelidado de "Hans Esperto". Von Osten o levou em turnê, e logo ele estava pisoteando para multidões cada vez maiores toda semana. Hans se tornou uma sensação. E as pessoas muito além das fronteiras da Alemanha começaram a dar importância ao acontecimento. Mas havia aqueles que permaneciam céticos, é claro. Será que von Osten não estava lhe dando as respostas? A coisa toda não era manipulada? Por fim, Hans ficou tão famoso, que o governo interveio para testar o cavalo milagroso.

Em 1904, o Conselho de Educação da Alemanha formou a Comissão Hans. E, como noticiaria o *New York Times*, a comissão não encontrou nenhuma fraude. O que foi mais convincente para todos foi que Hans exibia suas incríveis habilidades quando von Osten não estava presente. Depois disso, a lenda de Hans explodiu. Alguns agora até acreditavam que o cavalo poderia ler mentes.

Mas nem todos tinham tanta certeza assim. Oskar Pfungst, um jovem cientista e membro da Comissão Hans, queria continuar realizando testes. Ele fez uma gama mais ampla de perguntas e testou muito mais variáveis do que o estudo anterior. Hans ainda se apresentava com louvor, mas Pfungst notou duas irregularidades que o deixaram curioso.

Primeiro, embora a comissão tenha feito um excelente trabalho no controle das distrações de Hans, ninguém havia considerado no que o cavalo prestava atenção durante o estudo. Pfungst observou que Hans "nunca olhava para as pessoas ou os objetos que deveria contar, nem para as palavras que deveria ler, mas, mesmo assim, dava as respostas adequadas".

Segundo, ninguém nunca se concentrava nas respostas *erradas* que Hans dava. Sim, ele estava certo na grande maioria das vezes, mas quando errava, suas respostas estavam tão distantes das corretas, que insinuava que realmente não havia "entendido" a pergunta. Suas respostas incorretas eram o tipo errado de incorretas.

Então Pfungst decidiu tentar algo novo: ele colocou antolhos em Hans para que o cavalo não pudesse ver o questionador. Boom. Pela primeira vez, Hans se tornou agressivo. Ele resistiu com força, esforçando-se para ver o questionador. Por fim, eles conseguiram fazê-lo completar o teste com antolhos. Sua taxa de precisão caiu de 89% para 6%.

Pfungst ainda estava confuso, mas sabia que estava chegando perto de descobrir a verdade. Dessa vez, ele tirou os antolhos para que Hans pudesse ver o questionador, mas Pfungst certificou-se de que o questionador não sabia a resposta. Mais uma vez, o desempenho de Hans foi terrível, passando de 90% para apenas 10% de precisão. Se Hans não pudesse ver o questionador ou se o questionador não soubesse a resposta, o QI do cavalo despencava repentinamente.

Pfungst então entendeu. Hans não era um gênio. O que Hans sabia fazer era ler as pessoas excepcionalmente bem. Pesquisas mostram que os cavalos são capazes de detectar movimentos da cabeça de um ser humano tão pequenos quanto um quinto de um milímetro. Suficientemente motivado por um saboroso torrão de açúcar, Hans captava pistas inconscientes que os questionadores davam quando ele executava o número correto de pisadas. Hans era apenas um cavalo normal, motivado por comida, respondendo a estímulos. Quando se assustava, ele não indicava com suas pisadas: "Uau, isso me pegou desprevenido, hein?" Não, ele relinchava e mordia quem estivesse perto, como os cavalos sempre fazem. Depois que Pfungst divulgou seus resultados, von Osten fez a coisa mais racional, objetiva e científica: ele ficou totalmente chateado, recusou que continuassem os testes, pegou seu cavalo e foi para casa.

Mas Hans viria a ter um impacto enorme não apenas na psicologia, mas na ciência em geral. Os livros didáticos de hoje ainda se referem ao "efeito Hans Esperto", que também é conhecido como "efeito do observador".

Se você ouviu em algum momento o termo *estudo duplo-cego*, pode agradecer a Hans. Ele influenciou sua criação, que teve um impacto profundo na forma como as pesquisas são feitas. Normalmente, os estudos médicos dão a metade dos participantes a droga ativa, e, para a outra metade, um placebo. Mas digamos que, como experimentador, eu sei qual é o placebo, e sempre que o entrego a alguém, expresso um sorriso silencioso e reviro os olhos. Assim como no caso de Hans, quando o experimentador sabe "a resposta", ele pode informar consciente ou inconscientemente o paciente e reduzir a objetividade do experimento. Assim, os estudos são "duplos-cegos", ou seja, nem o paciente nem o experimentador sabem qual é o placebo. Feito colocar antolhos em Hans.

Hans não era um gênio, mas ele podia ler as pessoas. E se um cavalo pode aprender a ler o que se passa na mente de alguém, certamente nós também podemos... certo?

Você gostaria de ser capaz de ler a mente dos outros? Para saber o que as pessoas ao seu redor pensam e sentem? Claro que gostaria. Não somos malucos por querer essa habilidade. Pesquisas mostram que mesmo uma ligeira vantagem aqui é bastante poderosa. A "percepção precisa sobre uma pessoa" tem uma fila enorme de benefícios pessoais e interpessoais. Estudos mostram que quem a possui é mais feliz, menos tímido, interage melhor com os outros, tem relacionamentos mais próximos, consegue aumentos maiores e recebe melhores avaliações de desempenho. Quando olhamos mais especificamente para aqueles que são melhores na interpretação de linguagem corporal e comunicação não verbal, vemos efeitos positivos semelhantes.

Uau! Quero participar agora. Certo? Apenas um problema: *em média, a grande maioria das pessoas é categoricamente horrível nessas habilidades.* Quero dizer, somos comicamente ruins nisso. Nicholas Epley, professor da Universidade de Chicago, descobriu que, quando está interagindo com estranhos, você detecta corretamente seus pensamentos e sentimentos em apenas 20% das vezes. (As chances de precisão aleatória são de 5%.) Agora, é claro, você interage melhor com pessoas que conhece... mas não muito. Com amigos íntimos, você atinge 30%, e os casados atingem o ápice de 35%. Na escola, isso é o mesmo que um zero. Na verdade, provavelmente está mais próximo de um 3. Independentemente do que imagine que está passando pela cabeça de seu cônjuge, em dois terços das vezes você estará errado.

No entanto, aqui está a parte realmente engraçada: *achamos que somos incríveis em interpretar as pessoas.* Novamente, aquele cérebro irritante está nos contando histórias lisonjeiras. Peça às pessoas que avaliem a autoestima de seus parceiros, e elas acertam 44% das vezes. Mas estão confiantes em seus palpites 82% das vezes. E quanto mais tempo estão juntas, mais sua confiança cresce. A precisão? Não, isso não aumenta. Mas com certeza você fica mais confiante.

Como podemos estar tão fora da curva? E ainda assim tão confiantes na nossa imprecisão? O termo técnico é *ancoragem egocêntrica*. Epley diz que estamos presos demais em nossa própria perspectiva: "Pesquisa atrás de pesquisa descobre que a maioria das pessoas tende a exagerar na medida que os outros pensam, acreditam e sentem como elas." Tal como acontece com o perfilamento, estamos presos demais dentro de nossa própria cabeça e de nossas próprias histórias. Mesmo quando tentamos adotar a perspectiva dos outros, estudos mostram que nossa precisão não melhora. Sim, ela reduz o viés egocêntrico, mas o que usamos para substituir não é nem um pouco melhor. Quando perguntamos aos outros, nossa precisão aumenta, mas não fazemos isso o suficiente. Normalmente, nós apenas brincamos em nossa própria cabeça com nossas próprias histórias e substituímos suposições ruins por suposições ruins diferentes.

Então, quem *é* notavelmente melhor em ler passivamente os pensamentos e sentimentos dos outros? Se eu fosse forçado a dar uma resposta em uma única palavra, eu diria que *ninguém*. Isso não é verdade, estritamente falando. Obviamente, algumas pessoas detêm uma vantagem. Mas parece haver uma barreira, e enorme, ainda por cima. Transtornos mentais podem conferir superpoderes em uma área, mas muitas vezes são compensados por deficiências em outra. Somos todos muito ruins nisso, enquanto permanecemos alegremente inconscientes de nossa péssima apresentação.

Eu sei o que algumas pessoas estão pensando: "Ei, ei, ei. As mulheres não são leitoras de pessoas mais precisas do que os homens?" Ai, garoto. Hora de jogar amarelinha em terreno escorregadio. Agendas políticas e debates de gênero à parte, no fundo de seu coração, você *acha* que há uma diferença entre homens e mulheres quando se trata de interpretar as pessoas? E o que você acha que diz um caminhão basculante cheio de estudos científicos? (Por favor, rufem os tambores.)

Sim, as mulheres são melhores. A superioridade feminina na detecção da comunicação não verbal está bem documentada. É uma vantagem de apenas 2%, mas é muito consistente em todas as idades, métodos de teste e culturas. Dito isso, não é uniforme. As mulheres não são melhores do que os homens em detectar mentiras. As vantagens são mais pronunciadas na detecção de expressões faciais e no reconhecimento de emoções.

Então por que você acha que as mulheres são melhores nisso do que os homens? Acontece que não é o resultado direto da biologia. Na verdade, é devido a uma das coisas que pode tornar *todos* nós melhores leitores de mentes: motivação.

Quando os estudos se aprofundam para procurar a causa subjacente, o que muitos descobrem é que as mulheres, em média, são mais motivadas a interpretar com precisão as pessoas do que os homens. Elas estão simplesmente mais interessadas e se esforçam mais. Um estudo de 2008 de Geoff Thomas e Gregory Maio comprova esse ponto convictamente. O que aconteceu quando os pesquisadores informaram aos caras que ser empático faria com que as mulheres se interessassem mais por eles? Bingo. A motivação masculina aumentou, assim como a capacidade dos homens de notar com precisão pensamentos e sentimentos. Assim como Hans querendo aquelas cenouras. Claro, há o outro lado disso: quando a motivação cai, a precisão também.

Maridos em casamentos infelizes podem ler os sinais não verbais de mulheres aleatórias *melhor do que os de suas esposas*. Ai.

Para os neurocientistas, tudo isso não é surpreendente. Eles sabem o quão preguiçoso nosso cérebro é na maioria das vezes. A motivação é quase uma panaceia neurocientífica. Dar a mínima torna nosso cérebro melhor em quase tudo, porque nosso padrão de fábrica é mal prestar atenção em qualquer coisa. Michael Esterman, professor da Universidade de Boston e cofundador de seu Laboratório de Atenção e Aprendizagem, diz: "A ciência mostra que, quando as pessoas estão motivadas, seja intrinsecamente, ou seja, elas têm gosto por aquilo; ou extrinsecamente, ou seja, elas ganharão uma recompensa, são mais capazes de manter uma atividade cerebral consistente e a prontidão para o inesperado."

Quando as pessoas estão julgando seus parceiros românticos, a precisão aumenta. E, na mesma linha de pensamento, quando um estudo fez mulheres ansiosas e possessivas espionarem seus namorados conversando com belas pesquisadoras, adivinhe o que aconteceu? Sim, a capacidade delas de preverem corretamente as respostas dos parceiros às perguntas aumentou. Mas quando não há perda ou ganho, nosso cérebro fica ocioso.

Neste tipo de livro, devo cunhar nomes cativantes para princípios fundamentais, não é? Você sabe, como "A Regra dos Cinco Segundos" e tudo mais. Não gostaria que a polícia dos gêneros viesse atrás de mim. Portanto, chamo este de **O Axioma do Cérebro Ocioso**®.

Portanto, o primeiro passo para ser melhor em interpretar as pessoas é ser curioso. Melhor ainda é fornecer a si mesmo algum tipo de ganho ou perda externa que o motive.

O problema é que, mesmo suficientemente motivados, só podemos melhorar nossas habilidades até certo ponto. Nós naturalmente não somos tão bons em ler as pessoas. A motivação melhora a precisão, mas apenas com pessoas suficientemente expressivas e legíveis. Se você está lidando com alguém que tem uma cara fechada em nível Botox, a motivação não ajudará muito. Isso leva à nossa segunda grande percepção: *legibilidade é mais importante do que habilidades de leitura*. A habilidade de leitura de pessoas não é tão variável, mas a legibilidade delas varia muito. Grande parte do motivo pelo qual somos capazes de interpretar as pessoas não é porque somos habilidosos; elas é que são expressivas.

Assim, no que diz respeito à leitura dos pensamentos e sentimentos das pessoas, se "julgar um livro pela capa" significa apenas avaliar passivamente as pessoas, então o mito já está basicamente desmascarado. Vamos dar ao ditado uma chance de lutar e supor que não é isso que ele significa. Mas ainda estamos em um beco sem saída. Devemos apenas aceitar que interpretaremos mal os outros rotineiramente e que não há muito o que fazer a respeito disso? Não. Para me formar em primeiro lugar na minha turma, posso melhorar minhas notas *ou* fazer com que todos os outros se saiam pior do que eu. Vamos focar o último, assim como fiz na escola. Então, chamaremos isso de **Teorema do Eric no Ensino Médio®**.

Visto que não podemos melhorar tanto assim nossas habilidades de leitura de pessoas, devemos concentrar nossos esforços em tornar os outros mais legíveis.

Em vez de analisá-los passivamente como Sherlock Holmes faz na TV, precisamos evocar *ativamente* sinais mais fortes para obter reações mais reveladoras. O primeiro e mais fácil método é manipular o contexto. Você aprenderia mais sobre alguém tomando uma xícara de chá ou jogando futebol com ele? A primeira opção pode lhe fornecer mais informações (se você puder confiar no que a pessoa diz), mas a segunda mostrará organicamente como ela toma decisões e cria estratégias, e se burla as regras. Quanto mais você expuser as pessoas a diferentes estímulos, mais surgirão as facetas de quem elas são.

Incluir outras pessoas nessa dança também é poderoso. Ter uma terceira pessoa presente pode mostrar diferentes lados de alguém. (Se você só lidasse com alguém na presença do chefe dele, você pensaria que está vendo a pessoa por inteiro?) E não converse sobre o clima. Reações emocionais são as mais honestas, e os tópicos "seguros" de conversa transformam as pessoas em políticos, expressando pouco conteúdo. Quando os pesquisadores fizeram as pessoas em primeiros encontros falarem sobre ISTs, aborto e outros tópicos tabus, elas não apenas aprenderam mais sobre a outra pessoa, mas também relataram gostar mais da conversa.

E como foi dito previamente, nosso próprio cérebro costuma ser o problema aqui. Temos a tendência de prestar atenção aos sinais errados. O que nos leva à questão da linguagem corporal. E todo mundo *ama* a linguagem corporal. Mas a literatura é consistente — o valor de analisar de forma consciente a linguagem corporal é grosseiramente superestimado. Há uma razão pela qual ninguém jamais criou uma "Pedra de Roseta da Linguagem Corporal". As pistas não verbais são complexas, dependentes do contexto e idiossincráticas. Nunca podemos ter *certeza* do que está causando o quê. Sim, essa pessoa está tremendo, mas você não tem certeza se é porque ela está nervosa ou porque está sentindo frio. E este ponto é crucial: *a linguagem corporal é totalmente inútil sem algum tipo de parâmetro.* Algumas pessoas estão sempre inquietas, e isso não significa nada. Outras raramente estão inquietas, e isso diz muito sobre elas. Mas se você não sabe qual é o padrão delas, está apenas deixando seu cérebro criar histórias fantasiosas novamente.

A verdade seja dita: se você quiser se concentrar em algo, pule a linguagem corporal e foque a fala. Quando podemos ouvir alguém, mas não podemos ver a pessoa, a capacidade empática diminui apenas cerca de 4%. Quando podemos ver uma pessoa, mas não ouvi-la, é uma queda grandiosa de 54%. Preste menos atenção se ela cruza as pernas e mais atenção em quando a voz dela muda.

Portanto, a ciência diz que ler a mente das pessoas ao nosso redor não é algo em que somos naturalmente bons, mas isso nos dá algumas dicas sobre como podemos melhorar. Porém, e quando conhecemos alguém novo?

Pronto para aprender a verdade sobre como as primeiras impressões funcionam e como podemos melhorá-las? (Pisoteie com seu casco uma vez para sim ou duas vezes para não, Hans.) Primeiras impressões são uma parte crucial de "ler um livro pela capa", mas para realmente chegar ao problema central que temos com elas, precisamos fazer um rápido desvio pelo mundo da memória...

3

"TENHO UM PROBLEMA DE MEMÓRIA", DIZIA O E-MAIL. E JAMES DEIXOU escapar um suspiro cansado. O tempo todo. Ele recebia esses e-mails o tempo todo... o tempo todo.

James McGaugh é professor de neurociência na Universidade da Califórnia em Irvine (UC Irvine) e um dos melhores especialistas em memória de longo prazo do mundo todo. Mas uma desvantagem que esse status traz consigo é a enorme quantidade de e-mails de desconhecidos que perdem suas chaves uma vez e imediatamente supõem que têm Alzheimer. Sendo assim, ele respondeu a esse último e-mail da mesma forma que fez a todos os outros anteriores, encaminhando a pessoa para uma clínica onde ela possa fazer exames, caso realmente estiver preocupada com o problema.

Mas Jill Price imediatamente respondeu dizendo não, ela precisava *dele*. James revirou os olhos. Porém, Jill seguiu com algo que o fez parar, algo que ele nunca havia ouvido antes. Jill repetiu que tinha um problema de memória...

Mas o problema dela era que ela nunca se esquecia de nada. "Ela provavelmente é maluca", pensou ele. Mas que se dane. Justo quando Jill veio para sua consulta, James pegou um livro de sua estante. Era um daqueles livros de referência que lista todos os grandes eventos do século passado. Ele virou para uma página aleatória e perguntou:

"Qual foi o dia em que Rodney King foi espancado por policiais da polícia de Los Angeles?"

Jill não hesitou. "Dia 3 de março de 1991. Em um domingo." Uma pergunta após a outra, ela respondeu todas perfeitamente. James ficou surpreso. As respostas simplesmente saíam dela da mesma forma que você responderia se eu perguntasse seu nome. Ele nunca havia visto algo assim...

Mas então ela errou uma. James relaxou; isso não era tão estranho quanto parecia. "Desculpe, Jill, a crise dos reféns iranianos aconteceu em 5 de novembro de 1979." Mas Jill balançou a cabeça. "Não. Foi no dia 4." Sendo assim, James verificou outra fonte.

E Jill estava certa. O livro estava errado. James viria a perceber que Jill se lembrava sem esforço algum de onde ela estava, do que fez, com quem estava e como se sentiu em quase todos os dias de sua vida adulta. Mas sua memória quase perfeita é apenas autobiográfica. Ela só era capaz de se lembrar do que havia acontecido diretamente com ela. Ela não se lembrava de tudo o que lia ou aprendia e, francamente, não foi muito bem na escola. Mas como Jill era viciada em notícias, ela conseguia se lembrar dos eventos do livro de James.

Ele nunca havia visto nada remotamente parecido com isso. Em 2006, ele publicou um artigo, "Um Caso Incomum de Memória Auto-biográfica", sobre seu trabalho com Jill. Inicialmente, ele chamou a condição dela de "hipertimésia", porém, mais tarde, veio a ser conhe-cida como memória autobiográfica altamente superior, ou HSAM, da sigla em inglês.

O estudo recebeu bastante atenção da grande mídia. Milhões de pessoas ouviram falar da HSAM e milhares começaram a entrar em contato com a UC Irvine dizendo que também tinham essa habilidade. James começou a testá-los e, um após o outro, percebeu que estavam enganados, loucos ou mentindo. Mas três não estavam. James ficou empolgado. Agora poderia começar a desvendar o mistério da HSAM...

A memória deles era, em média, 87% precisa para afirmações que poderiam ser verificadas por terceiros. Imagine alguém pedindo para você se lembrar de um dia específico há vinte anos, e nove em cada dez vezes você poderia dizer o que fez, com quem esteve e até como se sentiu. Começou a ficar mais claro para James como a HSAM funcionava, e era o *oposto* do que ele esperava: eles não eram melhores do que os outros em se lembrar das situações. Eles só eram ruins em esquecer. Nossas memórias desaparecem com o tempo. As deles não. Todos os dias, elas permanecem tão vívidas quanto o ontem é para você agora.

E ele descobriu o lado bom de ter uma memória tão incrível. O pessoal que tinha HSAM descrevia como "viajar": a possibilidade de revisitar suas memórias perfeitas era como assistir a filmes, quase como viajar de volta no tempo. O marido de Jill havia falecido. Mas, sem qualquer exagero, ela afirmava que "nunca se esquecerá de um único momento que teve com ele". Bastante invejável, certo? Ou talvez não...

Quando questionado, James disse que *não* gostaria de uma lembrança como essa. *Hein?* Veja bem, caro leitor, quando Jill enviou aquele primeiro e-mail para James, ela não estava entrando em contato com ele para falar sobre seu "dom". Ela estava entrando em contato com ele sobre uma *maldição*. Ela queria uma cura. Queria que isso parasse.

Por décadas, a memória perfeita de Jill a atormentava. Feito um mecanismo de busca demoníaco involuntário, afogando-a com resultados. Ela ouve uma data ser mencionada na TV e, *bum*, lá está ela. Uma torrente de memórias que ela não tem como impedir. Términos. Decisões ruins. Arrependimento de todos os tipos. Ao longo da vida, há muitas, mas muitas coisas mesmo que é bom esquecer.

Nosso cérebro tem vieses. E às vezes isso é para nosso próprio bem. Muitos presumem que a memória funciona como uma câmera gravadora perfeita, mas a verdade é que as memórias se distorcem com o tempo. Esquecemo-nos de detalhes, reconstruímos coisas ou mudamos a narrativa para sermos o herói justo ou a vítima inocente. Esquecemo-nos do ruim e nos lembramos do bom. Isso nos ajuda a sarar e permite superar o que aconteceu. Mas Jill não tem a capacidade de "dar a volta por cima". A mente dela *é* aquela câmera perfeita. Ela não consegue racionalizar, esquecer os detalhes ou transferir a culpa.

E isso nem parece ser o pior castigo da HSAM. O que acontece quando uma memória perfeita tem que lidar com pessoas que não têm uma memória perfeita? Há um ditado diferente para isso: "Quem fala demais dá bom dia ao cavalo." Já teve um parceiro que nunca deixa passar uma discussão, cuja memória de seus defeitos é sempre cristalina? Multiplique isso por um bilhão.

A parte estranha, logicamente falando, é que a pessoa com HSAM está certa. Ela provavelmente está correta, você provavelmente está errado. Mas as relações humanas não funcionam assim. Ninguém quer estar errado o tempo todo, especialmente se estiver mesmo. Nós esperamos naturalmente a reciprocidade, o compartilhamento de culpa e um certo equilíbrio, mesmo que, estritamente falando, não mereçamos. "Você está certo na maioria das vezes, então agora é a minha vez" não faz sentido logicamente quando temos todos os fatos. Memórias perfeitas não são democráticas. Mas os relacionamentos são. Durante uma entrevista para o programa *60 Minutes*, uma pessoa com HSAM disse: "Perdoar e esquecer... bem, um de dois não está mal."

Esse episódio apresentou um grupo de adultos com a condição. Todos eram solteiros e não tinham filhos, exceto um. Sim, Marilu Henner era casada. Três vezes, aliás. O detentor de HSAM Bill Brown disse que das 55 pessoas que ele conhecia com a condição, apenas 2 conseguiram fazer um casamento dar certo. E todas com quem conversou lutavam contra a depressão.

É seguro dizer que você não tem HSAM. Até hoje, menos de cem pessoas com HSAM foram confirmadas. (E se tivesse, você se lembraria *perfeitamente* do dia em que foi diagnosticado.) Mas, de certa forma, todos nós a temos um pouco. Vamos ver como a faca de dois gumes da HSAM é, na verdade, o segredo para entender a faca de dois gumes das primeiras impressões...

* * *

Todo mundo diz que as primeiras impressões são importantes. Adivinha? É verdade. Diversos estudos mostram que as primeiras impressões têm um enorme impacto, não apenas durante o encontro inicial, mas muito tempo depois. Elas são tão poderosas, que julgamentos rápidos predizem consistentemente os resultados das eleições.

Alex Todorov, professor de Princeton e especialista em psicologia dos rostos, diz que simplesmente perguntar às pessoas "qual candidato parece mais competente?" pode dizer quem sairá por cima na disputa em 70% das vezes, um efeito que foi replicado no mundo todo. E há uma sólida correlação entre as impressões pré-entrevista e pós-entrevista que os recrutadores tiveram de candidatos a um emprego, indicando que a exposição inicial de alguém a você pode ser o fator mais importante para você conseguir esse novo emprego.

O ditado pode ser "não julgue um livro pela capa", e, certo ou errado, há uma boa razão para tal conselho ser dado: porque, *de fato*, julgamos um livro pela capa. De forma imediata e instintiva. Não conseguimos controlar isso. E essa capa geralmente é o rosto de alguém. Decidimos sobre a assertividade, beleza, competência, simpatia e confiabilidade de alguém em menos de um segundo. E, como a leitura de mentes, o passar do tempo não muda visivelmente nossas opiniões, apenas aumenta nossa confiança.

O mais interessante é que esses julgamentos não são apenas imediatos, mas também compartilhados de forma consistente. Rostos que vejo como confiáveis, dominantes ou competentes provavelmente são os que você enxergará da mesma forma. Fundamentalmente, essas decisões não são racionais. Não há tempo para considerá-las. Em geral, se baseiam em crenças compartilhadas e, em menor grau, em nossas experiências pessoais com os outros.

O melhor disso tudo? *Nossas primeiras impressões costumam ser surpreendentemente precisas.* As pessoas não apenas concordam geralmente com as primeiras impressões, mas também são marcantemente preditivas. Apenas ver alguém sorrir pela primeira vez foi suficiente para que os espectadores fizessem previsões precisas em dois terços das vezes para nove entre dez traços fundamentais de personalidade, de extroversão à autoestima e preferências políticas.

Você também é bom em determinar instintivamente a competência de alguém após um breve encontro. Quando as pessoas assistem a um vídeo silencioso de trinta segundos de um professor em sala de aula, são capazes de prever as avaliações dos alunos. Observe alguém por cinco minutos, e a precisão pode chegar a 70%. Nossa capacidade de deduzir como alguém é a partir de traços estreitos de comportamento é poderosa em vários domínios, fornecendo níveis de precisão acima da média para determinar se alguém é inteligente, rico, altruísta ou se é um psicopata. De novo, essas impressões não são racionais. Isso significa que você é, na verdade, *mais* preciso quando pensa *menos*.

Algumas pessoas podem estar dizendo: "Graças a Deus. Podemos apenas confiar nos nossos instintos. Ufa!" Tenha calma. Ainda estamos falando de seres humanos aqui. Nada será tão simples. Sim, nossos instintos são bons. Bons o suficiente para ter um nível de precisão de 70%. Você ficaria feliz se seu filho trouxesse para casa todos seus boletins apenas com notas sete? Eu imagino que não.

E, como esperado, uma boa parte dessa imprecisão se deve ao seu cérebro tendencioso. Não estamos falando necessariamente de preconceitos raciais ou de gênero, mas de preconceitos cognitivos fundamentais ligados à nossa massa cinzenta. Muitas vezes, são atalhos. A evolução otimizou nosso cérebro para que seja veloz ou use o combustível com eficiência, abrindo mão da precisão.

E é por isso que pessoas com um rostinho jovial escapam impunes de assassinatos. Não estou sendo metafórico. Estudos mostram que pessoas com carinha de bebê são mais propensas a triunfar em casos legais em que são acusadas de dano deliberado — porém, mais propensas a perder quando a acusação é por negligência. Por quê? Esperamos que as crianças cometam erros, mas temos dificuldade em acreditar que elas são más. Nosso cérebro estende isso para incluir adultos com carinha de bebê em um processo conhecido como "supergeneralização". Mas seriam as pessoas com um rosto jovial realmente mais inocentes? Não. Homens jovens com carinha de bebê "mostram mais negatividade na infância e puberdade, são mais briguentos e mentirosos na puberdade e têm mais assertividade e hostilidade na adolescência, o que contradiz as impressões de indivíduos com cara de bebê".

Agora, se você acha que pode superar esses vieses fazendo um esforço consciente, provavelmente está errado. Diversos estudos mostraram que temos um preconceito contra perceber nossos vieses.

Mesmo que você os explique e os aponte (como estou fazendo agora), as pessoas os perceberão com mais frequência nos outros, mas se convencerão de que elas mesmas são objetivas. E fica ainda mais complicado: alguns vieses *ajudam*. Na medida em que um viés tem precisão, os estudos mostram o que você esperaria logicamente: eliminá-lo torna suas previsões menos precisas. Caramba!

Somos propensos a zilhões de vieses cognitivos, e não há como abordá-los de forma sucinta. Mas quando se trata de primeiras impressões, a principal batalha é com o "viés de confirmação". Somos propensos a procurar e a favorecer ideias consistentes com crenças que já temos. Não testamos teorias; buscamos informações para reforçar a posição que já escolhemos.

Se você observar, poderá notar os outros (e você mesmo) sutilmente engajados no viés de confirmação o tempo todo. Nossos padrões caem quando avaliamos o que é necessário para provar nossas teorias, mas sobem quando se refere à quantidade de evidência necessária para refutá-las. ("Quatrocentos estudos dizem que estou errado? Bem, devemos continuar pesquisando... Um diz que estou certo? Parece que temos nossa resposta.") É exatamente como o que vimos com a leitura fria: nos lembramos de quando acertamos e nos esquecemos de quando erramos. E todos nós fazemos isso. Sim, até você. Ninguém pensa que é o problema, e esse é o problema.

Como o pesquisador Nicholas Epley diz: "Seu sexto sentido funciona rapidamente e não é propenso a duvidar das decisões que toma." Uma vez que criamos uma história em nossa cabeça sobre quem essa pessoa é, fica muito difícil para nós atualizá-la. E isso nos leva à nossa percepção primária sobre a faca de dois gumes das primeiras impressões. Vamos chamá-la de **O Paradoxo das Primeiras Impressões**®.

As primeiras impressões são geralmente precisas. Mas, uma vez definidas, elas são extremamente difíceis de mudar.

Quando se trata de primeiras impressões, é como se tivéssemos HSAM: não alteramos nossas memórias. Estamos todos presos aos nossos julgamentos prévios. E isso pode afetar drasticamente nossos relacionamentos. Muitas vezes pensamos nos perigos de estereotipar grupos, mas também fazemos a mesma coisa com indivíduos. Alguém tem um rosto "não confiável" quando você o conhece, então você é mais antipático do que o normal. Por você não se abrir com a pessoa, ela não se abre com você. Essa resposta sensata da parte dela desencadeia seu viés de confirmação. ("Veja, eu sabia que não era uma pessoa legal!") Agora vocês dois são cautelosos um com o outro. E essa é a explicação mais científica que você terá para o que significa quando duas pessoas "não vão com a cara uma da outra".

Alguns dirão que atualizam suas primeiras impressões, e certamente isso acontece às vezes. Mas há outro efeito sinistro escondido nas entrelinhas. Mesmo quando apresentadas a novas informações incontestáveis sobre alguém, nossas impressões explícitas podem mudar, enquanto nossas impressões implícitas não. Em outras palavras, sua perspectiva deveras racional e baseada em evidências pode mudar, mas seus *sentimentos* pela pessoa permanecem exatamente os mesmos. As primeiras impressões são difíceis de largar, mesmo quando pensamos que as superamos.

Nunca poderemos combater isso totalmente, mas podemos melhorar com certo esforço. Primeiro, precisamos ter em mente os mesmos princípios que aprendemos com a leitura de pensamentos e sentimentos. Ter motivação é fundamental, e nos concentrar em tornar os outros mais legíveis trará melhorias maiores do que tentar melhorar suas habilidades de interpretação.

Mas o ponto crítico é resistir ao temido buraco negro do aprisionamento do viés de confirmação. Nosso cérebro começará a criar teorias e histórias sobre alguém em milissegundos. Tudo bem (é impossível de impedir), mas precisamos manter a mente aberta. Devemos adotar uma abordagem científica de teste de hipóteses, e não apenas aceitar cegamente a primeira impressão que tivermos.

Então, como resistimos ao viés de confirmação? Três passos fundamentais:

1. SINTA-SE RESPONSÁVEL

Se sua opinião sobre alguém pudesse resultar em pena de morte, você deve desacelerar e refletir mais. Verifique novamente sua precisão antes que o concreto endureça para sempre e não haja como alterá-lo. O trabalho do psicólogo Arie Kruglanski mostra que, quando estabelecemos um alto padrão de responsabilidade, nossas opiniões não se tornam inflexíveis até que tenhamos feito uma revisão completa das evidências. Uma maneira divertida de fazer isso é por meio de um jogo. Force você mesmo a ser mais preciso e se responsabilize por isso.

2. DISTANCIE-SE ANTES DE QUALQUER DECISÃO

No maravilhoso livro *Perspicácia*, de Maria Konnikova, ela se aprofunda na pesquisa do psicólogo Yaacov Trope, da Universidade de Nova York, mostrando como manter a distância nos ajuda a ser mais racionais e objetivos: "Adultos que ouvem que o melhor é se afastar e imaginar a situação a partir de uma perspectiva mais generalizada fazem julgamentos e avaliações melhores, têm autoavaliações melhores e menor reatividade emocional." Essas são exatamente as habilidades de que precisamos para avaliar novos conhecidos com mais precisão e resistir ao impulso de nosso cérebro de seguir nossa primeira impressão imediatamente.

3. CONSIDERE O OPOSTO

Visto que nosso cérebro tende a se lembrar dos acertos e a se esquecer dos erros, devemos nos forçar a considerar esses erros se quisermos melhorar. Paul Nurse leva essa atitude ao extremo: "Se eu tenho uma ideia e tenho observações suficientes para sustentá-la, antes de divulgá-la, dou uma volta e olho para ela de maneiras diferentes na tentativa de destruí-la. E somente se ela sobreviver é que começo a falar a seu respeito." E talvez seja por isso que ele ganhou o Prêmio Nobel de medicina.

Em longo prazo, você também pode melhorar conhecendo melhor seus vieses pessoais. Que erros você comete consistentemente? É rápido demais para presumir que as pessoas são semelhantes a você ou diferentes de você? Confia exageradamente ou muito pouco nos outros? Ajustar seus vieses constantes é uma ótima forma de melhorar.

Por fim, temos duas conclusões muito humanas de nossa pequena exploração pelo viés de confirmação. Primeiro, ouça aquele conselho que você recebeu tantas vezes: *cause uma boa primeira impressão.* Agora você sabe de verdade o quão importante ela é. Certifique-se de mostrar à outra pessoa o lado de sua personalidade do qual você quer que ela se lembre, pois é o que acontecerá. (No entanto, se você for um babaca de verdade e está me vendo pela primeira vez, por favor, seja um babaca. Isso me ajudará enormemente. Obrigado.)

A outra coisa a lembrar: *dê uma segunda chance para as pessoas.* Sem as estratégias citadas, você está certo apenas em 70% das vezes, no máximo. Você estará errado sobre pelo menos três em cada dez pessoas que conhecer. Mas fica pior do que isso, como aponta Gilovich, de Cornell. Digamos que você conheça alguém que é uma boa pessoa tendo um dia ruim. Ela causará uma péssima primeira impressão. O que você faz? Evita a pessoa, dando a ela menos chances de provar que você está errado. Mas se alguém causa uma boa primeira impressão (seja precisa ou não), você tenta passar mais tempo com a pessoa. Isso lhe dá a chance de avaliá-la ainda melhor, de qualquer forma. O resultado é que *seus julgamentos negativos sobre as pessoas serão menos confiáveis do que seus julgamentos positivos.* E a pesquisa também mostra que temos um padrão mais alto para avaliar alguém de forma positiva do que negativa, e nossas impressões positivas são mais facilmente revertidas do que as negativas. Não é possível recorrer quando você evita alguém pelo resto da vida.

Agora sua intuição com primeiras impressões melhorou ainda mais. Mas, no geral, ler alguém feito um livro aberto ainda está em pé em pernas tortas, e sabemos que ler passivamente alguém como Sherlock Holmes está praticamente fora de cogitação. Alguma outra dica de pesquisa que possamos usar para obter resultados melhores? Bem, sempre que tentamos aprender sobre alguém, há uma chance de essa pessoa nos enganar. Então, como lidamos com mentirosos?

4

APESAR DE JOGAR FUTEBOL PROFISSIONALMENTE POR MAIS DE VINTE ANOS, Carlos Kaiser nunca marcou um único gol. Na verdade, durante essas duas décadas, ele apareceu em apenas trinta jogos. Carlos Kaiser não era um jogador de futebol muito bom. Mas isso não era um problema, porque ele era um excelente mentiroso.

Ele jogou para alguns dos melhores times do mundo, incluindo o Botafogo e o Fluminense. Ele ganhou bastante dinheiro, festejou com celebridades e cercou-se de mulheres bonitas. O que ele não fez foi *realmente jogar futebol*. Seu apelido entre os outros jogadores era "171". Por quê? Porque esse é o número do artigo do Código Penal Brasileiro referente ao ato de estelionato.

Seu nome de nascimento era Carlos Henrique Raposo, nasceu no Brasil em 2 de abril de 1963. Era pobre, mas sonhava alto. Como ele disse em uma entrevista: "Eu sabia que a melhor maneira de fazer isso acontecer era por meio do futebol. Eu queria ser um jogador de futebol sem ter que jogar de verdade." Sinceramente, ele não era ruim no esporte. Aos 10 anos, conseguiu um agente e, aos 16, assinou com o Puebla, um time de ponta no México. Só havia um problema: "Eu não queria jogar", afirma ele. A maioria dos jovens jogadores estava ansiosa para chegar lá e mostrar que tinha o dom. Kaiser era exatamente o oposto, fazendo tudo que pudesse para se desviar da bola.

Mas como fazer isso durante *duas décadas*? Kaiser desenvolveu um método. Primeiro, faça amizade com todos os craques. Ele podia até não gostar de jogar futebol, mas adorava boates. E tinha conexões em todos os pontos mais badalados do Brasil. Para as estrelas do futebol, conhecer Kaiser significava ter um status VIP, bebidas grátis e garotas bonitas.

Em seguida, você faz com que eles respondam por você. O currículo dele como jogador não era estelar, mas mostrava que ele tinha algum talento legítimo. Então, a pedido de Kaiser, as estrelas da equipe persuadiam seus treinadores, e, em pouco tempo, Kaiser assinava um contrato "teste" de curto prazo. Isso era tudo de que ele precisava. O cavalo de Troia agora estava dentro das muralhas da cidade.

Ao ser declarado oficialmente como jogador, Kaiser dizia que precisava de tempo para voltar à forma. Isso lhe daria alguns meses em que poderia ganhar dinheiro e se divertir sem a pressão de fazer aquilo que tanto odiava, jogar futebol. Mais cedo ou mais tarde, ele teria que tocar em uma bola. Ele entrava galopando confiantemente no campo de treino, se preparava para um grande chute e desabava imediatamente, gemendo de dor e agarrando sua coxa. Ninguém poderia fingir ter uma lesão feito Kaiser. Suas atuações eram dignas de um Oscar. E na era anterior às ressonâncias magnéticas, os treinadores tinham apenas a palavra dele como prova, todos os craques do time o apoiando. E dessa forma, ele coletaria mais alguns salários por mais alguns meses.

Enquanto isso, Kaiser estava vivendo a melhor época de sua vida. Festejando sem parar. (Estranhamente, as lesões pareciam nunca afetar sua capacidade de dançar.) Os outros jogadores sabiam que ele era um golpista. Sabiam que Kaiser não tinha o mesmo nível de habilidade deles. Mas o amavam. Ele era encantador. Ele garantia que eles sempre se divertissem. (E não era nada ruim que ele sempre parecia ser capaz de apresentá-los às garotas mais bonitas de todas as cidades que visitavam.) Consequentemente, quando os treinadores começavam a ficar atentos aos ferimentos perpétuos de Kaiser, as estrelas do time corriam em sua defesa.

Claro, ele não poderia fazer isso para sempre. O que não era um problema. Ele simplesmente iria para outro time. Na era pré-internet, não era fácil obter as estatísticas de um jogador. Jogos de um país raramente eram exibidos em outros países. Grande parte do recrutamento do futebol funcionava na base do boca a boca. E com seu jeito de agradar aos companheiros, não foi difícil conseguir estrelas para responderem por ele em outro clube. Era apenas questão de tempo até que ele obtivesse um contrato de teste e, assim, repetisse o ciclo...

No entanto, isso não quer dizer que sustentar o golpe era fácil. Ao longo de vinte anos, ele quase foi descoberto diversas vezes. Certa vez, já não era mais possível usar a lesão como desculpa, e o time estava programado para aparecer em seu primeiro treino público. Com todos os membros mais queridos da equipe enchendo Kaiser de elogios, os fãs esperavam ansiosamente por um vislumbre das habilidades dele em campo. E isso era um pesadelo inimaginável para Kaiser. Então, quando todos os olhos caíram sobre ele, de repente começou a chutar bolas de futebol na direção das arquibancadas. Os fãs foram à loucura, agarrando-as. Mas Kaiser não parou. Ele chutou *todas* as bolas de futebol do time para as arquibancadas. Eles não tinham mais nenhuma para usar no treino. Assim, o time deu voltas pelo campo e fez aquecimentos no tempo restante, nada que pudesse expor o falsário entre eles.

E ele não usou apenas seus companheiros de equipe a seu favor: aproveitava-se de qualquer um que pudesse. Foi carismático com os jornalistas e garantiu que eles conseguissem as entrevistas de que precisavam tão desesperadamente com o craque. Assim, um jogador que nunca jogou acabou recebendo uma cobertura surpreendente e quase sempre positiva. Quando a equipe fazia jogos publicitários com ligas juvenis, ele os subornava para que fossem excessivamente agressivos e, dessa forma, ele pudesse fingir outra lesão. Quando o dono visitava, os espectadores eram subornados para gritar seu nome. Batendo na mesma tecla até chegar a hora de ele ir para um novo clube...

Ele manteve esse esquema por mais de vinte anos, jogando, em média, pouco mais de um jogo por ano. As mentiras nunca pararam. Sua avó morreu pelo menos quatro vezes. Ele apresentou o atestado de um dentista dizendo que os dentes dele haviam causado uma lesão na perna. Kaiser brincou: "Todas as equipes em que participei comemoraram duas vezes, quando entrei e depois quando saí."

Até o dia em que nosso charlatão enfrentou o maior desafio de sua suposta carreira. Ele havia assinado com o time do Bangu e, no típico estilo Kaiser, já tinha a imprensa elogiando seus gols, apesar de nunca ter marcado um, em lugar nenhum. Nunca. As manchetes diziam: "BANGU TEM SEU REI." E Kaiser, sendo Kaiser, mostrava aquela matéria para qualquer um que quisesse ver. Os fãs estavam morrendo de vontade de vê-lo em campo. Infelizmente, o dono do time também.

Castor de Andrade não era o típico dono de um clube de futebol. Ele não era um titã dos negócios que comprou um time por uma ninharia. Castor era um mafioso, frequentemente referido como "o homem mais perigoso do Brasil". Com certeza, não é nada novo para os donos dos times entrarem em disputas acaloradas com os árbitros, mas Castor fazia isso com uma arma visível no bolso de trás.

Um colega de equipe mencionou a Kaiser que, apesar de estar "lesionado", ele seria um dos titulares no grande jogo no dia seguinte. Isso, combinado com o fato de que eram 4 da manhã e Kaiser ainda estava festejando em uma boate, o assustou. No dia seguinte, o treinador disse para ele não se preocupar, eles não fariam ninguém machucado jogar. Mas à medida que o jogo avançava, ficou claro que eles estavam com problemas. Perdendo de 2 a 0, o próprio Castor insistia que seu novo craque entrasse em campo com aquela habilidade mágica de pontuação da qual os jornais não paravam de falar.

Pela primeira vez em muitos anos, Kaiser não tinha medo de ser exposto... Ele temia ser *assassinado*. Kaiser saiu a campo, tremendo. A situação piorou com os torcedores adversários lançando insultos contra ele das arquibancadas. Mas então, ele teve uma ideia...

Ele gritou de volta. Kaiser se virou para a multidão gritando palavras que meu editor provavelmente já excluiu deste livro. Em resposta, o árbitro deu um cartão vermelho a ele, expulsando-o do jogo. De volta ao vestiário, seus companheiros de equipe riram porque, por mais que ele não tenha precisado jogar, isso não impediria Castor de nada. A trapaça de Kaiser finalmente se voltou contra ele. E quando Castor entrou no vestiário, todo mundo ficou em silêncio. O chefe do clube estava furioso. Mas antes que ele pudesse dizer uma palavra, Kaiser o interrompeu. Kaiser disse que Deus levou seus pais quando ele era criança, mas que havia sido gentil o suficiente para lhe dar um novo pai, Castor. Os torcedores do outro time haviam chamado o novo pai de Kaiser de bandido e ladrão. Kaiser disse que não podia ficar parado e ver isso acontecer, então retrucou. Ele teve que defender a honra de seu novo pai. E a resposta de Castor ao ouvir essa história foi tão ligeira quanto Kaiser...

Ele dobrou o salário de Kaiser e estendeu seu contrato por mais seis meses.

Estou lhe contando essa história agora, então obviamente a notícia de que Kaiser era um golpista se espalhou. Na época, ele foi humilhado? Processado? Ostracizado? Punido de alguma forma? Não. Ficou mais famoso do que nunca. Ao contrário de muitos astros de futebol legítimos daquela época que foram esquecidos há muito tempo, sua história de manipulação e enganação ainda é contada rotineiramente. Ele é mais famoso como mentiroso do que jamais foi como jogador.

Existe *alguma* maneira de realmente arrancar a verdade de algumas pessoas?

Quando solicitados a classificar uma lista com 555 traços de personalidade, os estudantes universitários colocaram "ser um mentiroso" em último lugar. O que é engraçado, porque o estudante universitário médio mente em cerca de um terço das conversas. Para adultos, é uma em cada cinco. Nem vamos entrar na questão de namoro online, em que 81% dos perfis fogem da verdade. A maioria de nossas mentiras é inofensiva, mas Richard Wiseman, da Universidade de Hertfordshire, diz que você conta cerca de duas mentiras por dia. Para quem você mente com mais frequência? Para sua mãe. Você mente menos para seu cônjuge (uma vez em cada dez conversas), mas conta as maiores mentiras. E mentem para você cerca de duzentas vezes ao dia. (Esta não é uma delas, eu prometo.)

E somos *péssimos* em detectar mentiras, com uma taxa de sucesso média de 54%. Quase o mesmo que jogar cara ou coroa com uma moeda. Os policiais não são melhores nisso, mesmo que pensem que são, quando questionados. Sim, algumas pessoas são boas em detectar mentiras, mas você não gostaria de ser como elas; são pessoas que tiveram derrames e sofreram danos significativos no lóbulo esquerdo do córtex pré-frontal.

Os humanos vêm tentando dominar a técnica para detectar mentiras há milhares de anos, e seguimos falhando miseravelmente. Na década de 1920, o primeiro polígrafo foi desenvolvido por várias pessoas, incluindo William Moulton Marston, que mais tarde viria a criar a personagem Mulher-Maravilha da DC Comics. E ele provavelmente deveria ter se apegado ao "Laço da Verdade" dessa personagem, porque o laço funcionava (pelo menos nos quadrinhos), enquanto o polígrafo não. A Academia Nacional de Ciências dos EUA declarou que "o governo federal não deve confiar em exames de polígrafo para selecionar funcionários futuros ou atuais na tentativa de identificar espiões ou outros riscos à segurança nacional porque os resultados dos testes são imprecisos demais". Com apenas quinze minutos de treinamento, as pessoas foram capazes de passar consistentemente no teste, com o método eficaz mais engraçado sendo o aperto do próprio ânus no momento certo.

E a respeito dos interrogatórios policiais que vemos na TV? Essa é a técnica de Reid, desenvolvida na década de 1940 e publicada pela primeira vez como um manual por John Reid e Fred Inbau em 1962. É uma abordagem agressiva de "interrogatório" projetada para forçar um suspeito a confessar. Adivinha? A técnica de Reid funciona. Na verdade, funciona bem *demais*. Não importa se você é culpado ou não: ela fará com que a maioria das pessoas confesse alguma coisa. O Canadá e o Reino Unido abandonaram o interrogatório no estilo Reid, considerando-o coercitivo e antiético. E, no entanto, atualmente esse ainda é o método predominantemente usado por aqueles que fazem a manutenção da ordem nos Estados Unidos. Como se isso não bastasse, também não é cientificamente comprovado. Aldert Vrij, professor da Universidade de Portsmouth e um dos principais especialistas em detecção de mentiras, diz que as pistas em que se baseia não são preditivas. Após o treinamento de Reid, a capacidade dos policiais de detectar fraudes *piora*.

Sendo assim, existe alguma maneira de detectar mentiras de forma confiável baseada na ciência *real*? Na verdade, sim. Em 2009, o Grupo de Interrogatório de Detentos de Alto Valor (HIG, da sigla em inglês) foi formado para desenvolver novas práticas recomendadas e, em 2016, gastaram mais de US$15 milhões em mais de cem projetos de pesquisa com os melhores psicólogos. Eu adaptei essas descobertas para facilitar (e porque presumo que você não algemará alguém a uma cadeira). Além disso, esse sistema requer certo tempo e paciência, por isso não será útil para pequenas mentiras, mas pode ser bastante poderoso em relação a problemas maiores.

Não, você não terá que afogar ninguém. A ciência recomendou esmagadoramente um método sutil e sofisticado que os humanos nunca tentaram nos últimos 5 mil anos ao tentar detectar mentiras: *ser simpático*. Chamaremos nosso novo sistema de **O Método do Jornalista Amigável**®.

Nunca aja feito um "policial ruim". Seja um "jornalista amigável". Você tem que fazer os outros gostarem de você. Para se abrirem. Para falarem bastante. E cometerem um erro que revela o delito que cometeram.

Qual é o primeiro passo? Os jornalistas pesquisam muito antes de escrever um artigo, e você também deveria. Quanto mais informações tiver em uma conversa a respeito daquilo que suspeita ser uma mentira, mais calibrado será seu detector de mentiras interno. E ainda mais importante, algumas das técnicas mais poderosas que usaremos posteriormente exigem informações básicas, portanto, não podemos pular esta etapa.

E há também a parte "amigável". O relatório do HIG descobriu que o "policial ruim" não é eficaz e o "policial bom" é. Todos querem ser tratados com respeito. E quando isso ocorre, as pessoas são mais propensas a falar. Além disso, nunca acuse alguém de estar mentindo. Mais de um estudo descobriu que isso reduz a cooperação. Não acuse ninguém, seja curioso.

Os advogados mandam seus clientes mentir? Não. Eles lhes dizem para serem honestos? Não. Eles mandam os clientes *calarem a boca*. Bem, Jornalista Amigável, você quer que eles falem o máximo

VOCÊ É CAPAZ DE "JULGAR UM LIVRO PELA CAPA"?

possível. Faça muitas perguntas amplas que comecem com "o que" ou "como", não coisas que possam ser respondidas com uma palavra só. É importante ser amigável e dizer apenas o suficiente para mantê-los tagarelando. Deixá-los criar um monólogo faz com que se sintam no controle. Eles relaxarão. É importante que continuem falando para que você obtenha mais informações e possa avaliar o que estão dizendo. Cada palavra que dizem é outro fato a ser verificado, outra história que pode ser contrariada. E é exatamente por isso que os advogados dizem aos clientes para calarem a boca. Você deve fazer o contrário.

Se você começar prontamente a desafiar o que dizem, eles podem não apenas se fechar, mas também podem começar a alterar a história que estão contando. Você não quer ajudá-los a contar uma mentira melhor. Você quer que eles desabafem e fiquem encurralados. Aqui está o problema de lidar com pessoas traiçoeiras: elas recebem um bom feedback, você não. Se eu mentir e não for pego, percebo o que funciona. Se minto e sou pego, noto o que não funciona. Por outro lado, na grande maioria das vezes, você não recebe feedback quando alguém é honesto ou não com você. Desse modo, os mentirosos estão sempre melhorando. Você não. E isso lhes dá uma vantagem. Não os ajude a ficarem ainda melhor.

As lições anteriores que aprendemos ao ler as pessoas também se aplicam aqui. Novamente, a linguagem corporal é um falso deus. Aqui está o que nosso especialista Vrij diz: "Nenhum detector de mentiras usado até hoje baseado em análise de comportamento não verbal e verbal é preciso, longe disso." Para deixar registrado, permita-me explicar diretamente um mito comum: "Mentirosos não lhe olharão nos olhos." Extremamente errado. A revisão da pesquisa do HIG disse: "A aversão ao olhar nunca foi mostrada como um indicador adequado." E se isso não for suficiente para dissipar o mito, há um estudo de 1978 sobre o comportamento interpessoal de psicopatas encarcerados. Adivinha? Eles olham as pessoas nos olhos com *mais* frequência do que aqueles que não são psicopatas.

Avaliar alguém com precisão é quase impossível se formos enganados pelo que a pessoa está nos dizendo. Mas há uma estratégia que pode nos levar até a verdade. Embora pesquisas mostrem que há pouca variação na capacidade de detecção de mentiras, há *muita* variação na capacidade de contar mentiras. Assim como com a leitura de pessoas, **O Método do Jornalista Amigável**® não se concentra em melhorar suas habilidades de detecção de mentiras, mas em piorar as habilidades dos outros de contarem mentiras. Como fazemos isso?

O antigo modelo do polígrafo buscava o estresse emocional como um sinal de mentira. Isso não funciona. O que funciona é aplicar uma "carga cognitiva", ou seja, fazer com que os mentirosos pensem muito. Como observa Vrij, mentir bem requer uma quantidade surpreendente de capacidade intelectual. Aqueles que dizem a verdade apenas têm que dizer aquilo de que se lembram. Mentirosos precisam saber a verdade. Precisam também saber como criar uma história plausível. Precisam ter certeza de que não se contradizem. E esse modelo precisa ser atualizado com segurança em tempo real enquanto novas perguntas são feitas. Ao mesmo tempo, também precisam parecer honestos, o que exige uma atuação convincente. Além de tudo, devem monitorar as reações do entrevistador para garantir que ele não esteja desconfiando do que dizem. Isso tudo é difícil. Por isso, devemos dificultar *ainda mais*. O relatório do HIG descobriu que o aumento da carga cognitiva pode ampliar nossa precisão de 54% para até 71%.

Agora, é improvável que isso faça os mentirosos apenas confessarem diretamente. O que isso fará é criar um contraste gritante entre como alguém que esteja falando a verdade responderia e como um mentiroso responderia. Assim como quando seu computador está trabalhando em um problema complexo, o desempenho de um mentiroso diminui e fica instável. E é exatamente essa a reação que nós estamos buscando ao aplicar as técnicas. Em vez de perguntar a si mesmo *esta pessoa está mentindo?*, pergunte-se: *ela precisa pensar bastante?* Um estudo de Vrij mostrou que simplesmente fazer com que os policiais se concentrassem na segunda pergunta melhorava notavelmente suas habilidades de detecção de mentiras.

Certo, cobrimos as partes fundamentais. Você pesquisou, está bancando o Jornalista Amigável, e a outra pessoa está tagarelando. Você está atento para quando ela precisa pensar demais. Hora de (gentilmente) desmascarar um mentiroso com duas técnicas poderosas do relatório HIG.

1. FAÇA PERGUNTAS INESPERADAS

Pergunte a uma pessoa que se pareça com um menor de idade em um bar quantos anos ela tem, e você ouvirá um nítido e confiante: "Tenho 18 anos." Mas e se você perguntar a ela: "Qual é a sua data de nascimento?" Essa é uma pergunta extremamente simples para alguém que diz a verdade, mas um mentiroso provavelmente terá que fazer uma pausa para realizar algumas contas. Ah, *já era*. O relatório do HIG cita um estudo que mostra que os métodos de segurança dos aeroportos geralmente captam menos de 5% dos passageiros mentirosos. Mas quando os rastreadores usaram perguntas inesperadas, esse número subiu para 66%.

Comece com perguntas previsíveis. Isso não é intimidador e fornece informações — porém, mais importante, lhe oferece *referências*. Em seguida, faça uma pergunta fácil para aquele que fala a verdade responder, mas para a qual um mentiroso não estaria preparado. Confira a reação da pessoa. Ela respondeu com calma e rapidez ou a demora para responder aumentou de repente? Sim, ela pode falar qualquer besteira prontamente, mas isso é um campo minado que pode resultar em contradições frente a alguém que tenha pesquisado com antecedência. Ou ela simplesmente travará, o que é muito suspeito.

Outra possibilidade é pedir detalhes que possam ser verificados. "Então, se eu ligar para sua chefe, ela pode me confirmar que você estava naquela reunião ontem?" Aqueles que dizem a verdade serão capazes de responder a isso de forma rápida e fácil. Mentirosos ficarão relutantes, e provavelmente isso induzirá uma carga cognitiva. "O que Emily estava vestindo na reunião?" Mais uma vez, fácil para pessoas honestas, um pesadelo para os mentirosos. É fácil de verificar, e eles sabem disso.

Muito bem, hora do tiro mortal. A voz do narrador no *Mortal Kombat* diz: *FINISH HIM!* [ACABE COM ELE!]

2. USO ESTRATÉGICO DA EVIDÊNCIA

Você pesquisou tudo com antecedência, certo? Ótimo. Crie uma conexão. Puxe conversa. E faça com que a pessoa diga algo que contradiga a informação que você desenterrou anteriormente. Peça para que ela esclareça a situação, para que não se desvie do assunto. E então: "Desculpe, me perdi um pouco. Você disse que estava com Gary ontem. Mas Gary esteve na França a semana toda." Faça a si mesmo a pergunta mágica: *ela parece estar pensando demais?* E a resposta dela formada às pressas contradiz qualquer outra coisa, cavando a própria cova ainda mais fundo?

Você deve revelar as evidências gradativamente. Repetidas contradições os levarão a confessar puramente por vergonha. É provável que isso mostre o quanto estão mentindo descaradamente. Um estudo de 2006 da polícia sueca mostrou que normalmente detectavam-se mentiras em 56,1% das vezes. Aqueles treinados em "uso estratégico de evidências" obtiveram 85,4%.

Esses métodos não são perfeitos, mas obterão resultados incríveis se você praticar... Sério. Eu prometo que é verdade. Olha, você tem que acreditar em mim. *Juro, não pensei demais enquanto escrevia este livro.*

Essas técnicas permitirão que você leia um livro pela capa? Nesse caso, seria um exagero. Esse não é um processo simples e só funciona quando você tem tempo e a outra pessoa está disposta a ter paciência diante de seu questionamento. Nota final: só mostrarei esta seção ao meu editor *depois* que lhe explicar por que estourei meu prazo.

Então, em que pé anda o ditado de julgar o livro pela capa afinal? Está quase na hora de darmos um veredito...

5

EM 2007, UM ASTRÔNOMO DO RADIOTELESCÓPIO PARKES, NA AUSTRÁLIA, estava revisando dados arquivados e notou algo tão incrível, que as pessoas disseram que seria capaz de provar a existência de alienígenas.

Não é de se espantar que os dados tenham passado despercebidos quando aconteceram inicialmente em 2001. A explosão de ondas de rádio durou apenas 5 milissegundos. (Você não pode nem ler a palavra *milissegundos* em cinco milissegundos.) De fonte desconhecida, essas ondas de rádio viajaram 3 bilhões de anos-luz para chegar aqui. Mas a NASA confirmou que, durante aqueles meros 5 milissegundos, as ondas geraram uma *energia equivalente à de 500 milhões de sóis*. (Eu adoraria usar uma metáfora para transmitir a magnitude desse número, mas meu cérebro insignificante não consegue nem compreender a ideia de 500 milhões de sóis, então usarei "supermegapoderoso ao quadrado".)

Foi apelidado de "rajada rápida de rádio" (FRB, da sigla em inglês). Foi, como aqueles de nós experientes no campo gostam de dizer, supermegapoderoso ao quadrado. Parece um exagero dizer que isso prova que os Klingons existem... exceto que, quando a NASA discutiu recentemente o que seria necessário para chegar a Marte em três dias, os cientistas sugeriram que seria necessário um sistema de propulsão fotônica de vela solar que, hum, geraria uma explosão que soaria exatamente assim. E muito mais tarde, quando dois cientistas analisaram os números das FRBs, eles disseram: "A frequência ideal para alimentar a vela solar é semelhante às frequências das FRBs detectadas." E os dois cientistas não eram malucos quaisquer no YouTube usando chapéu de papel alumínio; eles eram Avi Loeb e Manasvi Lingam, do Departamento de Astrofísica de Harvard.

Então "alienígenas" não era uma maluquice tão grande quanto parecia ser. Mas só havia uma dessas ondas de rádio, então, a princípio, a "Explosão de Lorimer" foi considerada um erro, algum tipo de soluço radiotelescópio. Mas logo eles encontraram mais. Muito mais delas.

Em 2010, a astrofísica Sarah Burke-Spolaor descobriu registros de dezesseis explosões semelhantes que ocorreram em 1998. (Se isso era a forma como alienígenas se comunicavam, somos aquele amigo que é absolutamente terrível em responder a mensagens.) Porém, o mais interessante era que esses dezesseis sinais eram *diferentes*. Eles pareciam FRBs de diversas maneiras, mas na verdade eram o que viria a ser conhecido como "perytons". Os perytons são daqui. Eles não estão a bilhões de anos-luz de distância; eles são gerados a partir de algo bem aqui na Terra.

Pode-se especular que peryton era o mesmo que dizer que os alienígenas haviam chegado à Terra. Se as FRBs fossem mensagens de extraterrestres para nosso planeta, talvez os perytons fossem ETs ligando para casa. Mas a teoria mais popular era a de que os perytons provavam que tudo isso era besteira. Os perytons foram possivelmente causados por raios, ou, mais provável ainda, algum tipo de interferência humana. E alguns cientistas argumentaram que as FRBs provavelmente eram apenas perytons também. O debate durou anos.

Mas então, em 14 de maio de 2014, no radiotelescópio Parkes, detectaram uma FRB *ao vivo*, em tempo real. Foi confirmado que se originou a pelo menos 5,5 bilhões de anos-luz de distância. Perytons podiam ser interferência local, mas isso confirmava que FRBs eram reais. A área astronômica inteira foi abalada pela notícia.

Resolver o problema das FRB seria quase impossível, porque elas se originavam em um local distante. Mas os perytons nasciam aqui. Era possível resolver a situação. E essa poderia ser uma das descobertas mais importantes que a humanidade jamais faria. E o que fazemos com problemas intelectualmente intensos e incrivelmente desafiadores que podem mudar o curso da história?

Sim, isso mesmo: nós os jogamos para o estagiário resolver.

É aí que entra em cena nossa heroína destemida: Emily Petroff. Ela tinha 25 anos. Não havia nem obtido o doutorado em astrofísica ainda. E foi encarregada de resolver um dos maiores mistérios da astronomia. Nenhuma ajuda concreta. Sem grandes incentivos financeiros. Boa sorte, garota... Mas Emily era fascinada por FRBs e perytons e estava preparada para ir mais além do que qualquer outra pessoa.

E ela rapidamente percebeu o quão difícil seria encontrar a causa da misteriosa fonte de energia. Os astrofísicos não são idiotas. Eles não querem que a interferência seja um problema, então as áreas com telescópios estão no meio do nada, em zonas sem qualquer sinal de rádio. Celulares são proibidos. As gaiolas de Faraday são usadas para proteger equipamentos de ondas eletromagnéticas. O que raios poderia estar causando isso?

E havia outra questão ainda mais curiosa: os perytons detectados em Parkes estavam em duas frequências, 2,5GHz e 1,4GHz. A primeira era comum, mas a segunda era diferente. Nada sobre o que os cientistas estavam cientes transmitia em 1,4GHz. Poderiam ser alienígenas *de verdade*. E se fossem perytons, isso significava que alienígenas poderiam estar bem aqui entre nós. Desde 1998.

Mas Emily não acreditava muito na história de alienígenas, então ela passou meses avaliando os dados do telescópio... o que não resultou em nada além de um beco sem saída. Recusando-se a desistir, Emily instalou um monitor de interferência no telescópio para detectar as frequências que estavam atrapalhando. Nada outra vez.

Por fim, em janeiro de 2015, ela pôde respirar aliviada. O telescópio detectou três novos perytons, *em uma única semana*. Não era aleatório. Poderia ser uma tentativa de comunicação da fonte extraterrestre aqui na Terra? Cada um dos perytons tinha dois sinais, um em 2,5GHz e outro no misterioso 1,4GHz. Emily conseguiu comparar os dados do novo monitor de interferência com os resultados do observatório ATCA nas proximidades. Ele não captou os 2,5GHz, mas ela sim. Isso confirmava a teoria: os perytons não vinham do espaço sideral. O que quer que estivesse produzindo essa frequência desconhecida estava perto do telescópio. Estava aqui. Na Terra.

E o tempo em que os perytons apareceram não era aleatório. Todos eles aconteceram no horário de trabalho. Finalmente, tudo se encaixou. Todos eles tinham algo em comum. Uma coisa extremamente profunda que todo ser humano vivo e que já viveu um dia vê como vital...

Almoço. Os perytons no Parkes estavam todos acontecendo na hora do almoço. Então, o que opera em 2,5GHz? Emily teve uma ideia. Ela correu escada abaixo. E lá estava nosso alienígena: o micro-ondas na sala de descanso do telescópio. A maioria das áreas com radiotelescópios proíbe micro-ondas. Os dados do monitor de interferência confirmaram que o telescópio apontava para a sala de descanso toda vez que um peryton era detectado.

Sim, o maior mistério da astronomia não foi causado por alienígenas; foi causado por cientistas aquecendo burritos.

Mas isso não resolvia tudo. Sim, os Hot Pockets estavam produzindo o sinal de 2,5GHz, não os Wookies. Mas havia duas frequências. E a frequência de 1,4GHz? Nada com que os cientistas trabalhavam liberava um sinal de 1,4GHz. A teoria alienígena ainda não podia ser descartada.

Mas Emily sabia que onde há um erro humano, provavelmente há *mais* erros humanos. É verdade que nada do que eles conheciam *normalmente* liberava uma explosão de 1,4GHz. E os micro-ondas geralmente operam em 2,5GHz... Então, nossa sempre engenhosa heroína tentou uma experiência rápida: se ela ligasse o micro-ondas e abrisse a porta antes de ele terminar de aquecer, adivinhe o que aconteceria? O magnetron do micro-ondas liberava uma emissão rápida de 1,4GHz ao lado daquelas de 2,5GHz.

Então, corrigindo: *o maior mistério da astronomia não foi causado por alienígenas; foi causado por cientistas impacientes aquecendo burritos.*

Emily sabia que não eram extraterrestres. E a maioria dos cientistas respeitáveis nunca levou a sério a teoria dos alienígenas. Mas isso não importava. A história sobre alienígenas era irresistível. A mídia havia enlouquecido com isso. As pessoas estavam morrendo de curiosidade para saber mais, não sobre ciência, mas sobre a possibilidade de extraterrestres existirem.

Nosso cérebro adora histórias simples e atraentes como a de alienígenas. (Nosso cérebro também está impaciente na hora de esquentar pizza.) E se estamos falando sobre perytons e alienígenas ou tentando ler a mente de outros habitantes da Terra, é bem fácil interpretar errado os sinais e chegar a interpretações fantásticas que são claras, simples, atraentes... e erradas.

Por favor, pense na Emily Petroff na próxima vez que você for esquentar suas sobras. (E corte-as com a navalha de Occam quando fizer isso.) O grande mistério do peryton foi resolvido... no entanto, isso não significa que tudo foi resolvido. As FRBs ainda permanecem inexplicadas. Talvez os alienígenas estejam em uma galáxia distante, impacientes para tirarem seus próprios Hot Pockets do micro-ondas?

Ou talvez seja mais uma história atraente e imprecisa que conto para mim mesmo.

* * *

Sendo assim, você é capaz de "julgar um livro pela capa"? Vamos revisar os tópicos mais importantes.

Embora sejamos razoáveis com primeiras impressões, detectar mentiras é uma aposta, e somos horríveis na leitura passiva dos pensamentos e sentimentos das pessoas (eu conheço um cavalo que é muito melhor nisso do que nós). Pior ainda, nossos erros iniciais tendem a grudar em nossa mente. Muitas vezes, nós somos nosso pior inimigo. O viés de confirmação nos faz lembrar dos acertos e esquecer dos erros, nos cegando para o que pode corrigir nossa história e torná-la mais precisa.

Embora a leitura passiva seja muitas vezes imprecisa, podemos melhorar nisso se nos mantivermos motivados e engajar ativamente as pessoas. Mas é um erro se concentrar demais em melhorar essa habilidade. Esteja você tentando decifrar a personalidade delas ou detectar mentiras, os maiores ganhos de precisão são alcançados ao fazer as pessoas aumentarem os sinais que estão emitindo. Você não pode se tornar muito melhor em detectar mentiras, mas pode aproveitar métodos sólidos como carga cognitiva e uso estratégico de evidências para tornar as pessoas tão ruins em contá-las, que será extremamente fácil perceber. (E não confunda colocar um Hot Pocket no micro-ondas com contato alienígena.)

Naturalmente, tudo isso nos leva a uma pergunta: *por que somos ruins em ler os outros?* Talvez você considere essa uma habilidade útil. Deveríamos iniciar um processo coletivo contra a Mãe Natureza? O cérebro humano precisa de um recall de fábrica? Por que uma espécie social é tão falha em algo aparentemente tão valioso?

Uma razão para isso é que nossa baixa precisão pode não ser uma falha. Ser preciso demais ao ler as pessoas pode ser um pesadelo. Todos nós temos sentimentos negativos fugazes sobre nossos parceiros, amigos e relacionamentos. Isso é normal. Mas se você percebesse cada pensamento negativo que alguém tem sobre você, isso resultaria em ansiedade às suas ansiedades. Na grande maioria das vezes, é preferível desconhecer essas questões momentâneas. E é exatamente isso que os estudos descobriram. A precisão empática não é um bem universal; é uma faca de dois gumes. Um estudo de Simpson, Ickes e Ortina descobriu que a precisão empática é positiva se não revelar informações que ameacem o relacionamento. Mas se o fizer, é negativa. Na verdade, se houver informações negativas a serem coletadas, evitar a exatidão *melhora* a estabilidade do relacionamento.

Como disse uma equipe de psicólogos: "As pessoas geralmente querem aprender como melhorar a precisão de seus julgamentos sociais... mas não está claro se ver a realidade social é um objetivo saudável." Você se sentiria confortável se os outros pudessem detectar cada pensamento que *você* teve quando estava de mau humor? Às vezes você tem dúvidas sobre seus relacionamentos. É natural e saudável, mas se os outros soubessem sobre esses momentos, eles poderiam se magoar. Não nos esqueçamos da maldição da HSAM. Muita informação negativa ou uma memória incrivelmente perfeita simplesmente não contribui para bons relacionamentos. Precisamos ser maleáveis, dar o benefício da dúvida, deixar passar algo verdadeiro, mas sem importância. Então, talvez a Mãe Natureza tenha decidido por um equilíbrio saudável: somos muito bons em ler as pessoas quando suficientemente motivados e engajados, mas não bons *demais*. Isso seria exercitar a paranoia.

Ver o mundo com precisão não é nosso único objetivo. Sim, você quer informações confiáveis para poder tomar boas decisões. Mas também quer se manter contente, motivado e confiante, mesmo quando as coisas não estão muito boas. (Ou *especialmente* quando as coisas não estão muito boas.) Esse pode ser um equilíbrio delicado, porque a verdade dói. É assim que você sabe que é a verdade. Sherlock Holmes era excelente em enxergar através dos fatos brutais. Ele também se tornou um viciado em drogas. Não tenho certeza se essas duas coisas não estão relacionadas.

Nessa mesma linha de pensamento, ser incrivelmente bom em detectar mentiras talvez não seja tão legal assim. Você realmente quer que os alarmes soem em sua cabeça toda vez que alguém que se preocupa com você faz um elogio bem-intencionado, mas não tão verdadeiro? Não, você quer aproveitá-lo. E a polidez e a diplomacia requeridas na maioria das situações sociais (sem falar em entrevistas de emprego e primeiros encontros) simplesmente não suportam a verdade absoluta 24 horas por dia, 7 dias por semana. Você conhece pessoas que rotineiramente fazem perguntas para as quais *não* querem respostas honestas de jeito algum, e elas o deixam bastante desconfortável. A maioria das mentiras não é do tipo "eu não matei ele". Elas são mais como: "Seu cabelo está fantástico." Como disse T. S. Eliot: "A humanidade não pode suportar muita realidade."

Presumir que as pessoas geralmente são honestas é a norma preferida. A boa notícia é que isso não apenas nos faz sentir melhor, mas, em longo prazo, é a melhor aposta. Um estudo perguntou às pessoas o quanto elas confiavam nas outras em uma escala de um a dez. A maior renda pertencia aos que responderam com o número oito. E as pessoas desconfiadas se saíram muito pior do que aquelas que confiam demais. Suas perdas foram o equivalente a não ir para a faculdade. Elas perderam muitas oportunidades por não confiarem. Em *The Confidence Game* [O Jogo da Confiança, em tradução livre], Maria Konnikova aponta um estudo de Oxford que mostra que "pessoas com níveis mais altos de confiança tinham 7% de chances a mais de ter uma saúde melhor" e 6% mais chances de serem "muito" felizes, em vez de "bem" felizes ou "nada felizes". (Espero que você confie em mim, caso contrário, este livro não terá muita utilidade para você.)

Então, qual é o veredito para o ditado? Eu adoraria dizer que "não julgue um livro pela capa" é simplesmente verdadeiro ou falso, mas isso não seria muito útil. É quase verdade... mas enganoso. A resposta tem muitas nuances.

Não, não devemos julgar os outros de forma rápida ou superficial. Mas, como mostra a pesquisa, sempre o *fazemos*, pelo menos inicialmente, e isso nunca vai parar. Cessar completamente o julgamento não é possível, e, sem prática, mais tempo não nos torna mais precisos, apenas mais confiantes.

Em vez de nos concentrarmos em não julgar um livro pela capa, seria mais útil dizer que é melhor nos esforçarmos mais para revisar os julgamentos que, sem dúvida, faremos.

Certo, seção 1 concluída. Terminamos de avaliar as pessoas. Agora é hora de ver como realmente lidamos com elas. E isso significa amigos. Então temos que perguntar: o que torna alguém um bom amigo? E como podemos ser bons amigos para os outros?

O ditado diz: "É nos tempos ruins que conhecemos os bons amigos." E esse ditado existe desde pelo menos o século III a.C. Descobriremos se isso é verdade em breve, mas primeiro de tudo: *não tenho certeza se realmente sabemos o que isso significa.*

Está dizendo "Um amigo que está em um mau momento definitivamente agirá como seu amigo"? Ou "Um amigo que está passando por um mau momento é um amigo em ação"? Talvez "Um amigo que está ao seu lado quando você está passando por um mau momento é definitivamente um amigo"? Ou talvez "Um amigo que está ao seu lado quando você está passando por um mau momento é um amigo em ação"?

Qual seria? Qual você acha que é? Bem, quando revisarmos as evidências, descobriremos que pode significar algo muito diferente, ou exatamente o oposto do que você acha que significa. Vejamos a seguir...

PARTE 2

É "NOS TEMPOS RUINS QUE CONHECEMOS OS BONS AMIGOS"?

6

FICAR DE MEIAS E SEM CASACO NÃO É DIVERTIDO QUANDO AS TEMPERATURAS caem abaixo de zero. Mas é ainda pior quando algumas centenas de soldados estão vindo matar você.

Os outros membros do esquadrão dele estavam feridos nas proximidades. Do leito do riacho onde se protegia, ele podia ver o inimigo se aproximando. Fugir ainda era uma opção... Mas não para Hector. Hector Cafferata não iria a lugar nenhum.

Certo, vamos rebobinar a fita um pouco. O dia é 28 de novembro de 1950, durante a Guerra da Coreia. O pequeno esquadrão de fuzileiros navais dos EUA de Hector foi encarregado de proteger uma passagem de quase 5 quilômetros na montanha, basicamente uma rota de fuga da qual a Primeira Divisão de Fuzileiros Navais, com 11 mil soldados, precisaria em caso de problemas. Com 15 centímetros de neve no chão, estava tão frio, que o esquadrão de Hector não conseguia nem cavar trincheiras, então ele e seu amigo Kenneth Benson ("Bens") cortaram pequenas árvores para se abrigarem e depois entraram nos sacos de dormir.

O que eles não sabiam era que uma enorme unidade de soldados chineses vinha em sua direção. Por volta de 1h30, Hector foi acordado por tiros. Explosões. Gritos. Seus amigos feridos ao redor. Soldados inimigos literalmente a 10 metros de distância. Não havia tempo de calçar as botas. Uma granada explodiu nas proximidades. Não prejudicou Hector, mas Bens foi cegado pela luz forte. Ele não seria capaz de enxergar pelo resto da noite.

Hector pegou seu rifle e trocou tiros, mas simplesmente havia muitos deles, muito perto, vindo muito rápido. Hector disse a Bens: "Segure no meu pé. Nós rastejaremos." Eles recuaram até uma trincheira na intenção de se proteger.

Analisando a área, Hector percebeu que o restante de seu esquadrão estava incapacitado. E um grupo de soldados inimigos do tamanho de um regimento se aproximava. Hector Cafferata, soldado havia um ano, que teve apenas duas semanas de treinamento antes de ser enviado para a Coreia, era o último homem em pé. Ele olhou em volta, para seus amigos feridos. E então começou a agir.

O que ele fez? Olha, você precisará me perdoar aqui porque usarei um clichê batido. Mas juro que esta pode ser a única vez que esse clichê foi 100% preciso e nem um pouco exagerado...

Hector Cafferata tornou-se um exército de um homem só.

Com neve até os tornozelos e usando meias, Hector se transformou em um filme de ação de verão. Enquanto dezenas de soldados inimigos atacavam com balas, granadas e morteiros, Hector manteve a posição sozinho. Caramba, ele não apenas manteve a posição: ele os fez recuar a fim de se protegerem. Correndo de um lado para o outro pelo leito do riacho enquanto as balas passavam zunindo e todo tipo de coisa explodia de um lado para o outro, *um único cara* fez uma unidade do tamanho de um regimento pedir reforços.

Parece ridículo? Acha que estou inventando? Bem, se segure, porque fica ainda mais insano: Hector rebateu granadas com uma pá. Vou repetir: *ele rebateu as granadas que vinham na direção dele com uma pá.*

Hector disparou tanto com o rifle M1, que a arma superaqueceu e pegou fogo brevemente. Ele o mergulhou na neve para esfriá-lo e continuou a atirar. Bens, ainda cego, carregava balas em pentes de oito usando o tato e os entregava a Hector quando ouvia o "clique" vazio do rifle.

O inimigo jogou uma granada na ravina onde os companheiros de equipe de Hector estavam deitados sangrando. Ele correu em sua direção e a jogou de volta. Mas Hector não foi rápido o suficiente. Ela detonou a curta distância, arrancando um dos dedos de Hector e fazendo com que estilhaços penetrassem seu braço. Não importava. Hector seguiu lutando, mesmo com os soldados inimigos a apenas 5 metros de distância. E ele aguentou a situação por *cinco horas*.

Então um tiro ecoou acima dos outros. A bala de um atirador atingiu o peito de Hector. Ele caiu no chão. Ele lutou para se levantar, mas seu corpo não conseguia mais obedecer. No chão, ele olhou para os companheiros caídos... e além deles, a distância, Hector viu reforços dos fuzileiros navais norte-americanos subindo a colina. Tudo ficaria bem.

Hector passou mais de um ano se recuperando. Depois de sair do hospital, ele foi até a Casa Branca. O presidente Harry Truman concedeu-lhe a Medalha de Honra, a mais alta condecoração militar que um membro das forças armadas dos EUA pode receber. Se você verificar os registros oficiais, foi dito que ele matou quinze inimigos. Mas esse número não é nem remotamente preciso. Em uma entrevista, o tenente Robert McCarthy, comandante de Hector, disse que foi próximo da casa dos cem. Oficiais militares mudaram os documentos porque sabiam que ninguém acreditaria no número real.

"Para falar a verdade, eu fiz isso. Eu sei que fiz. Outras pessoas sabem que fiz. Mas só Deus sabe como fiz. Deixemos assim." Esse foi Hector, anos depois. Ele não sabia *como* fez aquilo, mas sabia *por quê*. E não foi porque ele era um patriota que amava o próprio país. Hector certamente era um patriota que amava o próprio país, mas não foi por isso que ele fez o que fez. Na verdade, não é por esse motivo que qualquer vencedor da Medalha de Honra já tenha feito isso. Revise as histórias dos soldados que receberam esse prêmio e você verá o mesmo motivo repetidas vezes. O vencedor da Medalha de Honra, Audie Murphy, afirmou isso claramente. Quando questionado por que arriscou a própria vida, assumindo uma companhia inteira de soldados alemães durante a Segunda Guerra Mundial, ele respondeu:

"Eles estavam matando meus amigos."

O mesmo motivo valia para Hector. Como ele disse em uma entrevista: "Acho que não pensei nisso conscientemente. Você tem amigos lá que estão feridos e machucados. Você decide que precisa aguentar. A ideia de fugir nunca me ocorreu."

Os amigos de Hector eram definitivamente amigos em maus momentos. E Hector era um amigo "bom" *de fato*. Eu adoraria um amigo como Hector. (Na verdade, eu adoraria ter um boneco de Hector Cafferata com meias removíveis e um braço com mola carregando uma pá.)

Ninguém contestaria que os amigos são uma das coisas mais importantes da vida. Mas há um mistério no centro das amizades que precisamos alcançar…

Amigos próximos nas terras altas de Papua Nova Guiné se cumprimentam dizendo "Den neie", que se traduz em "eu gostaria de comer seus intestinos". Ah, fica claro, *algumas* ideias sobre amizade variam ao redor do mundo. Mas muitas coisas são semelhantes globalmente. Nas ilhas da Micronésia, amigos íntimos são chamados de *pwiipwin le sopwone wa*, que significa "meu irmão da mesma canoa" — que é bem próximo de "irmão de outra mãe" se você pensar bem.

Uma coisa é certa: a amizade é universal. Os Arquivos da Área de Relações Humanas (HRAF, da sigla em inglês) da Universidade de Yale localizaram as 400 culturas mais estudadas em todo o mundo, e 395 parecem ter um conceito de amizade. (As 5 que não têm são comunidades que desencorajam explicitamente a amizade como uma ameaça à unidade familiar ou às estruturas políticas.) E os melhores amigos não se limitam aos humanos, nem mesmo aos primatas. Pesquisadores documentaram que elefantes, golfinhos, baleias e outros mamíferos também têm camaradas.

Registrada em 93% das sociedades pesquisadas, a *ajuda mútua* é a qualidade de amizade mais aprovada, e quase todas as sociedades também proíbem "ficar anotando" os favores concedidos a um amigo.

Com estranhos, é dinheiro na mesa imediatamente. Mas ser amigo significa ignorar a contabilidade estrita dos favores. Na verdade, a reciprocidade estrita é extremamente *negativa* em uma amizade. Ter pressa para retribuir um favor muitas vezes é visto como um insulto. Com amigos, agimos como se custos e benefícios não importassem (ou pelo menos não tanto assim).

Um estudo de 2009 descobriu que os norte-americanos, em média, têm quatro relacionamentos próximos, dois dos quais são amigos. O professor de Yale, Nicholas Christakis, observa que essas estatísticas não mudaram muito nas últimas décadas, e você obtém números semelhantes quando olha ao redor do mundo. E embora a maioria dos estudos mostre que a qualidade é mais importante do que a quantidade quando se trata de amigos, os números ainda importam. Quais pessoas são 60% mais propensas a se considerarem "muito felizes"? Aquelas que têm cinco ou mais amigos com quem podem conversar sobre os próprios problemas.

Como é de se esperar, temos mais amigos quando somos jovens (os adolescentes têm, em média, cerca de nove), e o número geralmente diminui à medida que envelhecemos. O que é triste, porque amigos nos fazem mais felizes do que qualquer outro relacionamento. Desculpe, cônjuges. O vencedor do prêmio Nobel Daniel Kahneman descobriu que, quando você questiona as pessoas em um momento qualquer, os níveis de felicidade são mais altos quando estão com amigos. Não importa se você pergunta a jovens ou idosos, ou vai a qualquer lugar ao redor do mundo, os amigos ganham quase toda vez. Para ser justo, a pesquisa da Beverley Fair mostra que somos absolutamente mais felizes quando estamos com amigos e cônjuges. Mas mesmo *dentro* de um casamento, a amizade reina. O trabalho da Gallup descobriu que 70% da satisfação conjugal se deve à amizade do casal. Tom Rath diz que é cinco vezes mais importante para um bom casamento do que a intimidade física.

O impacto dos amigos no trabalho não é menos significativo. Menos de 20% das pessoas veem seu gerente como um "amigo próximo", mas aqueles que o fazem têm 2,5 vezes mais chances de gostar do próprio trabalho. Você tem 3 colegas no trabalho? Então você tem

96% mais chances de se sentir feliz com sua vida. Para ser claro, esse resultado não foi "feliz com seu trabalho", e sim feliz com a *vida*. E apesar de que todos nós adoraríamos um aumento, um estudo de 2008 do *Journal of Socio-Economics* descobriu que, embora as mudanças na renda proporcionem apenas um pequeno aumento na felicidade, mais tempo com os amigos faz com que você sorria como se tivesse ganhado US$97 mil extras por ano. (Peça ao seu chefe um aumento desse e veja no que dá.) No geral, as variáveis de amizade são responsáveis por cerca de 58% de sua felicidade.

Seus amigos também são fundamentais para manter seu status de não morto. O trabalho de Julianne Holt-Lunstad descobriu que a solidão afeta sua saúde da mesma forma que fumar quinze cigarros por dia. E mais uma vez, a amizade reina sobre outras conexões. Um estudo de 2006 comparou pacientes com câncer de mama que tinham dez amigos próximos com aquelas que não tinham nenhum. Estar no primeiro grupo quadruplicou a chance de sobrevivência das mulheres, porém, mais surpreendentemente, um marido teve impacto zero. Mesma coisa para os homens. Um estudo de longo prazo com 736 homens mostrou que amigos reduziam a probabilidade de problemas cardíacos. Mais uma vez, um parceiro romântico não.

Certo, nós entendemos: amigos são uma coisa boa. Mas estamos aqui para responder a uma pergunta mais específica: *"É nos tempos ruins que conhecemos os bons amigos?"* O problema é que você e eu não podemos nem começar esse assunto porque temos um problema muito mais fundamental: *nem sabemos o que um amigo realmente é.* Vá em frente, me dê uma definição. Eu aguardarei. E não, não aceitarei algum esquema de pirâmide de clichês como resposta. Todos nós já ouvimos um milhão de definições de amizade que soam como um cartão comum de mensagens, mas não são testes decisivos e eficazes.

Seus "amigos" do Facebook são realmente amigos? E aquele velho amigo com quem você tem ótimas lembranças... mas nunca se deu ao trabalho de conversar? Ou a pessoa divertida com quem você sempre curte sair, mas nunca confiaria para cuidar de seus filhos? Aquela pessoa confiável com quem você pode contar para qualquer coisa, mas nunca pediria consolo se recebesse um exame médico contendo a palavra *maligno*? Ela é uma amiga? Definir verdadeiramente essa pequena palavra comum é muito mais complicado do que você pensa.

Christakis diz: "Podemos definir formalmente a amizade como um relacionamento tipicamente voluntário e de longo prazo, normalmente entre indivíduos não relacionados, que envolve afeto e apoio mútuos, possivelmente assimétricos, especialmente em momentos de necessidade." Uma definição sólida e formal para pesquisas, mas não acho que isso ajudará você e eu no dia a dia.

E essa definição nebulosa é emblemática de um problema maior: a amizade sempre se ferra. Apesar da abundância de aspectos positivos mencionados antes, incluindo o primeiro lugar para felicidade e saúde, a amizade quase sempre fica em segundo plano em relação a cônjuges, filhos, parentes e até colegas de trabalho. Pagaremos um terapeuta infantil para nossos filhos, um conselheiro matrimonial para nossa união, mas nada para a amizade. Se tivermos problemas com a amizade, muitas vezes a deixaremos morrer como um peixinho dourado de estimação. Daniel Hruschka, professor e pesquisador de amizades da Universidade Estadual do Arizona, aponta que *amigo* é falado e escrito mais do que qualquer outro termo relacional na língua inglesa, até mesmo *pai e mãe*. E, no entanto, esse relacionamento vital, poderoso, indutor de felicidade e salvador de vidas fica consistentemente atrás de todo o resto no dia a dia. Onde mora o problema?

Ao contrário desses outros relacionamentos, a amizade não tem uma instituição formal. Não tem lei, religião, empregador ou sangue como respaldo. E por não haver nenhum grupo metafórico que promova os interesses das amizades, elas sempre acabam em segundo plano. É 100% voluntária, sem definição clara e com poucas expectativas aceitas pela sociedade. Se você ficar sem falar com seu cônjuge por seis semanas, espere pelos papéis do divórcio. Se você não falar com um amigo por todo esse tempo... *que seja.*

Sem regras formais, as expectativas são vagas. Isso torna as amizades frágeis. Elas murcham quando não são cultivadas, mas não há regras para o que é necessário, e negociar detalhes é desconfortável. Não apareça no trabalho, e você sabe que seu chefe o demitirá. Mas

É "NOS TEMPOS RUINS QUE CONHECEMOS OS BONS AMIGOS"?

o que exige o fim de uma amizade é muitas vezes idiossincrático. E, portanto, não é surpresa que, quando você pesquisa entre jovens e idosos, descobre consistentemente que, em sete anos, metade dos amigos atuais não são mais confidentes íntimos. Sem obrigações institucionais, a manutenção que as amizades exigem é bastante deliberada. E em um mundo agitado, isso está além do que a maioria de nós pode lidar. É muitas vezes na casa dos 30 anos que as amizades morrem. É por volta dessa época que você reúne todos seus amigos para o seu casamento, e em seguida nunca mais os vê novamente. Empregos, casamentos e filhos exigem cada vez mais à medida que envelhecemos, e isso geralmente acontece à custa de amigos. Apesar de todas as alegrias e benefícios da amizade, estudos mostram que a pessoa com quem temos mais probabilidade de ter um relacionamento ao longo da vida acaba não sendo um amigo, mas um irmão. Uma tragédia.

No entanto, a fraqueza da amizade é também a fonte de sua força incomensurável. Por que as verdadeiras amizades nos tornam mais felizes do que cônjuges ou filhos? Porque elas são sempre uma escolha deliberada, nunca uma obrigação. Não são apoiadas nem forçadas a nós por nenhuma instituição. É simples: você tem que gostar de seus amigos. Outros relacionamentos podem existir independentemente de emoção. Alguém não deixa de ser seu pai, chefe ou cônjuge porque você deixa de gostar dessa pessoa. A amizade é mais real porque qualquer pessoa pode ir embora a qualquer momento. Sua fragilidade prova sua pureza.

Sendo assim, há uma instituição exponencialmente maior com a qual a amizade deve lutar, e que fornece nosso maior desafio para uma definição precisa da palavra: biologia. Em um mundo natural implacável (em algum lugar agora um leão está mordendo uma gazela), onde tudo é reduzido à necessidade darwinista de espalhar nossos genes, por que existem amigos? Família, e a necessidade de sustentar essa família, deveria ser tudo, certo?

Claro, amigos podem oferecer ajuda para alcançar esses objetivos, e então a matemática funciona... mas nesse caso, é tudo matemática. Relações transacionais. Nesse caso, avaliaríamos os amigos com base apenas no que eles poderiam fazer por nós e nos certificaríamos de que sempre lucraríamos com a troca. Mas esse não é o caso, a ausência de reciprocidade estrita é um dos poucos conceitos fundamentais sobre a amizade. E o mais importante, não ressoa em nada com nossa ideia emocional de amizade. Não deixa espaço para o verdadeiro altruísmo ou a bondade no mundo. Se a vida está espalhando seus genes e ganhando recursos, como a biologia pode parecer dizer, por que Hector arriscou a vida por seus amigos? É isso que significa o ditado do "bom amigo"? Que só notamos amigos fiéis a nós quando passamos por momentos ruins?

Uau, começamos tentando obter uma definição simples da palavra *amigo* e de alguma forma acabamos em uma discussão de filosofia no dormitório às 3 da manhã tentando resolver a natureza do altruísmo no universo. Mas tudo isso importa. É fundamental obter uma definição real do que um amigo é e não é. Na verdade, essa questão do altruísmo foi a baleia branca de Darwin. Ele disse que era seu maior mistério e, se não conseguisse resolvê-lo, temia que sua teoria da seleção natural se mostrasse falsa.

E é por isso que precisamos conhecer a trágica história de George Price. Agarre os lenços. Essa é triste...

7

MAIS DO QUE QUALQUER OUTRA COISA, GEORGE PRICE QUERIA SER CONHECIDO.
Ele queria desesperadamente ser conhecido por ter feito algo que mudou o mundo. Ninguém duvidava de que ele era brilhante. Alguns duvidavam de sua sanidade mental, e muitos duvidavam de ele ser um bom marido e pai, mas ninguém duvidava de seu brilhantismo.

As habilidades matemáticas e a criatividade de George eram quase incomparáveis. E impulsionado por esse desejo implacável de ser alguém, ele tinha uma ética de trabalho ainda mais impressionante. Ele se formou na Phi Beta Kappa e depois obteve um doutorado, terminando sua tese em uma bateria de 59 horas sem dormir, ligado na Benzedrina. Ele trocou correspondências com 5 ganhadores diferentes do prêmio Nobel, buscando o avanço monumental que o faria se destacar.

Sempre que sentia que não poderia fazer história onde estava, ele seguia em frente. E assim, George se tornou um "Forrest Gump" do avanço científico, mudando de área seis vezes em dez anos. Ele trabalhou no Projeto Manhattan, ajudando a criar a bomba atômica. Em seguida, para a Bell Labs, auxiliando no desenvolvimento do transistor. Em seguida, foi para pesquisas do câncer. Então, mudou de área novamente, inventando praticamente sozinho o design assistido por computador.

Ele era um homem possuído. E isso não é lá um exagero; George não estava mentalmente bem. A incrível ambição nasceu de sua patologia. E assim, ele, que mal via sua esposa e suas filhas, por fim as abandonou. Seus demônios não permitiriam que nada ficasse entre ele e a grandeza.

Mas não estava funcionando. Ele havia feito realizações notáveis em campos díspares, mas nada que satisfizesse os padrões incríveis que havia imposto sobre si mesmo. George entrou em crise. Estava desempregado. Sozinho. Aos 45 anos, ele não via as filhas havia mais de uma década. Mas sua tenacidade não diminuiria. Ele se mudou novamente, desta vez para Londres. Sua próxima área de interesse científico era extremamente irônica...

Ele se interessou por famílias. Ele queria saber o que as fazia permanecer juntas. (Sinta-se à vontade para fazer quantas especulações freudianas quiser sobre isso.) E isso o levou à maior questão do altruísmo: *por que alguém ajuda alguém?* A baleia branca de Darwin outra vez. Mas pelo menos, no que diz respeito às famílias, George conseguia entender. Por que você arriscaria sua vida para ajudar seus filhos? Eles carregam seus genes. Então, George aplicou ao tema as tremendas habilidades matemáticas que tinha e descobriu a fórmula exata pela qual a teoria da seleção natural de Darwin funcionava. Ele nunca havia estudado genética em sua vida. E a matemática parecia tão simples, que ele tinha certeza de que alguém já deveria ter pensado nisso antes.

A Universidade de Londres tinha o melhor departamento de genética do mundo. George foi e mostrou a eles seu trabalho. Noventa minutos depois, ele recebeu as chaves de um escritório e uma cátedra honorária. O que ele fez foi inovador. Você pode procurar a equação de Price na Wikipédia. Ainda hoje, ela permanece como uma grande conquista na genética e na teoria evolutiva. E, como o destino quis, esse escritório é, na verdade, o local onde costumava ser a casa de Darwin.

George finalmente conseguiu. Fez seu nome. Conquistou seu sonho. A coisa pela qual sacrificou tudo. Mas o que ele pensava ser um desejo realizado acabou se tornando uma maldição. George ponderou os resultados de seu trabalho. Se algo não promove a sobrevivência e reprodução, sua matemática mostrava que a evolução não selecionaria isso. Mas se você faz algo porque promove sua sobrevivência e reprodução, não é altruísta. George pensou consigo mesmo: *acabei de provar que a bondade não existe? Se meus cálculos estão certos, o mundo é um local terrível.* Ele não podia aceitar um mundo assim. Mas ele era um cientista que deveria se dedicar a ser objetivo. Por que não podia aceitar que talvez o mundo fosse um lugar egoísta? Como o biógrafo Oren Harman disse ao *Radiolab*: "Porque ele foi extremamente egoísta durante a maior parte de sua vida."

A coisa que lhe deu reconhecimento, pela qual ele sacrificou tudo, ele agora queria que sumisse. Que não fosse verdade. Ele se sentiu culpado por ser tão egoísta, por ter abandonado suas filhinhas. E agora seu trabalho mostrava que o mundo inteiro era egoísta. A situação beirava ao insuportável.

George não podia mudar a matemática. Mas talvez ele pudesse ser a mudança que desejava ver no mundo. Talvez ele pudesse desejar que a matemática discordasse de suas escolhas. E assim, o homem que havia corrido persistentemente pelo mundo pensando apenas em sucesso e fama, que havia abandonado sua esposa e suas filhas quando elas atrapalharam seu progresso, agora começava a ir até as pessoas em situação de rua na Praça Soho, de Londres, dizendo: "Meu nome é George. Existe alguma forma em que eu possa ajudá-lo?"

Ele comprava comida para elas. Dava qualquer dinheiro que tivesse. Ele as deixava ficar em seu apartamento. Depois de uma vida inteira pensando apenas em si mesmo, George agora pensava apenas nos outros. Ele estava aprendendo a amar. Mas ele estava indo longe demais. Seus amigos se preocupavam com ele. Ele não estava bem. Mas seu desejo de se redimir, de lutar contra a matemática egoísta do darwinismo que ele havia descoberto, assumiu o mesmo zelo messiânico que sua busca pela fama teve. Ele sabia que as pessoas estavam se aproveitando dele, mas acreditava que talvez, se desse tudo que tinha, ele pudesse de alguma forma refutar o próprio teorema.

Mas um único homem não pode salvar o mundo. Aquelas pessoas não ficaram sóbrias e consertaram suas vidas por causa dele. George era como o personagem de um filme de viagem no tempo que luta para mudar o futuro, mas percebe que não pode alterar o destino.

Quando ficou sem dinheiro, ele também ficou sem ter onde morar. Mas mesmo ocupando uma casa abandonada com outras pessoas, ele ainda se dedicava a ajudá-las. Ele escreveu para suas filhas dizendo que estava arrependido. Desejava ser capaz de recomeçar.

Não há maneira fácil de dizer isso, caro leitor, então serei direto: no dia 6 de janeiro de 1975, George Price tirou a própria vida. Alguns podem dizer que ele se martirizou para expiar seus pecados. A resposta simples é que ele não tinha a mente boa. George ia longe demais em diversas áreas. Tragicamente, esta era uma delas. Muitos de nós diríamos que não queremos viver em um mundo sem amor, bondade e altruísmo, em que a generosidade é apenas outra forma de egoísmo. George Price era uma dessas pessoas. Mas a história não termina aí...

George sabia no fundo de seu coração que as pessoas podiam ser boas. Você e eu também sabemos. E, finalmente, a ciência alcançou você, eu e George. Os cientistas não refutaram a matemática dele; a equação de Price ainda é algo concreto na genética. Mas estudos mostraram que *somos* programados para sermos generosamente altruístas. Coloque as pessoas em uma ressonância magnética funcional e peça que pensem em doar para caridade, e os circuitos que se acendem são os mesmos acionados por comida e sexo. Ajudar de maneira altruísta é algo tão enraizado em nós quanto a sobrevivência e a procriação. E quando os pesquisadores Knafo e Ebstein estudaram o quanto estávamos dispostos a doar, eles encontraram uma forte correlação com os genes que codificam os receptores de ocitocina do cérebro. Tradução? De maneira bem darwiniana, o altruísmo está na nossa genética. Não, não há contradição; o darwinismo e o altruísmo podem coexistir em harmonia.

A evolução se preocupa apenas com as consequências, não com as intenções. A evolução não se importa com a razão pela qual você faz as coisas, apenas com o resultado. Digamos que você seja um CEO e concede gentilmente a todos seus funcionários um bônus de mil dólares. Isso os faz amarem você, então eles trabalham mais. Os lucros da empresa triplicam, você é um sucesso e, como resultado, tem vários bebês prósperos. Isso significa que sua ação não foi altruísta? Claro que não! Era sua intenção ser legal. Nossa mente não precisa estar pensando em "disseminar genes" o tempo todo. Já falamos sobre como nosso cérebro tece histórias para dar sentido ao mundo. Essas histórias, nossas intenções, nossas escolhas, são todas nossas.

Em 22 de janeiro de 1975, um grupo diversificado se reuniu na capela do Cemitério da Rua Pancras, em Londres. Professores universitários com doutorado em genética estavam lado a lado com dependentes químicos. Eles estavam lá para prestar homenagem a um homem que influenciou a vida deles. Um dos que ainda passavam dificuldades e permanecia em situação de rua usava um cinto que George lhe dera.

George Price tirou a própria vida porque não estava bem. Mas as ações dele mostraram que um indivíduo pode ser altruísta, pode optar por fazer coisas para ajudar os outros, mesmo quando isso não ajude aquele que o faz. As intenções de George eram boas. Ele morreu na missão de servir aos outros e, à sua maneira, provou que o altruísmo era verdadeiro.

Mas qual é a *história* que nosso cérebro nos conta sobre altruísmo? Aquela que nos permite ignorar imposições darwinianas fundamentais? Se respondermos a isso, teremos nossa definição de amizade. E resolveremos o maior quebra-cabeça de Darwin. E George poderá descansar em paz...

* * *

Certo, é aqui que explico a história em nossa cabeça que anula as leis de Charles Darwin. Sim, é isso que eu devo fazer aqui. Sem dúvida alguma. Esse é o objetivo... Olha, serei sincero: isso me deixou perplexo. Desesperado por respostas, comecei a ler muita filosofia antiga. Calma, fica pior. Vasculhei o livro *Lísis,* de Platão, e até mesmo o grande Sócrates disse explicitamente que *ele* não conseguia definir amizade. Ai.

Até que, finalmente, pude ficar aliviado. Aristóteles, aluno do aluno de Sócrates, tinha muito a dizer sobre amigos. Ele dedicou 20% da *Ética a Nicômaco* ao assunto. As relações transacionais baseadas em benefícios não eram verdadeiras amizades para Aristóteles. Ele era um fã enorme de amigos íntimos. E ainda tinha uma definição reconfortante sobre isso. Para Aristóteles, os amigos "estão dispostos uns aos outros como estão dispostos a si mesmos: *um amigo é um outro eu*".

Muito bom, né? Nós os tratamos tão gentilmente porque eles são parte de nós. O interessante é que isso também resolveria nosso enigma. Seu cérebro é como um advogado inteligente, distorcendo as palavras do contrato de Darwin. O egoísmo pode, na verdade, *ser* altruísmo, se eu acreditar que você sou eu.

E esse conceito de outro eu era tão cativante, que influenciou uma enorme quantidade de cultura ocidental durante os 2 mil anos seguintes, a ponto de que, em minha revisão da literatura clássica, eu o presenciava com tanta frequência, que criei meu próprio jogo de beber chamado "Amigo como Outro Eu".

Cícero por volta de 50 a.C.? "Pois um verdadeiro amigo é aquele que é, por assim dizer, um segundo eu." BEBA.

Edith Wharton em 1800? "Há um amigo na vida de cada um de nós que não parece uma pessoa separada, por mais querida e amada, mas sim uma expansão, uma interpretação de si mesmo." BEBA.

E, como observa Mark Vernon, no Novo Testamento pode-se dizer "ama teu próximo como a ti mesmo", mas se você verificar o código levítico do Antigo Testamento, ele se traduz como "ama teu *amigo* como a ti mesmo". Sim, o conceito de outro eu está até na Bíblia. (Esqueça tomar uma bebida desta vez; apenas engula a garrafa inteira.)

No entanto, prometi a você um livro apoiado pela ciência. O conceito de Aristóteles é brilhante, mas ele também escreveu sobre a loucura de fazer todos os sacrifícios a Zeus, então talvez devêssemos encarar o que ele dizia com um pé atrás. (Eu tentei entrar em contato com Aristóteles para uma entrevista, mas ele não estava disponível.) "Amigos são outro eu" é perfeito para o Instagram, mas, infelizmente, não é ciência. Assim, voltei a ler um estudo acadêmico nerd atrás do outro...

Mas então, me deparei com algo: "O que apoia nossa previsão básica é a noção consistente de que, em um relacionamento próximo, o outro está 'incluído no eu', no sentido de que as representações cognitivas do eu e daqueles que são íntimos se sobrepõem."

Puta merda! Aristóteles estava certo. E ele não estava apenas "um pouco" certo ou "quase" certo; não apenas um, porém mais de 65 estudos apoiam a ideia de Aristóteles. Na psicologia, isso é chamado de "teoria da autoexpansão" — expandimos nossa noção de nós mesmos para incluir aqueles que são próximos. Uma série de experimentos demonstrou que, quanto mais próximo você é de um amigo, mais a fronteira entre ambos se torna nebulosa. Na verdade, confundimos elementos de quem eles são com quem somos. Quando você está perto de um amigo, seu cérebro realmente precisa trabalhar mais para distinguir vocês dois.

O argumento decisivo foram os estudos neurocientíficos que fizeram uma ressonância magnética nas pessoas ao perguntarem sobre amigos. Claro, as áreas do cérebro para emoções positivas acenderam. Você sabe o que mais ativou? *As partes do cérebro associadas ao autoprocessamento.* Quando as mulheres ouviram os nomes de suas amigas íntimas, sua massa cinzenta respondeu da mesma maneira que respondeu ao ouvir o próprio nome.

Desse trabalho, foi desenvolvida a Escala CI ("Comportamento Inclusivo"), tão poderosa, que o ranking pode ser usado para determinar de forma robusta a estabilidade de relacionamentos. Em outras palavras, observadas ao longo do tempo, pontuações mais baixas previam que a amizade era mais provável de terminar, e pontuações mais altas previam que era menos provável que acabassem. Além disso, quando as amizades com pontuações altas na CI realmente acabavam, os sujeitos eram muito mais propensos a dizer coisas como "não sei mais quem sou". Se você já teve uma amizade próxima e sentiu que perdeu uma parte de si mesmo, bem, por assim dizer, você estava certo.

Em 1980, o professor de Harvard Daniel Wegner disse que a empatia pode "derivar em parte de uma confusão básica entre nós mesmos e os outros". E com isso, parece que finalmente temos as definições que procurávamos.

- O que é empatia? A empatia é quando a linha entre você e outra pessoa é nebulosa, quando você fica confuso sobre onde você termina e a outra pessoa começa.

- O que é proximidade? Proximidade é quando sua visão de "si" vai um pouco para o lado e dá espaço para mais alguém sentar ali também.

- O que é um amigo? Um amigo é outro eu. Uma parte de você.

Tenho vontade de dizer *Toma essa, Charles Darwin!* Mas a verdade é que Darwin era como nós. Lembra-se de como ele disse que o problema do altruísmo era seu maior desafio? Como ele temia que isso pudesse refutar sua teoria? Bem, Darwin não conseguiu reconciliar isso sozinho, mas seu comportamento exibia a mesma distinção. Darwin fez coisas incríveis e teve dez filhos. (Ótima maneira de provar sua teoria, Charles.) Mas para fazer isso, o cérebro dele não precisou pensar "devo espalhar meus genes" o tempo todo. Isso não era o importante para ele como pessoa. O que era?

Acredite ou não, a amizade. Darwin escreveu um livro de memórias e discutiu o que afetou sua carreira mais do que qualquer outra coisa. Sua teoria da seleção natural? Não: "Ainda não mencionei uma circunstância que influenciou toda a minha carreira mais do que qualquer outra. Esta foi a minha amizade com o professor Henslow." A teoria de Darwin não tinha muito a dizer sobre amizade, mas desempenhou um papel tão significativo em sua própria vida quanto desempenha na nossa.

Os amigos nos expandem. Nos unem. E no que diz respeito ao nosso cérebro, as pessoas com quem nos importamos realmente se tornam parte de nós. Sim, a teoria de Darwin está ativa em nossa biologia, mas nossos sentimentos são reais. Nossas intenções podem ser puras e nobres. Podemos e de fato fazemos grandes sacrifícios altruístas por amigos, assim como Hector Cafferata.

Agora sabemos o que amizade, proximidade e empatia são. Amigos são uma parte de você... mas como os fazemos? Há muito trabalho sobre esse tópico, principalmente o texto clássico de Dale Carnegie. Mas será que *Como Fazer Amigos e Influenciar Pessoas* resiste ao escrutínio científico? Descobriremos. Mas antes que Dale receba o tratamento d'*Os Caçadores de Mitos*, precisamos aprender uma ou duas lições com um grupo muito especial, que por acaso são as pessoas mais amigáveis da Terra...

8

PODE SER DIFÍCIL SER MÃE. ESPECIALMENTE QUANDO UM MOTOCICLISTA tatuado de tamanho extragrande bate à sua porta procurando seus filhos adolescentes. Ihhh! Mas não, ele não está aqui para causar problemas. Conforme foi relatado no *New York Times*, os dois meninos entraram em um radiocidadão, fizeram um amigo e o convidaram para ir até a casa deles. Apenas mais uma loucura que os adolescentes fazem? Na verdade, não. Esses gêmeos fazem parte de um grupo especial de pessoas: as pessoas mais amigáveis do mundo.

São um grupo pequeno e pouco conhecido. Eles absolutamente amam pessoas, confiam quase infinitamente e têm ansiedade social zero. Conheça um membro deste clã, e ele imediatamente o encherá de elogios, perguntas e gentileza. E será totalmente profundo e sincero. Como Jennifer Latson contou em *The Boy Who Loved Too Much* [O Garoto que Amava Demais, em tradução livre], essas pessoas fazem você se sentir tão especial, que é quase uma decepção quando percebe que elas são assim com todo mundo. Não, elas não fazem parte de um culto. E tampouco estão vendendo alguma coisa. Mas, claro, há um outro lado...

A síndrome de Williams é uma doença genética. Talvez o mais cativante dos transtornos. O fascinante é que, embora as pessoas com esse estado clínico tenham deficiências, elas também são *super-humanas* quando se trata de bondade, empatia e socialização.

Afetando apenas uma em cada 10 mil pessoas em todo o mundo, a síndrome de Williams (SW) ocorre quando cerca de 28 genes estão faltando no cromossomo número sete. Isso causa mudanças no feto, incluindo menor estatura, problemas no tecido conjuntivo e características faciais únicas.

Infelizmente, a SW também causa deficiência intelectual. O QI médio é de 69. Mas sob uma perspectiva científica, os desafios mentais são inconsistentes. Aqueles com SW têm o que a literatura chama de "perfil cognitivo desigual". Eles têm problemas em algumas áreas, mas superpoderes em outras. Eles têm extrema dificuldade com matemática e resolução de quebra-cabeças, mas faça uma pergunta, e você será presenteado com um incrível contador de histórias que usa palavras ricas e emocionais. Seu desempenho em tarefas abstratas e espaciais é deplorável, mas eles se destacam em situações verbais, emocionais ou até musicais.

Quando os cientistas descobriram o que era responsável pela assimetria nos déficits, eles encontraram muito mais do que esperavam. Eles perceberam que não estavam apenas estudando uma doença clínica, mas começando a decifrar o código da bondade humana. Exames de ressonância magnética mostraram que as pessoas com SW "diminuíram a reatividade da amígdala em resposta a estímulos socialmente assustadores". Em português: pessoas com síndrome de Williams nunca veem rostos como hostis. Você e eu somos céticos, ou mesmo temerosos, em relação a estranhos. Para as pessoas com Williams, não há estranhos de verdade: apenas amigos que ainda não conheceram.

Mas o que fez com que o cérebro delas se desenvolvesse de modo tão diferente? Dado que é um distúrbio genético, os pesquisadores analisaram atentamente o DNA em busca desses genes "superamigáveis". E os encontraram. GTF2I e GTF2IRD1 modulam a ocitocina, aquele hormônio do amor de que você tanto ouviu falar. Na SW, esses genes basicamente fazem com que a ocitocina entre em um estado de sobremarcha. Se você já sentiu aquela onda de amor materno ou paterno, ou teve uma experiência com a droga ecstasy, você sentiu algo parecido com o que quase *todo* encontro social é para alguém com SW.

68

Mas as percepções não pararam por aí. Pense nas características que estamos discutindo: sempre feliz em ver os outros, ávido para agradar, perdoando de forma infinita e irradiando um amor profundo pelos outros que é inquestionavelmente sincero. Essas são todas as qualidades que nos fazem valorizar, bem... filhotinhos. E se você pensou nisso, você merece um doutorado honorário em genética. Porque os genes que nos separam daqueles com Williams são os mesmos que distinguem os lobos do melhor amigo do homem. E isso é capaz de explicar por que você e eu podemos ter medo ou ser hostis com estranhos fora de nossa "matilha", enquanto dois gêmeos com SW conversarão com um Hells Angel em um radiocidadão CB e o convidarão para ir até sua casa.

Alysson Muotri, professor de pediatria na Universidade da Califórnia em São Diego, estudou SW: "Fiquei fascinado em como um defeito genético, uma pequena deleção em um de nossos cromossomos, poderia nos tornar mais amigáveis, mais empáticos e mais capazes de aceitar nossas diferenças." Não é exagero dizer que as pessoas com SW têm as qualidades que a maioria das religiões nos incita a aspirar: amar generosa e altruisticamente a todos. Latson escreve: "Pessoas com Williams não precisam aprender a Regra de Ouro; não precisam ser ensinadas sobre igualdade ou inclusão. Elas nascem praticando esses princípios."

Um estudo de 2010 examinou o racismo entre crianças com Williams. O resultado? Elas não mostram nenhum. Zero, nada, nadica de nada. E isso é ainda mais surpreendente porque quase todas as crianças de 3 anos mostram preferência por sua própria raça. Crianças com WS são, de fato, as únicas crianças já encontradas que mostram zero preconceito racial.

Todos esses traços pró-sociais e altruístas levaram Karen Levine, psicóloga de desenvolvimento da Faculdade de Medicina de Harvard, a propor, em tom de brincadeira, que *somos nós* que temos o transtorno. Ela o chama de SRN: "Síndrome do Resto de Nós." Os sintomas incluem esconder nossas emoções, não tratar estranhos como amigos e uma falta épica de abraços.

Na verdade, aqueles com SW confiam até *demais.* E é frequente serem passados para trás por causa disso. É como se não tivessem um sistema imunológico social para defendê-los. Isso representa um problema para os pais de crianças com SW. Embora uma criança tão amigável seja uma coisa linda, ela entrar alegremente em carros de estranhos não é. Essas crianças devem ser ensinadas a desconfiar dos outros, mas as lições raramente entram na cabeça delas. Não é da natureza delas. E embora essas ameaças às vezes tornem criar uma criança com SW um desafio extremo, Latson observa o lado positivo: que mãe não quer um garotinho que diga sinceramente que a ama pelo menos uma dúzia de vezes por dia, não importa o que ela faça?

Talvez o pessoal que tem SW seja a maneira da natureza de se desculpar pelos sociopatas. É mais ou menos assim que o professor da Faculdade de Medicina de Stanford, Robert Sapolsky, vê: "Alguém com Williams tem grande interesse, mas pouca competência. Mas e uma pessoa que tem competência, mas não tem desejo, empatia ou gentileza? Isso é um sociopata. Os sociopatas têm uma grande mentalização. Mas eles não poderiam se importar menos."

No entanto, esse interesse sem competência leva a uma ironia dolorosa para aqueles com SW: eles anseiam por uma conexão real, mas muitas vezes não conseguem alcançá-la. O que têm de desejo social não é igualado em habilidade social. Eles falham em processar muitas etiquetas sociais básicas. Fazem perguntas repetitivas e muitas vezes são impulsivos demais para esperar pelas respostas antes de fazer outra pergunta. Sem medo de iniciar relacionamentos, eles não detêm a capacidade para aprofundá-los e sustentá-los. Aproximadamente 80% das crianças com SW sentiam que não tinham amigos ou tinham dificuldades com seus amigos. Elas são a criança adorável com quem todos são simpáticos... mas que ninguém a convida para as festas de aniversário.

E sob o ponto de vista da felicidade, o "perfil cognitivo desigual" que lhes dá superpoderes pode ser pior do que ter déficits mais graves. É uma tragédia cruel saber que você tem um problema, mas jamais ter a capacidade de resolvê-lo. É ver os outros ganharem amigos, parceiros e, futuramente, filhos, mas experimentar apenas frustração e solidão por si próprio. Como o escritor de ciência David Dobbs disse sobre aqueles com Williams: "Ninguém é um estranho para eles, mas poucos podem ser chamados de amigos."

Então, o que acontece quando seus gêmeos com SW convidam aquele motociclista e ele está na sua porta? Dobbs contou essa história verídica para o *New York Times*. Bem, você relutantemente deixa o Sr. Hells Angel entrar por um tempo. E ele está tão impressionado com os dois garotos mais gregários e amigáveis que ele já viu, que pergunta se você pode levá-los ao seu clube de motociclistas para conversarem com a equipe. O que é a coisa que seus filhos mais poderiam desejar. Então você diz que sim. E naquele dia, você sente medo, porque a sede do clube parece a sala de espera de um escritório para receber uma condicional. Mas seus meninos não poderiam estar mais animados: *Veja todas essas pessoas, mãe!* E eles dão sua pequena apresentação. Falam sobre o quanto amam conversas. Como sofrem bullying. Como o mundo é confuso para eles às vezes. E como têm muita, mas muita dificuldade em fazer um amigo de verdade. Você teme que os motociclistas estejam entediados ou com raiva, mas não foi isso que aconteceu naquele dia...

A mãe em questão virou-se para olhar a plateia e o que viu foi uma sala cheia de homens enormes e tatuados enxugando lágrimas no rosto.

E não importa o que aconteça hoje, amanhã aqueles com Williams continuarão amando a todos nós, representando sem medo as melhores partes da humanidade.

Muitos de nós já tivemos momentos em nossa vida em que nos identificamos com aspectos daqueles com SW. Temos dificuldades em fazer e manter amizades profundas, apesar de sermos gentis e amigáveis. E quando não dá certo, nos perguntamos o que fizemos de errado. Ou se há algo errado conosco.

Mas as lutas daqueles com SW realmente contêm o segredo de que precisamos para formar as verdadeiras amizades sobre as quais Aristóteles escreveu...

Quando se trata de fazer amigos, a coisa mais próxima que temos dos poderes mágicos da síndrome de Williams parece ser o trabalho de Dale Carnegie. Desde que foi publicado pela primeira vez em 1936, *Como Fazer Amigos e Influenciar Pessoas* já vendeu mais de 30 milhões de cópias, e quase um século depois, ainda vende mais de 250 mil cópias por ano. O texto de Carnegie intercala histórias com informações sobre como ser melhor com as pessoas e obviamente não tem nenhuma semelhança com o livro que você está lendo agora mesmo.

E então, o que Dale recomenda? Ele encoraja as pessoas a ouvir, a se interessar pelos outros, a falar com eles a partir do ponto de vista deles, a bajulá-los sinceramente, a buscar semelhanças, a evitar conflitos e muitas outras coisas que soam óbvias, mas que todos nós rotineiramente nos esquecemos de fazer. No entanto, o livro de Carnegie foi escrito antes do alvorecer da maioria das pesquisas formais na área e é amplamente anedótico. Será que o conselho dele está alinhado com a ciência social moderna?

Surpreendentemente, sim. Como observa Hruschka, da Universidade Estadual do Arizona, a maioria das técnicas fundamentais de Carnegie foi confirmada por vários experimentos. Um dos métodos dele (que demonstrou promover o sentimento de "outro eu") é buscar a semelhança. Já viu alguém se machucar fisicamente e você se encolheu por simpatia? Estudos de ressonância magnética do neurocientista David Eagleman mostram que a dor simpática aumenta quando percebemos a vítima como semelhante a nós mesmos, mesmo que o agrupamento seja arbitrário. O cientista social Jonathan Haidt comenta: "Nós simplesmente não sentimos tanta empatia por aqueles que vemos como 'outro'."

Dito isso, o bom e velho Dale errou em algo. O oitavo princípio em seu livro diz: "Tente ver as coisas honestamente a partir do ponto de vista da outra pessoa." Lembra-se da Seção 1, quando percebemos o quão terríveis somos em ler a mente de outras pessoas? Sim, exatamente. Nicholas Epley testou a sugestão de Dale e não dispensa palavras a respeito disso: "Nunca encontramos nenhuma evidência de que a tomada de perspectiva, colocar-se no lugar de outra pessoa e imaginar o mundo através de seus olhos aumentasse a precisão nesses julgamentos." Além de não ser eficaz, isso o torna *pior* em se relacionar com elas. Desculpe, Dale.

Mas ele só estava errado nessa questão. Em sua defesa, milhões usaram suas técnicas com grande sucesso, incluindo pessoas famosas, como, hum... Charles Manson. E isso nos leva ao problema mais relevante com as técnicas de Carnegie: não que elas não sejam científicas, mas que podem ser manipuladoras e levar a amizades superficiais, do tipo que Aristóteles não gostava muito. (Contagem regressiva para ação judicial da família de Carnegie: cinco, quatro, três...)

O livro de Carnegie é ótimo para os estágios iniciais dos relacionamentos, é excelente para relacionamentos transacionais com contatos comerciais... mas também é um manual incrível para enganadores. Não se concentra em construir um "outro eu" e desenvolver intimidade em longo prazo: trata-se muito mais de obter benefícios táticos das pessoas. Carnegie frequentemente usa frases como "engenharia humana" e "fazer com que as pessoas fiquem felizes ao realizarem o que você quer". Para ser justo, Carnegie diz repetidamente que você deve ter boas intenções, mas isso soa vazio. O sociólogo Robert Bellah escreveu: "Para Carnegie, a amizade era uma ferramenta ocupacional para empreendedores, um instrumento de vontade em uma sociedade inerentemente competitiva." Se você está procurando um amigo de verdade, isso não funcionará. É o equivalente a usar um livro "Como entender garotas" para navegar pelos altos e baixos de um casamento de várias décadas.

Sendo assim, o que produz *de fato* amizades profundas de "outro eu"? Isso nos leva a uma área de estudo acadêmico chamada "teoria da sinalização". Suponhamos que eu diga que sou um cara durão. Você acredita em mim? Por outro lado, digamos que você veja o cinturão dos pesos pesados do UFC sendo enrolado na minha cintura no fim de uma luta televisionada. O que te convenceria mais de que não sou o cara com quem você quer mexer?

Um sinal "caro" é um sinal mais poderoso. Dizer que sou um cara durão é fácil. Fazer um evento "de faz de conta" ao vivo do UFC diante de uma multidão de milhares de pessoas é muito mais difícil. Operamos o tempo todo com base na teoria da sinalização; porém, raramente estamos cientes disso. Carnegie nos ensina sinais de amizade, mas eles não custam caro. É por isso que, como leitor, gostamos deles; são fáceis de seguir. É também por isso que os farsantes gostam deles; são fáceis de falsificar. Dizer "estarei ao seu lado" é uma coisa. Aparecer e ficar ao seu lado o dia inteiro para ajudá-lo com a mudança é um sinal muito mais caro e poderoso. Qual o convenceria de que sou um amigo de verdade?

Então, quais sinais caros queremos exibir (e procurar) quando se trata de amigos verdadeiros? Os especialistas concordam firmemente com dois, sendo o primeiro deles o *tempo*. Por que o tempo é tão poderoso? Porque é escasso, e escasso = caro. Quer fazer alguém se sentir especial? Faça algo por ele que você simplesmente não pode fazer pelos outros. Se eu lhe der uma hora do meu tempo todos os dias, não posso fazer isso para mais de 24 pessoas. Não tem como. Fim da discussão. Agradeço pela ligação.

Como já mencionamos, a amizade supera outros relacionamentos em termos de felicidade, mas o que especificamente faz essa mágica funcionar? Melikşah Demir, da Universidade do Norte do Arizona, diz que é o companheirismo, simplesmente passar tempo juntos. E, sem surpresa nenhuma, o que a pesquisa diz ser a causa mais comum de conflito nas amizades? Mais uma vez, o tempo. Não há como evitar: o tempo é algo crucial.

Então, como podemos ter mais tempo para os amigos quando adultos? O segredo se resume a rituais. Pense nas pessoas com quem você mantém contato e provavelmente encontrará um ritual, consciente ou não, por trás disso. "Conversamos todos os domingos" ou "fazemos exercícios juntos". Repita isso. Funciona. Encontre algo para fazerem juntos de forma consistente. Uma pesquisa de Notre Dame, que analisou mais de 8 milhões de telefonemas, mostrou que entrar em contato de alguma forma a cada duas semanas é um bom objetivo a buscar. Encontre essa frequência mínima, e as amizades terão maior probabilidade de persistir.

Mas fazer novos amigos pode exigir ainda *mais* tempo. Esse processo pode ser mais lento do que a internet de avião, que é uma das razões pelas quais somos tão ruins nisso à medida que envelhecemos. Quanto tempo? Você está sentado? A pesquisa de Jeff Hall descobriu que levava até sessenta horas para desenvolver uma amizade leve, às vezes cem horas para chegar ao status de "amigo" completo e duzentas horas ou mais para desbloquear a aclamada conquista de "melhor amigo". Às vezes mais, às vezes menos, mas de qualquer forma, caramba, isso é bastante tempo.

Mas isso é apenas parte da equação. Hall também descobriu que a *forma* como as pessoas se falavam importava. Todos nós atingimos aquele muro com um amigo em potencial, onde a conversa fiada não progride. Você simplesmente não consegue avançar para o próximo nível. E esse é um problema com o trabalho de Carnegie: sorrir e concordar com a cabeça só levam você até certo ponto. Quer fazer bons amigos sem dezenas de horas? Você pode fazê-lo, mas Carnegie não o levará até lá. Arthur Aron (que desenvolveu a Escala CI) fez com que estranhos se sentissem amigos de uma vida inteira em *apenas 45 minutos*. Como? Bem, isso nos leva ao nosso segundo sinal caro: *vulnerabilidade*.

É irônico: quando conhecemos novas pessoas, muitas vezes tentamos impressioná-las, e isso pode ser uma péssima ideia. Por meio de uma série de seis estudos, os pesquisadores descobriram que sinalizar status elevado não ajuda novas amizades, mas as prejudica. Novamente, pode ser bom para ligações de vendas ou transmitir autoridade, mas torna muito mais difícil encontrar o "outro eu".

Tem havido muita conversa sobre vulnerabilidade ultimamente, mas a maioria de nós apenas acena com a cabeça e volta a tentar parecer perfeito. Por quê? *Porque é extremamente assustador se expor.* Você pode ser ridicularizado ou rejeitado, ou as informações podem ser usadas contra você. A vulnerabilidade nos dá flashbacks dos piores cenários do ensino médio. (Entre a tribo Kunyi do Congo, diz-se que muita autorrevelação torna a pessoa mais suscetível à feitiçaria, então talvez se abrir seja ainda mais perigoso do que você pensava.) Sabemos que é arriscado. Estudos em larga escala do sociólogo de Harvard,

Mario Luis Small, mostraram que, em geral, somos mais propensos a dar detalhes muito pessoais a estranhos do que a amigos íntimos.

Não queremos que pessoas terríveis explorem nossas fraquezas, mas a ironia é que é de nossas fraquezas que vem a confiança. Em um artigo intitulado "Podemos confiar na confiança?", Diego Gambetta escreveu: "A concessão da confiança... pode gerar o próprio comportamento que talvez logicamente pareça ser sua pré-condição." Em outras palavras, a confiança gera confiança. O perigo de ser explorado cria o valor inerente à confiança, dando-lhe seu próprio poder. Como você sinaliza que é confiável? Ao confiar em outra pessoa. E então, muitas vezes, a confiança em você cria a confiança nela.

A vulnerabilidade diz às pessoas que elas fazem parte de um clube exclusivo. Elas são especiais para você. Aron descobriu que a autor-revelação ajuda diretamente na produção do "outro eu". E foi assim que ele conseguiu que as pessoas se tornassem melhores amigas em 45 minutos. (Se você quiser ver as perguntas que Aron usou para produzir amizades íntimas tão rapidamente, eu as postei para você aqui: https://www.bakadesuyo.com/aron — conteúdo em inglês.)

A vulnerabilidade não é apenas eficaz, como também não é tão perigosa quanto você pensa que é. A psicologia documentou o "efeito da bela bagunça", em que nós consistentemente superestimamos como nossos erros serão percebidos de forma negativa. Achamos que seremos vistos como idiotas e exilados para uma vila distante, mas quando perguntados, a maioria das pessoas vê as falhas ocasionais como algo positivo. Você comete um erro e tem medo de ser visto como inadequado. Mas quando os outros cometem o mesmo erro, você raramente é tão crítico, e muitas vezes isso o faz amolecer com aquela pessoa.

Qual é a melhor maneira de mergulhar o dedo do pé na piscina da vulnerabilidade? Bem, aqui vai: sou um homem de 40 e tantos anos que faz sons fininhos para fotos de filhotes no Instagram e ocasionalmente usa voz de bebê com eles. *Sim, eu escrevo livros espertinhos e autoimportantes sobre ciência e falo com voz de bebê para fotos de filhotes no Instagram.* Você gosta mais de mim ou menos? Confia mais em mim ou menos?

Então, da próxima vez que estiver com alguém de quem gosta ou com quem deseja aprofundar sua amizade, siga **A Regra Assustadora®**: *Se algo o assusta, mencione-o.* Você não precisa ir a todo vapor ainda. Não confesse nenhum assassinato na ceia de Natal. Comece devagar e vá aos poucos. Aumente os limites das coisas sensíveis que você está disposto a admitir sobre si mesmo e, da mesma forma, faça perguntas mais sensíveis do que você normalmente se sente confortável em fazer. E quando seu amigo admitir coisas vulneráveis, não recue e grite: "VOCÊ FEZ O QUÊ?!?!" Aceite-as. Então, diz Daniel Hruschka, "aumente as apostas". Contanto que você se sinta emocionalmente seguro e tenha uma recepção positiva, compartilhe mais. É assim que você constrói "outro eu".

Ainda hesitante em se abrir? Então me deixe colocar a arma metafórica na sua cabeça: não ser vulnerável destrói amizades. Esse mesmo estudo sobre o número de horas necessárias para fazer um amigo mostrou que mais conversa fiada em uma amizade produz uma queda na proximidade. Ah, e não se abrir e ser vulnerável não mata apenas amizades: também pode matar *você*. O professor da Universidade da Pensilvânia, Robert Garfield, observa que não se abrir prolonga doenças que não são graves, aumenta a probabilidade de um primeiro ataque cardíaco e dobra suas chances de ser letal.

Eu sei que ainda não estamos 100% de acordo sobre como o ditado do "bom amigo" deve ser interpretado, mas estamos muito mais perto de ver como ele funciona e como pode funcionar na prática. Reserve um tempo, compartilhe seus pensamentos de forma vulnerável e vá se aprofundando. Se tudo correr bem, a outra pessoa fará o mesmo. Isso nos afasta dos relacionamentos transacionais. Com a confiança estabelecida, podemos ignorar os custos em maior grau, e a outra pessoa também pode. Você não se preocupa com o tamanho do favor ou com o que ela fez por você ultimamente, não é mais uma coisa que importa para você. Agora você só precisa fazer uma pergunta: "Essa pessoa é uma amiga?" E se for, você a ajuda.

Sim, pode ser assustador. E muitas pessoas estão usando o livro de Carnegie com intenções manipuladoras. Existem pessoas más neste mundo. Como os narcisistas. Mas se vamos chegar à verdadeira amizade, vamos nadar nas mesmas águas que as pessoas más.

Como lidarmos com elas de forma segura e talvez até as tornar pessoas melhores? Podemos aprender uma lição poderosa sobre como fazer isso analisando a história do grupo de pessoas que mais representa o "mal" no mundo moderno...

9

SUA MÃE SEMPRE DISSE QUE AS PESSOAS ERAM COMPLEXAS. MAS DANNY não acreditava muito nela, e isso certamente não o preparou para o que aconteceu naquela noite de 1941.

Os nazistas ocuparam a França em 1940 e instituíram um toque de recolher às 18h. Mas naquela noite, Danny, de 7 anos, ficou até tarde na casa de um amigo. Caminhando rapidamente para casa, assustado, ele virou o suéter do avesso. Ele queria esconder a Estrela de Davi amarela que indicava ser judeu.

Por sorte, as ruas estavam vazias. Parecia seguro. Ele estava quase em casa. Mas, então, viu um homem. Um soldado alemão. E não qualquer soldado alemão. Esse homem usava o uniforme preto da SS, do tipo que tinham dito a Danny para temer mais do que qualquer outro. E quando você tem 7 anos, você leva esse conselho a sério.

Mas ele estava quase em casa. Talvez pudesse se esconder, talvez não fosse visto... Então os dois fizeram contato visual. Momento completamente "e agora?" Já havia passado a hora do toque de recolher. Ele era judeu. E ele estava *escondendo* isso. Nada. Disso. Era. Bom.

O oficial da SS fez um gesto para que ele se aproximasse. Um nó do tamanho de um planeta se formou na garganta de Danny quando ele obedeceu. Ele só esperava que o soldado não notasse o suéter. Danny diminuiu a distância. E foi aí que o nazista se moveu, bruscamente, agarrando-o...

Em um abraço. Um abraço tão profundo e tão firme, que ele levantou o menino de 7 anos do chão. A princípio, Danny não reagiu, mal notou, seu cérebro pensava apenas: "Não perceba a estrela, não perceba a estrela" repetidamente.

O nazista o colocou no chão e começou a falar emocionalmente em alemão. Eram lágrimas aquilo em seus olhos? Da carteira dele, tirou uma foto de um menino e mostrou a Danny. A mensagem era óbvia: o epítome do mal tinha um filho da idade de Danny. E sentia muitíssima saudade dele.

O nazista deu dinheiro a Danny e sorriu para ele. E então, cada um seguiu seu caminho.

Esse homem, que era capaz de fazer as coisas mais horríveis, que representa o mal melhor do que qualquer outra coisa que conhecemos hoje, ainda tinha o amor compartimentado dentro dele. E ver Danny o fez lembrar do próprio filho, e trouxe isso à tona. A mãe de Danny estava certa: as pessoas eram infinitamente complexas.

Essa breve e aterrorizante lição sobre a complexidade da natureza humana moldou o restante da vida de Danny. Ele obteve um doutorado em psicologia. Seu foco de estudos foi a aparente irracionalidade do comportamento humano. Tornou-se professor na Universidade de Princeton. E Daniel Kahneman contou essa história da noite com o nazista no texto que pedem para você escrever ao receber um prêmio Nobel.

Há um segredo escondido na gentileza do que aconteceu naquela noite. Algo que nenhum dos dois entendeu na época e que a ciência só descobriu recentemente: que talvez haja uma maneira de trazer à tona o que há de bom em pessoas "más".

* * *

Os dados mostram que, em média, para cada dez amigos que você ganha, você também ganha um novo inimigo. Ah, e a velha expressão "o inimigo do meu inimigo é meu amigo" não é verdade. Nicholas Christakis e James Fowler descobriram que os idiotas em sua vida têm seus próprios idiotas, e você acharia os idiotas deles um tanto babacas também. Mas a menos que você seja o Batman falando sobre o Coringa, um inimigo geralmente não é a pessoa mais problemática de sua vida. Então quem é?

"Aminimigos" são muitas vezes piores que inimigos. Julianne Holt-Lunstad, professora de psicologia da Universidade Brigham Young, descobriu que aminimigos (a designação formal é "relacionamentos ambivalentes") aumentam a ansiedade e a pressão sanguínea ainda mais do que seus verdadeiros inimigos. Por que os aminimigos são mais estressantes do que os inimigos? É a imprevisibilidade. Você sabe o que esperar de inimigos e de amigos que o apoiam, mas com aqueles que são ambivalentes, você está sempre no limite. E essa é a razão pela qual Holt-Lunstad descobriu que o número de aminimigos se correlacionava com depressão e doenças cardíacas ao longo do tempo. Mas isso realmente torna os aminimigos piores que os inimigos? Sim, porque, acredite ou não, amigos ambivalentes compõem *metade* de nossos relacionamentos. E estudos descobrem que não os vemos com menos frequência do que amigos que nos apoiam.

Porém, às vezes, os aminimigos são apenas pessoas com quem não "nos damos bem", mas outras vezes é porque eles são narcisistas. Como o físico Bernard Bailey brincou: "Quando descobrirem o centro do universo, muitas pessoas ficarão desapontadas ao verem que não são elas." O que diabos essas pessoas têm de errado? Bem, na verdade, elas se encaixam surpreendentemente bem em nosso paradigma aristotélico. Os narcisistas não incluem os outros em seu "eu", ou pelo menos não muito ou com pouca frequência. O narcisismo é quando você para de tentar acalmar suas inseguranças confiando nas pessoas e, em vez disso, se volta para um eu imaginário em que você é superior.

Todos nós temos vidas de fantasia onde somos ricos, incríveis e admirados. Isso é ser humano. E todos nós sonhamos com nossos inimigos sendo esmagados sob nossas botas, humilhados na praça da cidade e torturados impiedosamente até... tudo bem, talvez seja só eu. Como o Dr. Craig Malkin aponta, a diferença é que nós *desfrutamos* nossos sonhos, mas os narcisistas são *viciados* em seus sonhos. A maioria de nós encontra força nos outros; eles a encontram apenas em si mesmos. Não existe "outro eu". E essa falta de empatia é central para o transtorno. Para os narcisistas, "passar a perna é mais importante do que se dar bem com os outros". E quanto ao "bom amigo"? Para um narcisista, um amigo em maus momentos é simplesmente uma pessoa fraca.

Então, qual é a melhor maneira de lidar com um narcisista? A resposta é simples: não lide. Diga "BIP-BIP" e corra para longe no estilo Papa-Léguas o mais rápido possível. A recomendação de primeira linha dos profissionais é consistente; geralmente só não queremos fazer isso. Mas e se "sem contato" não for uma opção? Ou você realmente acredita que esse aminimigo pode se redimir?

Se eles têm TPN completo (transtorno de personalidade narcisista), esqueça. Prefiro dizer para você mesmo fazer sua apendicectomia a tentar mudar um narcisista clínico. Adivinha como a terapia funciona com eles? Muitas vezes, um total geral de absolutamente nada. Eles frequentemente têm "resultado negativo de tratamento" — eles pioram. Está bem documentado que a "contratransferência" é um grande problema na terapia com narcisistas. Tradução: *eles manipulam até mesmo os profissionais que tentam tratá-los.* E o que você fizer para lidar com eles o prejudicará em outros relacionamentos.

Mas se eles são subclínicos, ainda existe uma chance. Vamos usar o que é chamado de "alertas de empatia". Os narcisistas têm problemas com a empatia, mas a pesquisa mostra que não é porque eles têm *zero* empatia; é mais como se o músculo da empatia deles fosse fraco. Mais de uma dúzia de estudos mostra que é possível ativar esse músculo fraco em narcisistas de nível inferior e, com o tempo, fortalecê-lo. Mas é importante lembrar aqui que o que estamos fazendo é emocional, não cognitivo. Apontar o dedo para um narcisista, dizendo a ele o que fez de errado e o que você quer de verdade, é apenas instruí-lo a manipulá-lo de forma mais eficaz. O objetivo é se envolver emocionalmente na identidade deles como um "outro eu". Isso envolve *sentimento* crítico, não pensamento crítico.

O ótimo é que os alertas de empatia são ao mesmo tempo o teste decisivo e um tratamento. Se o narcisista não responder a isso, provavelmente já passou do limiar clínico. (O próximo passo envolve alho e uma estaca no coração.) Mas se ele se afetar, você pode ajudá-lo a melhorar.

Então, como podemos trazer o melhor das pessoas "ruins"? Vamos atacar de três ângulos diferentes.

1. ENFATIZE A SEMELHANÇA

Sim, da mesma forma que falamos sobre Dale Carnegie. O estudo "Atenuando a Ligação Entre Egoísmo Ameaçado e Agressão" descobriu que esse ângulo aumenta diretamente o sentimento de "outro eu". Enfatizar semelhanças, na verdade, tem um efeito *maior* nos narcisistas do que naqueles que não são narcisistas. Por quê? Pois há um judô psicológico muito inteligente embutido nesse ângulo. Os pesquisadores escreveram: "Essa manipulação também capitaliza a fraqueza dos narcisistas — o amor-próprio. Os narcisistas amam a si mesmos, e se outra pessoa é como eles, como poderiam machucar essa outra pessoa?" E o resultado? "A agressão narcisista foi completamente atenuada, mesmo sob ameaça do ego, quando os participantes acreditavam que compartilhavam uma semelhança fundamental com seu parceiro." E não precisa de muito também. Simplesmente dizer a um narcisista que ele compartilha a mesma data de aniversário ou o mesmo tipo de impressão digital faz efeito. *Você sabia que ambos somos do tipo sanguíneo O+? Talvez você queira parar de me apunhalar pelas costas agora.* (Não, não diga isso de verdade.)

2. ENFATIZE A VULNERABILIDADE

Novamente estamos voltando aos nossos princípios fundamentais. Você precisa ter cuidado aqui, porque fraqueza pode fazer um predador atacar. Mas também é isso que faz deste um bom teste decisivo: se alguém tentar se aproveitar disso, pode estar além de nosso alcance. Se ele amolecer, há esperança. Dois pontos cruciais ao executar isso: expresse a importância do relacionamento para você e revele seus sentimentos. Demostrar raiva faz o tiro sair pela culatra, mas decepção é surpreendentemente eficaz. Da próxima vez que o idiota disser algo idiota, responda: "Isso feriu meus sentimentos. Era isso que você pretendia?" Se ele ainda pode ser salvo, voltará atrás.

3. ENFATIZE A COMUNIDADE

Assim como a semelhança, esse método é realmente mais poderoso com narcisistas do que com pessoas comuns. Os pesquisadores fizeram uma analogia com o álcool: se você não bebe regularmente, a bebida tem um efeito maior. Se seu narcisista não está acostumado à empatia, então, quando ela atinge, vem com muito mais força. Lembre-o sobre família, amizade e as conexões que você tem. A configuração padrão dele é não ter empatia, então você precisa fazê-lo pegar no tranco. E se você obtiver uma resposta positiva com qualquer um deles, aprenda uma lição do treinamento de cães: reforço positivo. Recompense-o por isso.

Eles não mudarão ao ter um grande momento de percepção freudiana. Este não é um filme da Disney, e dar um grande abraço no Grinch não o transformará instantaneamente em alguém amável. Este pode ser um processo meticuloso e ingrato, mas se tratando de alguém de que você gosta, pode valer a pena.

Ajuda se lembrarmos que eles estão sofrendo. Raramente parece, mas estão. Ser viciado em seus próprios sonhos é uma maldição. O narcisismo é "altamente comórbido com outros distúrbios", o que é uma maneira elegante de dizer que essas pessoas têm mais problemas do que um livro de matemática. Eles sofrem de taxas mais altas de depressão, ansiedade, inveja crônica, perfeccionismo, dificuldades de relacionamento e, por último, mas não menos importante, suicídio. Quando as pessoas sofrem de depressão, ansiedade ou transtorno de personalidade limítrofe, tendemos a sentir simpatia, mas com o narcisismo, costumamos dizer que são apenas pessoas "ruins". É como sentir pena de pessoas com tuberculose, mas dizer que aqueles com meningite são um bando de babacas. O narcisismo mostra uma hereditariedade de 45% a 80%, com pelo menos dois estudos apontando para bases genéticas. Não, seu aminimigo não é simpático. Mas é importante se lembrar de que pode não ser culpa dele.

Mas o que você faz se eles *estão* em nível clínico e você não consegue fazer BIP-BIP? A última opção são os dois Bs: barreiras e barganha. Basicamente, você precisa aspirar o oposto de "outro eu" — um relacionamento totalmente transacional. Primeiro, estabeleça barreiras. O que você não tolerará mais? E o que você fará se eles passarem por cima dessas barreiras? Seja firme e consistente, mas não seja mesquinho. Em seguida, entra a barganha. É hora de ter um *Trato Feito*. (Ignore o cheiro de enxofre.) Concentre-se em algo vantajoso para ambos. Os narcisistas costumam entrar na sua se você tem algo que eles queiram. Certifique-se de que eles paguem antecipadamente e sempre com preços acima do mercado. Julgue as ações, não as intenções. A cartada final que o psicólogo clínico Albert Bernstein recomenda quando eles estão planejando algo desonesto é perguntar: "O que as pessoas vão pensar?" Eles podem não sentir culpa, mas sentem vergonha, e os narcisistas são muito preocupados com as aparências.

A boa notícia é que, se vocês são amigos há muito tempo, os narcisistas tendem a amolecer com a idade. Ao longo dos anos, a realidade bate na história deles, essas comorbidades aumentam ou aqueles a quem abusaram percebem que há uma seção de forcados e tochas no Walmart. Não quero invocar a ideia de carma aqui, mas muitas vezes eles recebem o que merecem. Poucos podem sustentar as ilusões no mesmo nível para sempre.

A ironia é que os narcisistas são muito cheios de si, mas carecem de autoconsciência. Caso em questão: Tania Singer era uma acadêmica importante que fazia bullying com todos ao seu redor, até mesmo com as mulheres grávidas em seu laboratório. Porém, certo dia, sua reputação a afetou. O que Tania Singer estudava? Ela foi a principal pesquisadora sobre *empatia*.

Tudo bem, já falamos sobre aminimigos. Está quase na hora de reunir tudo e obter nosso veredito sobre o ditado do "bom amigo". Mas primeiro precisamos ver como o poder da amizade pode ser extremo...

10

OS DOIS HOMENS NÃO PODERIAM SER MAIS DIFERENTES: UM PORNÓGRAFO E o outro pastor.

Na década de 1970, Larry Flynt construiu um império pornô com a revista *Hustler* como a joia de sua coroa. Para esclarecer, Larry não fazia "erotismo", ele fazia *pornografia*. A sofisticação da revista *Playboy* era um anátema para ele. Era algo falso. Ele era totalmente deselegante, e frequentemente histérico. Flynt era um cara raivoso, satirizava as autoridades com palhaçadas malucas, manobras publicitárias e caos. Mas tinha princípios: Flynt estava à frente de seu tempo em questões relacionadas ao apoio ao aborto, aos direitos dos homossexuais e das minorias e, acima de tudo, à liberdade de expressão. Depois que *Hustler* publicou fotos de sexo inter-racial, Flynt foi baleado por um supremacista branco e confinado a uma cadeira de rodas.

E se Flynt foi emblemático da selvagem década de 1970, Jerry Falwell não poderia ter representado melhor o que era popular da década de 1950. O televangelista liderou o surgimento da direita religiosa nos EUA como uma força política a ser reconhecida, ajudando a eleger Ronald Reagan. Sua posição conservadora explícita defendia valores tradicionais e condenava o que ele via como o colapso da moralidade nos anos 1970. Seu grupo, Maioria Moral, protestava contra o aborto, a homossexualidade, a Emenda dos Direitos Iguais e, claro, a pornografia.

Durante as décadas 1970 e 1980, Falwell criticou publicamente Flynt como símbolo de tudo que havia de errado no país. E Flynt estava ficando cansado de ser difamado por alguém que ele considerava um charlatão hipócrita. As reuniões editoriais da *Hustler* sempre começavam com a pergunta "Quem não ofendemos este mês?" E como seu último alvo, Flynt selecionou ninguém menos que Falwell. A revista publicou um "anúncio" satírico de bebidas em que Falwell falava sobre perder a virgindade. Em um banheiro externo na Virgínia. Com a mãe dele.

Larry encarou isso apenas como uma forma de revidar no debate em andamento. Ele não achava que seria grande coisa. Mas Falwell com certeza achou. Acusando Flynt de difamação e sofrimento emocional, em outubro de 1983, Falwell o processou... em US$45 milhões. A guerra "fria" acabara de se tornar nuclear.

Falwell encarava isso como nada menos do que uma batalha entre o bem e o mal. E ele tinha a vantagem. Os tribunais formais eram a arena do tradicional, as praças. Falwell usou todo o poder do sistema dominante como um porrete para espancar Flynt, o forasteiro imoral.

A reação de Larry? Um bocejo. Você precisa saber que ser processado não era um problema que aconteceu apenas uma vez. Era mais como um problema de toda quinta-feira. No filme *O Povo contra Larry Flynt, ele* disse a seu advogado: "Sou o cliente dos sonhos de um advogado. Sou rico, divertido e estou sempre em apuros."

E embora fosse verdade que o tribunal apoiava as ideias de Falwell, Flynt era um estrategista brilhante com capacidade para piadinhas no tribunal que testavam os limites da compreensão humana. O juiz o multava, e Larry pagava em notas de um dólar, jogadas no chão do tribunal por uma procissão de prostitutas e estrelas pornô. Quando o juiz o multou novamente, ele fez a mesma coisa... desta vez pagando em centavos. Se Falwell era um exército formal usando os tribunais como campo de batalha, Flynt era uma força de guerrilha rebelde, bem versada na guerra não convencional e não menos financiada. E ele imprimiu maliciosamente o anúncio satírico ofensivo *novamente* na edição de fevereiro de 1984 da *Hustler*.

Mas Larry perdeu o processo. Sim, ele estava zombando do sistema e roubando as manchetes com suas palhaçadas, mas Falwell ganhava onde importava, nos tribunais. O inimigo de Larry havia vencido. Mas Larry não estava disposto a ceder. Ele recorreu...

E perdeu *novamente*. Flynt já havia gastado mais de US$2 milhões no caso. Seus advogados queriam desistir. O guerreiro Sun Tzu agora estava lutando morro acima com o sol refletindo nos olhos. Mas ele não podia ceder ao seu inimigo jurado. Esta seria uma batalha até a morte. Assim, o vendedor de obscenidades usou sua carta na manga: recorreu à Suprema Corte dos Estados Unidos. E em 20 de março de 1987, eles concordaram em ouvir o caso.

E Flynt ganhou. Na verdade, ele não apenas ganhou; foi uma decisão unânime. Se satiristas fossem processados na tentativa de calá-los toda vez que dissessem algo negativo sobre uma celebridade, isso colocaria em risco a Primeira Emenda. *Hustler versus Falwell* agora é ensinado rotineiramente em faculdades de direito e considerado um dos mais importantes casos de liberdade de expressão do século XX. Porém, mais importante: Flynt derrotou seu inimigo Falwell, e o fez de forma espetacular.

É uma história incrível. Tão incrível, que foi transformada em filme em 1996, recebendo várias indicações ao Oscar. E a maioria das pessoas acha que acabou aí. Não exatamente...

Após o julgamento, Jerry fez uma visita surpresa a Larry. Falwell entrou com as mãos para o alto dizendo: "Eu me rendo!" Ele havia ido fazer as pazes. Os dois conversaram por uma hora, e Falwell sugeriu que fizessem uma série de debates juntos. Flynt aceitou.

Realizados principalmente em *campi* universitários, os dois discutiram sobre a questão da liberdade de expressão. E, com o tempo, algo começou a mudar entre eles. Eles não entravam nos auditórios separadamente, como fariam os boxeadores. Falwell empurrava a cadeira de rodas de Larry para ele. Claro, eles estavam sempre se cutucando, mas o respeito entre eles começou a crescer. Quase uma afeição. Flynt brincava dizendo que Jerry era seu pastor. Falwell disparava de volta: "E Larry é meu fiel mais rebelde!" E assim, arrancavam uma grande risada do público.

Em turnê, eles passavam muito tempo juntos — aquele "sinal caro" que discutimos. E tanto o pornógrafo quanto o pregador perceberam que eram mais parecidos do que pensavam. Ambos eram garotos do sul, um de Kentucky, o outro da Virgínia. O pai de Falwell tinha uma boate e era contrabandista de bebidas. O próprio Flynt foi dono de várias boates em Ohio e também era contrabandista de bebidas. Eles travaram uma guerra por mais de cinco anos. Flynt disse: "Discordo dele em absolutamente tudo: direitos dos gays, direito de escolha da mulher, tudo. Mas depois de conhecê-lo, percebi que ele estava sendo sincero. Ele não estava lá para ganhar um dinheirinho."

Os dois se opunham a tudo o que o outro defendia, se atacavam na mídia e gastaram milhões lutando contra um processo que se arrastou por meia década. Mas, por fim, aconteceu que eles eram *não inimigos* havia mais tempo do que inimigos. Ao longo dos anos que se seguiram, eles mudaram a ideia um do outro sobre, bem… nada. Mas arranjaram tempo um para o outro. Eles saíam do próprio caminho para se verem. Falwell aparecia sempre que estava na Califórnia. Quando um precisava, o outro estava lá. Quando Falwell teve complicações de saúde devido à sua obesidade, Flynt recomendou uma dieta que funcionou para ele. Todos os anos eles trocavam cartões de Natal e fotos de seus netos.

Em 15 de maio de 2007, Jerry Falwell foi achado inconsciente em seu escritório e foi levado às pressas para o hospital. Os esforços para ressuscitá-lo falharam, e ele morreu de arritmia cardíaca aos 73 anos. E em 20 de maio, o *Los Angeles Times* postou um editorial que era basicamente um obituário. Foi escrito por ninguém menos que Larry Flynt. Ele relatou suas provações e tribulações. Seus altos e baixos. E concluiu dizendo:

> O resultado foi algo que eu nunca esperava e foi tão chocante para mim quanto ganhar aquele famoso caso na Suprema Corte: nos tornamos amigos.

Se o pornógrafo e o pregador puderam olhar um para o outro e encontrar "outro eu", diria que há esperança para todos nós. Hora de reunir tudo o que aprendemos e descobrir se "nos tempos ruins é que conhecemos os bons amigos" é realmente verdade.

* * *

Sendo assim, o que aprendemos?

Empatia é quando a linha entre você e o outro se confunde. Proximidade é quando sua visão de seu "eu" abre espaço para outra pessoa estar lá também. E um verdadeiro amigo é "outro eu". Uma parte de você. Aristóteles disse isso primeiro, e depois de procrastinar por alguns milênios, a ciência provou que ele estava certo.

A amizade pode ser definida por ajuda mútua, mas não é transacional. Não ficamos marcando os pontos com amigos. Nosso cérebro nos conta a história de que os amigos fazem parte de nós, e é assim que superamos os ditames do darwinismo implacável e agimos de forma altruísta, como fez Hector Cafferata.

Não existe uma instituição formal que regule a amizade. Isso torna a amizade frágil, mas pura. É por isso que os amigos nos fazem mais felizes do que qualquer outro relacionamento, eles estão ao nosso lado apenas porque você realmente quer que eles estejam. Mas sem uma certidão de casamento, um vínculo de sangue ou um contrato para sustentá-lo, devemos ser diligentes em investir e proteger nossas amizades a fim de sustentá-las.

Dale Carnegie acertou as partes iniciais de como conhecer pessoas, mas devemos exibir os sinais dispendiosos de tempo e vulnerabilidade para forjar e manter amizades verdadeiras que durarão. Aqueles com síndrome de Williams nos mostram o que devemos aspirar, um amor aberto e destemido que enxerga nos outros mais bem do que perigo.

E conheceremos pessoas que nem sempre são tão legais. Na verdade, já temos muitas delas em nossa vida. Para aquelas com um grau leve de narcisismo, podemos usar os estímulos de empatia, semelhança, vulnerabilidade e comunidade para lembrá-las do calor que tanto lhes faz falta e de que precisam tão desesperadamente. A mãe de Daniel Kahneman sabia que as pessoas são complexas e, às vezes, elas só precisam de um empurrão emocional de modo a pararem de tentar ser especiais e começarem a tentar ser melhores.

E agora que sabemos como a amizade funciona, estamos finalmente prontos para abordar a grande questão: o ditado "é nos momentos ruins que conhecemos os bons amigos" é verdadeiro? Bem, como aprendemos no fim da última seção, há certo debate sobre o que a frase significa, mas nesse debate acho que aprendemos muito sobre amizade.

Duas coisas não estão claras no ditado: (1) Quem é a pessoa nos momentos ruins? Você ou seu amigo? E (2), de que forma conhecemos os bons amigos? Isso nos dá quatro possibilidades para a interpretação correta.

1. "Um amigo presente quando você está num mau momento é um amigo de fato."

2. "Um amigo de verdade o ajudará quando você estiver num mau momento."

3. "Um amigo num mau momento definitivamente agirá como um amigo de verdade."

4. "Um amigo num mau momento é um amigo em ação."

E é aí que as coisas ficam interessantes. Os estudiosos concordam sobre o que acreditam que a frase quer dizer. Mas quando você pesquisa Josés e Marias comuns, eles preferem uma interpretação diferente. Qual você acha que os historiadores acreditam ser o significado real e qual você acha que a pessoa comum prefere? Pense nisso por um minuto; vou sentar aqui e cantarolar a música do *Jeopardy*.

Primeiro, o número 4 nem faz muito sentido. Esse está fora. O número 3 pode ser verdade (e, uau, isso é cínico), mas nenhum dos grupos escolheu esse. Resposta final? Os acadêmicos acreditam que o número 2 é o significado real da frase: *um amigo de verdade o ajudará quando você estiver num mau momento*. Mas a pessoa comum prefere o número 1: *um amigo presente quando você está num mau momento é um amigo de fato*.

Então todos concordam que você é o que está em um mau momento. Mas ainda não estamos resolvidos no debate de qual forma reconhecemos o bom amigo. Perdoe-me se estou criando caso, mas podemos separar os dois pela ênfase entre "ações" ou apenas "estar ao seu lado". O "correto" soa um pouco mais transacional do que o popular: "O que você fará por mim?" em comparação a "Esteja ao meu lado". É o mesmo debate de Darwin *versus* Aristóteles. O número 2 é mais racional, feito a matemática de George Price. O número 1 é mais como ter "outro eu". Não acho que seja surpresa que a maioria das pessoas tenha preferido o número 1. Estamos apenas programados para preferir a conexão em detrimento ao cálculo de benefícios quando se trata de amigos. Queremos "outro eu".

Para dar o devido valor à versão histórica, ela nos alerta sobre amigos falsos que prometem demais e entregam muito pouco. Tal qual "ações falam mais que palavras" ou, em nosso novo conhecimento sobre amizade, "procure os sinais custosos". Ótimo conselho, sem dúvida alguma. Sabemos da importância do tempo e da vulnerabilidade.

Mas acho que podemos aprender muito sobre a natureza humana pelo fato de que a maioria das pessoas não a leu dessa forma. Qual foi a coisa mais comum que as pessoas disseram sobre amigos em pesquisas? "Um amigo está ao seu lado." E a interpretação popular do ditado enfatiza isso. Sinais custosos são bons, mas acho que as pessoas resistiram à primeira noção porque simplesmente não queremos ficar contando favores. (E talvez a interpretação acadêmica sinta que precisamos de um lembrete, visto que as pessoas nos exploram às vezes. Justo.)

Roy Baume, da Universidade Estadual da Flórida, relatou que estudos mostraram de forma unânime que julgamos a qualidade de nossa amizade baseados na "disponibilidade de apoio": *Você estará ao meu lado quando eu precisar?* Mas em relação às "ações", a assistência concreta que as pessoas são capazes de fornecer, a pesquisa é mista, às vezes até negativa. Uma vez que consideramos alguém nosso amigo, não queremos pensar tanto em favores. Não queremos marcar pontos. Isso se torna transacional muito rápido. É uma escada escorregadia em direção ao abandono daqueles que se importam, mas só podem oferecer o mínimo em favor da bajulação daqueles que podem dar mais, mas não se importam de verdade.

Focamos muito mais sentimentos e intenções. E esses importam. Existe diferença entre um presente de R$50 e um suborno de R$50? Entre assassinato e legítima defesa? É claro. Mas a diferença não está na ação em si, e sim nas intenções.

Agora, o cínico pode se perguntar o que aconteceria se tudo em que pensássemos fosse em sentimentos sem nunca receber qualquer ajuda real quando precisássemos: estaríamos ferrados. Não há necessidade de se preocupar com isso. A sociedade não cresceu tanto sem que as pessoas adotem a cooperação como padrão. Como vimos antes, estamos programados para ajudar. E é mais provável que façamos isso quando a situação é séria. Quando os amigos precisam, é mais provável que ajudemos, mesmo quando não é racional e mesmo nas mais improváveis das circunstâncias.

Você mentiria por um amigo? Vamos tornar a situação mais séria: você mentiria para o *governo* por um amigo? Os pesquisadores perguntaram a 30 mil pessoas de mais de 30 países se eles mentiriam sob juramento para proteger um amigo. Será que a propensão para ajudar foi consistente em todo o mundo, todos nós presos a uma única versão da natureza humana? Óbvio que não. Os resultados variaram amplamente dependendo do país. Os dados eram uma bagunça. Mas então, eles encontraram o padrão...

O antropólogo Daniel Hruschka, que liderou o estudo, classificou os dados tendo como base se os países eram justos, estáveis ou corruptos. Pura e simplesmente: onde a vida era mais difícil, as pessoas eram mais propensas a se colocar em risco para proteger seu amigo. Nos maus momentos, as pessoas estavam ao lado de seus amigos, assim como dispostas a ajudá-los.

Então, qual é o veredito sobre o ditado? Vamos com: verdadeiro... mas com um asterisco, porque precisamos esclarecer essa confusão sobre a interpretação. É preciso esclarecer como reconhecemos um bom amigo. No futuro, é melhor dizer:

"Um amigo que está ao seu lado quando você está em um mau momento é definitivamente um amigo."

Muito mais desajeitado, eu sei, mas prometi a você ciência, não frases de efeito. E isso esclarece o que todos nós queremos. Esteja ao meu lado quando eu precisar de você. O mundo pode ser egoísta e competitivo, mas você e eu não precisamos ser. Talvez você possa ou não ajudar com "ações", mas não estou apenas procurando ganhos transacionais: acima de tudo, estou procurando um "outro eu" para me ajudar a carregar o fardo da vida.

Há uma coisa fundamental que o ditado não cobre e que acho importante lembrar: a amizade merece um pouco mais de respeito, mesmo quando ninguém está precisando de algo. Sem respaldo institucional, a amizade não ganha o equivalente a um aniversário de casamento, uma reunião de família ou uma nota de agradecimento por dez anos na empresa. A amizade faz o trabalho pesado de carregar nas costas a felicidade de nossa vida, então eu diria que ela merece mais. O tempo é crucial, a vulnerabilidade é essencial, mas talvez outra coisa de que devemos nos lembrar seja a gratidão. Abrace um amigo hoje. Nós não celebramos nossas amizades o suficiente.

Enquanto escrevia este livro, eu mesmo estava lidando com alguns problemas em minhas amizades. Escrever esta seção me ajudou, e concordo com as conclusões a que chegamos. (Eu poderia ser mais vulnerável sobre meus sentimentos aqui, mas nós dois sabemos que isso me tornaria mais suscetível à feitiçaria. Dito isso, por favor, tenha certeza de que considero você um amigo e adoraria comer seus intestinos.) Ah, mais uma coisa antes de fecharmos a seção:

Descanse em paz, George Price. Espero que tenhamos lhe feito justiça.

Valeu. Agora que mergulhamos nas profundezas da amizade, é hora de ficarmos ainda mais sérios e mergulhar ainda mais fundo nos mistérios de nossos relacionamentos completamente malucos. E o que é mais louco do que o amor? Nada que eu consiga pensar. Certo, o romance é um assunto muito, mas MUITO importante, mas nos concentraremos nesta pergunta perene sobre o amor: ele supera tudo?

Hora de descobrir...

PARTE 3

"O AMOR SUPERA TUDO" MESMO?

11

AVISO

VOCÊ VAI ME ODIAR.

Como você bem sabe, este não é aquele tipo de livro normal de relacionamento para *se sentir bem feliz, ignorar todas as coisas ruins e dizer só aquilo que você quer ouvir.* Seguindo essa lógica, você não vai gostar de tudo que ler nesta seção, e quero avisá-lo antes.

A verdade o libertará, mas primeiro o irritará. Como o psicólogo evolucionista e pesquisador de relacionamentos David Buss disse: "Parte do que descobri sobre o acasalamento humano não é legal." E bem no fundo de seu coração, você *sabe* disso. O sentimento de amor é o melhor... mas todas as atividades reais envolvidas ao amar, bem, ninguém nega que muitas vezes envolvem mais do que uma cota de coisas desagradáveis.

A maioria dos livros desse gênero diz apenas o que você quer ouvir. Então você faz o que eles dizem, não funciona, e *você culpa a si mesmo.* Depois de um tempo, você começa a sentir que talvez esteja quebrantado. Como se você fosse o problema. E isso não é justo. (E agora me resta limpar essa bagunça e ser a válvula de escape. Isso também é bem injusto.)

O NIH, a FDA[1] e a mãe de Eric alertam que você pode sofrer uma epifania sobre a verdade enquanto lê. Eu lhe darei a melhor evidência que temos. Parte disso será como um drinque *whisky sour*, mas sem o whisky. As respostas podem não ser todas de seu agrado no início, mas não podemos resolver aquilo que não entendemos perfeitamente.

Tenha pena de mim, caro leitor. Esta é uma questão sensível sobre a qual as pessoas têm opiniões fortes a respeito, e jogar os fatos brutais em você é, sem dúvida, um exercício de masoquismo.

Fique tranquilo, não é tão ruim assim. É muitíssimo longe disso. E no final, prometo a você alguma "mágica". Prometo a você amor e felicidade, ou pelo menos o potencial para obtê-los. Mas temos um caminho desafiador pela frente. Então, por favor, termine a seção antes de postar citações fora de contexto no Twitter, encher minha caixa de entrada com mensagens de ódio em MAIÚSCULAS e pedir que este livro seja retirado das lojas.

Não há uma receita para um casamento feliz, mas prometo a você o que mais se assemelha a isso. E a coisa mais honesta que há. Eu sou o homem maluco que tentará explicar o amor em menos tempo do que leva para maratonar uma série da Netflix. Me deseje sorte. Lá vai...

*** * ***

Em meados da década de 1990, a Pfizer estava em péssimas condições. A farmacêutica tinha um histórico como a principal fabricante de penicilina durante a Segunda Guerra Mundial, mas no fim do século XX foi eclipsada pelos concorrentes e precisava urgentemente de um remédio de sucesso.

Felizmente, ainda havia esperança. O laboratório da Pfizer no Reino Unido desenvolveu um medicamento para angina, o citrato de sildenafil, que teve o curioso efeito colateral de dar ereções aos

---

1. NIH — National Institutes of Health (Institutos Nacionais de Saúde dos EUA) e FDA — Food and Drug Administration (Administração de Alimentos e Remédios, equivalente à ANVISA no Brasil). N. da T.

homens. Sim, isso se tornaria o Viagra. E na época não havia um único medicamento no mercado aprovado para tratar a impotência. Nenhum. O sonho de um farmacêutico, certo? Só havia um problema.

Ninguém achava que o Viagra era uma boa ideia.

Como relata o escritor da *Esquire* David Kushner: "Na época, a ideia de vender Viagra era considerada louca, na melhor das hipóteses, e imoral, na pior delas." A droga se tornaria um nome familiar e seria o pontapé inicial do mercado multibilionário de disfunção erétil, mas desde o primeiro dia, a cultura conservadora da Pfizer resistiu ao avanço do projeto. Seria a batalha mais difícil que o desenvolvimento de medicamentos já viu.

A única razão pela qual o agora famoso tônico tumescente chegou ao mercado foi pelo esforço árduo de dois heróis improváveis: Rooney Nelson, um jovem guru de marketing da Jamaica, e o "Dr. Sal", um farmacêutico clínico do Queens. Eles sabiam que a disfunção erétil prejudicava os casamentos, a autoestima e impedia que casais saudáveis tivessem filhos. Esses dois renegados resistiram ao sistema e superaram a oposição assombrosa para trazer essa pequena pílula azul ao mundo.

O laboratório mostrou que o medicamento funcionava, mas será que os pacientes aceitariam os efeitos colaterais? Conseguir aprovação corporativa para grupos focais para um medicamento que ninguém apoiava já era muito difícil por si só. Mas Rooney e Sal precisavam de aprovação para colocar um paciente em um quarto, *literalmente* mostrar a ele um filme pornográfico e encorajá-lo a se masturbar. De alguma forma, os dois conseguiram que a empresa concordasse. O efeito colateral mais comum acabou sendo ereções de quatro horas... o que a maioria dos sujeitos achava legal, para falar a verdade. O primeiro obstáculo havia sido superado. Eles tinham os pacientes ao seu lado.

Mas internamente a Pfizer ainda via isso como um "remédio indigno" e não queria ceder. A empresa argumentou que os homens teriam vergonha de pedir o medicamento. Nenhum homem queria parecer fraco e dizer que era "impotente". Mas Rooney sabia que esse não era um problema real, e sim o modo de dizer. E foi assim que nasceu o termo *disfunção erétil*. Não, essa expressão não é um diagnóstico médico que existe desde sempre. É um eufemismo com toque clínico nascido do marketing na década de 1990, não da medicina.

Metade da Pfizer ainda achava que o "medicamento trivial" nunca seria lançado. Mas Rooney e Sal sabiam que, se conseguissem superar a resistência interna da empresa, as pessoas finalmente cairiam em si e perceberiam que isso era uma licença para imprimir dinheiro... certo? Errado. O Dr. Sal descobriu que eles encontrariam pelo menos tanta resistência externa quanto interna. Líderes religiosos de todos os matizes disseram que protestariam. Os legisladores conservadores não queriam que os planos de saúde subsidiassem ereções. Foi um pesadelo. Os dois sentiam que o mundo estava contra eles.

Porém, Rooney tinha um plano. Ele percebeu que eles teriam que fazer algo insano, o equivalente a uma heresia do marketing, para conseguir lançar o produto. Ele chegou à conclusão de que a melhor maneira de lançar o Viagra era, inacreditavelmente, falar o mínimo possível sobre isso. Sim, zilhões foram gastos em desenvolvimento e testes, e agora eles não fariam nada antes da aprovação da FDA para promovê-lo. Era uma loucura, mas seria a única maneira de evitar a resistência. E funcionou.

Em março de 1998, o Viagra recebeu a aprovação da FDA. E com isso, a força finalmente estava do lado deles. A última coisa que precisavam fazer era conversar com a equipe de vendas da Pfizer sobre como lançar o medicamento... mas os vendedores não aceitaram. Eles disseram que se sentiam estranhos conversando com médicos sobre pênis. E foi assim que Rooney acabou em uma conferência de vendas, levando grupos de pessoas a dizer "ereção" em voz alta cinco vezes para deixá-los confortáveis com isso: *Ereção! Ereção! Ereção! Ereção! Ereção!*

À medida que o dia do lançamento se aproximava, quase todos pensavam que a Pfizer seria motivo de chacota. Mas você já sabe como esta história termina. O Viagra foi um sucesso sem precedentes, um fenômeno cultural e um presente cômico para os apresentadores de *talk shows* noturnos em todos os lugares. Logo os farmacêuticos disseram que estavam preenchendo 10 mil prescrições por dia. Ele superou o lançamento do Prozac. Em poucos dias, o preço das ações da Pfizer dobrou.

A medicação pode ter sido azul, mas acabou ficando mais parecida com o nariz vermelho de Rudolph: ninguém gostava, até salvar todo mundo. A droga em que ninguém acreditava tornou-se a droga que todos queriam.

Quando se trata de sexo, amor e casamento, tudo é complicado e nada é óbvio, simples ou fácil. A pequena pílula azul certamente triunfou, mas é possível que o amor consiga? Em média, o efeito do Viagra dura duas horas. Quanto tempo dura o amor?

* * *

Por volta de 38 a.C., o poeta romano Virgílio escreveu: "*Omnia vincit amor*", ou "O amor supera tudo". Você pode encontrar palavras semelhantes na Bíblia. 1 Coríntios 13:7 diz: "O amor tudo sofre, tudo crê, tudo espera, tudo suporta." E ainda ouvimos versões dessa máxima até hoje em músicas e filmes e em cerimônias de casamento. Mas é verdade? O amor realmente supera tudo?

Claro que não. (Até agora, este parece ser um capítulo muito curto.) Sou totalmente a favor da licença poética, mas você *viu* alguma estatística sobre divórcios ultimamente? Vou poupá-lo de ter que pesquisar no Google: cerca de 40% dos casamentos nos EUA terminam em divórcio. A expressão da praga dos sete anos é, na verdade, quatro; o divórcio é mais comum cerca de quatro anos após o casamento. E essa estatística é válida no mundo todo. (Na verdade, a antropóloga Helen Fisher observa que uma em cada dez mulheres norte-americanas já se casou três ou mais vezes ao completar 40 anos.)

Não estou tentando deixar ninguém para baixo aqui, mas se os carros colidissem em 40% do tempo que você os dirigisse e seu slogan de marketing fosse "Honda Supera Tudo", você teria um processo coletivo em suas mãos. Assim como a Pfizer inicialmente errou com o Viagra, temos muitos mitos e mal-entendidos a respeito do amor. Em primeiro lugar, ele não se originou com o amor cortês na Idade Média. O amor romântico existe desde sempre. A mais antiga poesia de amor data de mais de 3.500 anos no Egito. E o amor é universal. Das 168 culturas estudadas por antropólogos, 90% o reconhecem, e nas outras 10% não havia dados suficientes para confirmar.

A experiência de amar é amplamente consistente, não importa que país, idade, sexo, orientação ou grupo étnico você estude. É quase certamente inato, e sabemos disso porque ao longo da história muitas culturas (incluindo os shakers, mórmons e alemães orientais) tentaram suprimir o amor romântico, e todas falharam espetacularmente.

Dito isso, os detalhes certamente podem variar. Em uma pesquisa realizada em Jacksonville, Flórida, 60% das pessoas disseram que seu cônjuge era seu melhor amigo. Você sabe quantos disseram a mesma coisa na Cidade do México? Zero. E as culturas que se beijam romanticamente são, na verdade, minoria: apenas 46% das 168 estudadas se beijam. E o amor nem sempre está associado ao coração. Na África Ocidental, a sede do amor é o nariz, e para os habitantes das Ilhas Trobriand, são os intestinos. (Isso exige uma séria reinterpretação das metáforas sobre espirros e indigestão.)

A forma que o amor de longo prazo geralmente assume para nós é o casamento, e isso nos leva ao maior dos mitos com que precisamos lutar. Todos nós lemos milhares de artigos que dizem que o casamento torna você mais saudável e feliz. Hum, não. Muitos desses estudos apenas pesquisam pessoas casadas e solteiras, comparam os níveis de felicidade, descobrem que as pessoas casadas estão se saindo melhor e gritam: "Viu? O casamento faz você feliz e saudável." Mas isso é cometer um erro chamado "viés do sobrevivente". Se você quiser determinar se *casar* o torna mais feliz, você precisa incluir pessoas separadas, divorciadas e viúvas com os casados *atualmente*, não com os solteiros. Caso contrário, é equivalente a estudar apenas estrelas de filmes de sucesso e dizer: "Tornar-se ator é obviamente uma excelente escolha de carreira."

Quando você examina o conjunto de todas as pessoas que já subiram ao altar *versus* pessoas que nunca o fizeram, os resultados de saúde e felicidade são muito diferentes. Simplificando: *o casamento não o torna feliz e saudável; um bom casamento o torna feliz e saudável.* E um casamento ruim, mesmo no passado, pode ter efeitos muito (ou muito, muito, muito) negativos.

Que efeitos o casamento tem na saúde? Bem, se você é um dos ganhadores do jogo conjugal, os pontos positivos são abundantes. A probabilidade de ter ataques cardíacos, câncer, demência, doenças, pressão arterial elevada ou até mesmo a probabilidade direta de morrer diminui. (Os homens casados de hoje desfrutam de um aumento médio de sete anos na expectativa de vida.) Mas é aqui que preciso incluir a palavra *porém*. Se você está infeliz em seu um casamento, é provável que sua saúde seja notavelmente pior do que se você nunca tivesse se casado. Um casamento ruim aumenta em 35% a probabilidade de você adoecer e corta quatro anos de sua vida. Um estudo com quase 9 mil pessoas descobriu que pessoas divorciadas e viúvas tinham 20% mais problemas de saúde (incluindo doenças cardíacas e câncer). E o mais surpreendente, alguns desses efeitos nunca desapareceram, mesmo ao casar novamente. As pessoas no casamento número dois tinham problemas de saúde 12% mais sérios do que aquelas que nunca se separaram, e as mulheres divorciadas tinham 60% mais chances de ter doenças cardiovasculares, mesmo que tivessem caminhado novamente até o altar.

Então, e a felicidade? Se você tem um bom casamento, casar-se definitivamente alavanca sua vida. Um estudo de 2010 da Austrália até concluiu que pesquisas anteriores provavelmente *subestimaram* o quão felizes são as pessoas em casamentos felizes. Mas o outro lado é ainda mais contundente do que você poderia imaginar. Um estudo dos prontuários de 5 mil pacientes analisou os eventos de vida mais estressantes com os quais as pessoas precisaram lidar. O divórcio ficou em segundo lugar. (A morte de um cônjuge foi o número um.) O divórcio superava até mesmo *ir para a cadeia.*

Acalme-se, fica pior. O ser humano é bastante resiliente. Com quase todas as coisas ruins que acontecem, seus níveis de felicidade mais cedo ou mais tarde retornam à linha de base. Mas não com o divórcio. Um estudo de 18 anos com 30 mil pessoas mostrou que, depois que um casamento se desfaz, os níveis de bem-estar subjetivo se recuperam, mas não completamente. Parece que o divórcio deixa uma marca permanente em sua felicidade. E quando você olha para todos no espectro conjugal, ninguém está mais abatido do que aqueles em casamentos infelizes. Se você vai estar solitário, é melhor que faça isso sozinho.

Sendo assim, casamento não é garantia de saúde ou felicidade; é mais como um jogo de azar: grandes vitórias ou grandes perdas. E, estendendo a analogia de apostas, as chances não são de meio a meio. Como escreveu o colunista do *New York Times* David Brooks: "Nos Estados Unidos, quase 40% dos casamentos terminam em divórcio. Outros 10% ou 15% dos casais se separam e não se divorciam, e outros 7% permanecem juntos, mas são cronicamente infelizes." Não importa seu método, não há garantia. É uma minoria das pessoas que são felizes no casamento e se mantêm assim.

Qual a razão para isso? Definitivamente não é isso o que a sociedade nos diz sobre amor e casamento. E como chegamos a esse ponto de extremos onde o casamento ou faz você feliz ou destrói totalmente sua vida? Foi sempre assim?

Não. O casamento já superou tudo, *sim...* mas naquela época não tinha nada a ver com amor. Na verdade, historicamente falando, você poderia dizer "o amor arruinou o casamento". Ou "o amor superou o casamento". Como observa a historiadora Stephanie Coontz, durante a maior parte da história registrada, a música-tema do casamento poderia ter sido "What's Love Got to Do with It?" [O que o amor tem a ver com isso?, em tradução livre], de Tina Turner. (Nota do autor: eu não recomendo tocar essa música ou "I Still Haven't Found What I'm Looking For" [Ainda não encontrei o que estou procurando, em tradução livre], do U2, no seu casamento.)

Durante a maior parte da história registrada, o casamento tinha mais a ver com economia do que com amor. Isso não fazia parte de algum plano maligno; era devido ao fato de que a vida era difícil pra caramba. "Casamentos por amor" não eram uma opção real. O modelo era mais parecido com o casamento do tipo "me ajude a não morrer". A vida era muitas vezes desagradável, brutal e curta. Você não conseguiria viver sozinho. A realização pessoal ficava em segundo plano diante da necessidade de colocar comida na boca e lutar contra bandidos. Coontz observa que o casamento fazia o que os governos e os mercados fazem hoje. Era a previdência social, o seguro-desemprego e o SUS antes de existirem tais coisas. Assim como sua carreira hoje pode ser mais sobre pagar as contas e ter pouco a ver com o que você é apaixonado em fazer, naquela época, casar era sobre pagar as contas e tinha pouco a ver com *quem* você era apaixonado. O casamento era muito mais como parceiros de trabalho do que parceiros de vida.

Para os ricos, a história do casamento é como uma aula de MBA sobre fusões e aquisições. Era menos sobre encontrar o cônjuge certo e mais sobre conseguir os sogros certos. Sim, hoje você reclama dos sogros, mas naquela época eles eram, na verdade, o motivo pelo qual você se casava. Pense assim: você não precisa do matrimônio para se apaixonar ou ter filhos, mas *precisa* para forjar alianças de longo prazo com famílias poderosas. Na verdade, sogros eram uma prioridade tão grande, que em alguns países como a China você até presenciava "casamentos fantasmas". Sim, casar com uma pessoa morta. (Ponto positivo: menos discussões.) Na sociedade Bella Coola, no noroeste do Pacífico, às vezes a competição para conseguir os sogros certos era tão intensa, que as pessoas se casavam com o cachorro de outra família. Sim, sério.

Claro, as pessoas casadas naquela época se apaixonavam... só que em geral não era pelo próprio cônjuge. Afinal, era para isso que serviam os casos amorosos. Como brincou Alexandre Dumas: "Os laços do casamento são tão pesados, que são precisos dois para carregá-los, às vezes três." Amar seu cônjuge era muitas vezes considerado impossível, imoral ou estúpido. O grande filósofo estoico Sêneca disse:

"Nada é mais impuro do que amar a esposa como se ela fosse uma amante." E como os filósofos romanos chamavam alguém que amava profundamente sua própria esposa? "Um adúltero."

Mais importante, Coontz observa que o amor dentro do casamento era visto como uma ameaça à ordem social. A vida era muito difícil para a felicidade individual estar muito alta na cadeia de necessidades vitais. Você tinha que colocar a responsabilidade pela família, pelo Estado, pela religião ou comunidade antes da realização pessoal. O casamento era uma instituição econômica e política muito importante para ser deixada aos caprichos do amor. Paixão? *É melhor você manter isso guardado. Atrapalha sua vida. Temos uma coisa boa aqui; você quer transformá-la em um episódio de Jerry Springer?* Em culturas poligâmicas, era aceitável amar sua esposa, desde que fosse a segunda ou terceira esposa, tudo bem? Temos uma sociedade para administrar aqui. Obrigado.

Mas então as coisas mudaram. Os anos 1700 chegaram, e tivemos a era do Iluminismo. As pessoas começaram a falar sobre essas coisas novas e malucas chamadas "direitos humanos". Não que todos de repente tenham ficado espertos ou se tornado legais; novamente, era economia. Livre mercado. As pessoas estavam ganhando mais dinheiro, e você poderia sobreviver por conta própria. O individualismo tornou-se uma opção realista, assim, por volta de 1800, muitas pessoas estavam se casando por amor...

E, quase imediatamente, as coisas meio que se tornaram um caos. Sim, os indivíduos ganharam mais escolha e a maravilhosa possibilidade de amor e felicidade, mas quanto a superar tudo, o casamento ficou muito menos estável. A mesma coisa que aumentava a satisfação das pessoas com o casamento o tornava frágil. Foi necessário criar a palavra *namoro* na década de 1890, porque o conceito nem existia antes disso. A instituição anteriormente sólida do casamento estava sob ataque. E no início do século XX, estava se mantendo em cordas bambas. Havia um nível de mudança de tirar o fôlego acontecendo: eletricidade, carros, trens, antibióticos. Entre 1880 e 1920, a taxa de divórcio nos EUA dobrou.

A SURPREENDENTE CIÊNCIA DOS RELACIONAMENTOS

Mas então, a Segunda Guerra Mundial aconteceu. Por consequência, a vida nos Estados Unidos ficou muito boa economicamente, e assim o casamento era algo bom. A quantidade de empregos aumentou, e as taxas de divórcio caíram. E na década de 1950 houve o ápice do que muitos hoje ainda consideram o casamento "tradicional": a família nuclear. Lembre-se da atriz *Donna Reed* e dos programas norte-americanos de TV *Leave it to Beaver* e *Papai Sabe Tudo*. Mãe, pai, 2,4 filhos e um cachorro. Tudo ia muito bem. Mas, ironicamente, essa era em que muitos hoje ainda consideram a forma platônica de casamento foi, na verdade, apenas um pontinho na história. Distante do padrão, os historiadores Steven Mintz e Susan Kellogg chamam isso de "a grande exceção". E certamente não durou muito.

Na década de 1970, esse casamento "tradicional" já estava se desfazendo. Estados aprovaram o divórcio não culposo. Pela primeira vez, apenas ser infeliz era uma razão legalmente aceitável para terminar seu casamento. Em 1980, a taxa de divórcio nos EUA atingiu 50%. A mudança de séculos estava quase completa. Os solteiros não eram mais vistos como quebrantados ou imorais. O número de casais que coabitavam disparou. A gravidez não significava mais que você precisava se casar. E em 2015, a Suprema Corte dos EUA aprovou o casamento entre pessoas do mesmo sexo. O amor havia triunfado.

Caramba, não só ganhou, mas pela primeira vez na história era *essencial*. E nos esquecemos de como esse conceito é novo. Daniel Hruschka observa que, na década de 1960, um terço dos homens e três quartos das mulheres não achavam que o amor era essencial antes do casamento. Na década de 1990, 86% dos homens e 91% das mulheres disseram que não se casariam a menos que estivessem apaixonados. Ao longo dos séculos, a música passou de "What's Love Got to Do with It?" [O que o amor tem a ver com isso?, em tradução livre], de Tina Turner?, para "All You Need Is Love" [Tudo de que Você Precisa É Amor, em tradução livre], dos Beatles.

Mas isso não significa que não existam contras em ter tanta liberdade. O professor da Universidade Northwestern, Eli Finkel, chama nosso paradigma moderno de "o casamento autoexpressivo".

106

A definição de casamento é pessoal... o que é meio aterrorizante. Você sabe *exatamente* o que quer? É melhor que saiba. O casamento não é mais definido pela igreja, pelo governo, pela família ou sociedade. É um kit de "faça você mesmo". Manual de instruções vendido separadamente. Os casamentos do passado eram definitivamente injustos e desiguais em muitos aspectos, mas as regras eram claras. Hoje em dia, estamos confusos.

E se isso já não fosse difícil o suficiente, nossas expectativas para o casamento são altíssimas. Ainda queremos muitas coisas que o casamento proporcionava no passado, mas agora achamos que o casamento deve realizar todos nossos sonhos, trazer o melhor de nós mesmos e oferecer crescimento contínuo. A música "You Can't Always Get What You Want" [Você Não Pode Ter Tudo o que Quiser, em tradução livre], dos Rolling Stones, não está na playlist. Não nos divorciamos apenas porque estamos infelizes, mas porque poderíamos ser *ainda mais felizes*. Finkel diz que, antes, você tinha que apresentar uma justificativa para largar seu cônjuge; agora você tem que apresentar uma justificativa para ficar. E enquanto nossas expectativas quanto ao casamento aumentaram, nossa capacidade de atendê-las diminuiu. Os casais estão trabalhando mais horas e passando menos tempo juntos. Entre 1975 e 2003, a quantidade de tempo que os cônjuges passavam juntos durante a semana caiu 30% se não tivessem filhos e 40% se tivessem.

E, ao mesmo tempo, o casamento eliminou outros relacionamentos que poderiam reduzir o fardo que ele traz. Uma pesquisa de Robin Dunbar em Oxford mostra que se apaixonar custa a você dois amigos íntimos. E Finkel ressalta que, em 1975, os norte-americanos passavam duas horas todo fim de semana com amigos ou parentes. Em 2003, esse número havia caído 40%. Enquanto isso, entre 1980 e 2000, o grau em que um casamento feliz previa a felicidade pessoal quase dobrou. O casamento não é um de seus relacionamentos, é *o* relacionamento. Estamos experimentando a esposificação da vida.

A cada nova década, a estabilidade do casamento tem aumentado, e as taxas de divórcio estão caindo. O problema é que isso ocorre principalmente porque menos pessoas estão se casando. As taxas de casamento caíram globalmente desde a década de 1970, e atualmente são baixas históricas para os Estados Unidos. Eric Klinenberg, sociólogo da Universidade de Nova York, escreve: "Pela primeira vez na história, o norte-americano típico agora passa mais anos solteiro do que casado." O casamento deixou de ser uma base fundamental para ser um arremate. Costumava ser algo que você fazia quando jovem e no caminho para a idade adulta. Agora suas demandas parecem tão onerosas, que as pessoas querem ter certeza de que estão com tudo em ordem antes de tentar, isso se elas sequer optarem por caminhar até o altar.

Não, gritar comigo não tornará nada disso menos verdade. Entendo se você estiver um pouco frustrado agora que passei páginas semeando fatos deprimentes sobre casamento, como uma espécie de Johnny Appleseed estatístico. Eu coloquei um aviso no início do capítulo por um motivo. Se você está prestes a escrever uma avaliação de uma estrela na Amazon, desista. Não há necessidade de ativar o Defcon[2] 1. Tenho boas notícias. Muito boas, na verdade. Sim, o casamento comum tem piorado ano após ano sem muitas esperanças, mas há algo que você deve saber sobre os *melhores* casamentos agora...

Eles são melhores do que qualquer um na história da humanidade. Ponto-final.

Finkel confirma: "Os melhores casamentos de hoje são melhores do que os melhores casamentos de épocas anteriores; na verdade, eles são os melhores casamentos que o mundo já conheceu." O divórcio pode prejudicar permanentemente sua felicidade, e o casamento comum pode ser bastante decepcionante, mas se você fizer essa coisa de casar corretamente, seu casamento será mais feliz do que qualquer outro em qualquer momento. Você dominará tudo. Portanto, não é desgraça e tristeza para todos, é o vencedor leva tudo. E é por isso que Finkel chama o casamento em nossa era de "o casamento tudo ou nada".

---

2. Estado de alerta usado pelas Forças Armadas dos Estados Unidos. N. da T.

Desculpe se demoli suas visões de contos de fadas. Mas os contos de fadas não ajudam. Uma pesquisa da Marist Poll de 2011 concluiu que 73% dos norte-americanos acreditam em almas gêmeas, e um estudo de 2000 descobriu que 78% da visão das pessoas sobre o amor contêm elementos de contos de fadas. Mas o que os pesquisadores também perceberam foi que as pessoas que acreditam nessas coisas realmente experimentam mais desilusão e angústia em seus casamentos do que aquelas que eram mais pragmáticas. Por quê?

Contos de fadas são passivos. E hoje em dia casamentos felizes exigem trabalho proativo. Mas se você o fizer, pode ter um daqueles casamentos maravilhosos. Para citar Finkel: "Em relação aos casamentos em épocas anteriores, os casamentos de hoje exigem muito mais dedicação e carinho, uma mudança que colocou uma proporção cada vez maior de casamentos em risco de estagnação e dissolução. Mas os cônjuges que investem o tempo e a energia necessários no relacionamento podem alcançar um nível de realização conjugal que estaria fora de alcance em épocas anteriores."

Então, se está tendo dificuldades no amor hoje em dia, você não está louco, não está sozinho e não é necessariamente sua culpa. Agora sabemos que o amor, como regra geral, não supera tudo. Mas o *seu* amor pode, se você fizer isso direito. Então vamos ajustar a expressão. Em vez de "O amor supera tudo?", resolveremos o mistério do "Como podemos ter certeza de que *seu* amor supera tudo?"

E começaremos a resolver esse quebra-cabeça analisando o maior amante que já viveu...

12

SE VOCÊ TIVER QUE LER UM POUCO DE HISTÓRIA E NÃO GOSTA DE LER HIStória, leia sobre o Casanova. Sério, a vida desse cara era mais emocionante do que a maioria dos filmes da *Sessão da Tarde*. Espionagem, escândalos, jogos de azar de alto risco, assassinos, duelos até a morte, sociedades secretas, traição, vigarices, exílio. Ele escapou de uma prisão inescapável e fez isso usando nada menos do que *uma gôndola*. Casanova andava com o rei George III, Catarina, a Grande, Goethe, Rousseau e vários papas. Ele foi a conferências científicas com Benjamin Franklin e trocou farpas com Voltaire. Ah, e claro, ele fez aquilo que o tornou conhecido: sedução atrás de sedução atrás de sedução. Em sua autobiografia, ele escreve: "Posso dizer que vivi." Aí está o eufemismo do milênio.

Você simplesmente não vai acreditar no quanto esse cara fez, em quantos problemas ele se meteu e quantos países ele visitou, pessoas que ele enganou e mulheres com quem ele dormiu. Eu gostaria de resumir a vida dele para você com propriedade, mas não posso. Literalmente *não consigo*. Sua autobiografia tem 12 volumes, totalizando 3.700 páginas, e ele inclusive deixou de fora o material que considerou "escandaloso demais".

Ele era um canalha que existia à base de sagacidade, destemor e charme. A vida de Casanova seguia um padrão consistente: fazer amizade com pessoas poderosas. Começar uma nova carreira. Obter um patrono rico. Apostar e correr atrás de mulheres. Deixar todo mundo louco, incluindo as autoridades. Ser preso ou exilado. Mudar para uma nova cidade. *Repetir.*

Ele sentia "cobiça pela vida". Certo, ele cobiçava muito mais do que a vida, francamente. E também não demonstrou muito remorso. Ele trocava de mulher sem pestanejar, se envolvendo em contos sórdidos que fazem o Pornhub parecer inofensivo, mas vamos nos manter em classificação indicativa livre aqui. Posso dizer com propriedade que ele era a forma platônica do "bad boy", um santo padroeiro aos que almejavam a sedução, indo de garota para garota para garota...

Mas havia uma mulher em especial. Uma que se destacou. (Sempre tem uma, não é?)

Uma mulher capturou e partiu o coração do grande Casanova. Nós a conhecemos apenas como "Henriette". Seu verdadeiro passado está envolto em mistério. Claro, ela era linda. Mas foi sua imensa cultura que o surpreendeu. Ela era espirituosa e sofisticada, e não havia dúvidas de que estava muito acima do nível dele. Ela própria era uma libertina e tão esperta, que ele presumiu que ela também fosse uma golpista. Henriette era igual a ele em termos de charme e sedução, algo ao qual Casanova não estava acostumado, para dizer o mínimo.

A vida dele foi uma das mais emocionantes de toda a história, mas ele dizia que o tempo que passaram juntos foram seus momentos mais felizes e o caso de amor mais obsessivo de sua vida. E, mesmo que apenas brevemente, ela mudou o ladino insensível. Esse lendário sedutor de mulheres, o homem cujo nome seria sinônimo de sedução, foi transformado em um João qualquer perdidamente apaixonado por uma garota. Ele ficou obcecado por ela. Sonhava com ela à noite. Ele até mesmo temia que pudesse ser apenas mais um dos casos *dela*. E como qualquer pessoa loucamente apaixonada, ele a idealizava.

Estar perto dela o amoleceu. Sim, ele era desonesto, mas não um psicopata. É fácil julgá-lo, mas sua infância não foi nada tranquila. Seu pai morreu quando ele tinha apenas 8 anos. Sua mãe era atriz e prostituta e o deixou para ser criado pela avó. Mais tarde, ele foi abandonado em uma pensão. "Eles se livraram de mim," escreveu ele. Você se tornaria insensível também.

Os três meses de Casanova e Henriette juntos tinham todos os ingredientes de um romance épico. Os dois estavam foragidos. Ele estava fugindo das autoridades venezianas, e ela se escondia de sua família controladora. Ela estava quebrada, não tinha nada além das roupas no corpo. E eram roupas masculinas, para piorar. Mas Casanova estava abastado. Ele impulsivamente comprou para ela um novo guarda-roupa. E um anel de diamante.

Seus perseguidores não estavam muito atrás. Teria sido inteligente apenas não se destacar muito e se esconder. Mas Casanova era um homem apaixonado por uma bela mulher. Ele queria que se divertissem. Queria mostrar o mundo e dar tudo a ela. E assim, deixaram a cautela de lado e decidiram aproveitar a cidade.

Mas as noites descuidadas na cidade seriam a ruína dos dois. Em uma festa luxuosa no Palácio Ducal, Henriette foi flagrada por um parente, que a confrontou. Casanova culpou a si mesmo. Henriette estava convencida de que teria de voltar. Em seu luxuoso quarto de hotel em Genebra, ela lhe disse que precisariam se separar. Ela pediu para ele nunca perguntar sobre ela, e caso se vissem novamente, ele deveria fingir que não a conhecia. Assim, ela foi embora.

Casanova passou os dois dias mais tristes de sua vida sozinho naquele quarto de hotel. Quando finalmente se levantou e abriu as cortinas, viu palavras rabiscadas no vidro da janela. Palavras riscadas com o anel de diamante que ele havia comprado para ela. *Tu oublieras aussi Henriette.*

Tradução: "Você também se esquecerá de Henriette."

Uma mensagem triste, com certeza. Mas apenas ver algo dela era, como escreveu ele, "um bálsamo para minha alma". E não muito tempo depois, ele recebeu uma carta dela. Henriette também estava com o coração partido, mas resignada com seu destino. Ela nunca teria outro amor, mas desejava que ele encontrasse outra Henriette. Casanova ficou dias na cama com a carta, sem conseguir comer ou dormir.

Uma dúzia de anos se passou. Houve mais aventuras, mas, agora um homem mais velho, Casanova estava ficando cansado. Preso por dívidas na Suíça, precisou fugir mais uma vez. Ele questionou sua vida e chegou à conclusão de que deveria se tornar um monge. Que deveria se retirar para um mosteiro e viver uma vida de... Então ele viu uma garota bonita. A ideia do monge durou cerca de um dia. (Olha, ele é o Casanova. O que você esperava?)

Mas isso também serviu de lição. Ele era quem ele era. O malandro. Nada havia mudado. Nada mudaria. Ele voltou para Genebra. Sempre haveria outra cidade. Outra aventura. Outra garota. Ele entrou em seu elegante quarto de hotel, pensando que talvez Henriette também fosse apenas mais um caso. Nada especial. E quando abriu as cortinas da janela...

Ele percebeu que aquele era o *mesmo* quarto de hotel de todos aqueles anos atrás. Lá no vidro, as palavras ainda estavam riscadas: *Tu oublieras aussi Henriette*. Como ele escreveria em suas memórias, "Fiquei de cabelo em pé". As memórias voltaram.

"Você também se esquecerá de Henriette."

Não. Isso não aconteceria. Sim, haveria mais aventuras, mais mulheres. Mas pelo resto de sua vida, ele nunca esqueceria Henriette. Para o grande Casanova, o sedutor de tantas, ela sempre seria A Escolhida. A única.

A insanidade do amor romântico nos torna indefesos. Mas o que é essa coisa? E pode durar como durou para o Casanova?

* * *

Quando um prisioneiro está no corredor da morte, você talvez imagine que suas últimas palavras sejam algo sobre Deus ou perdão. E uma pesquisa mostra que, em 30% das vezes, é isso o que acontece. Mas a coisa que provavelmente será mais mencionada, em 63% das vezes, é o amor romântico. A família fica em um distante segundo lugar.

O amor romântico pode ser a melhor coisa do mundo. Mas você não precisa que eu lhe diga isso. Não é preciso dizer o tamanho de seu poder... mas direi de qualquer maneira. O mundo está impregnado de magia, e sua mente parece estar novinha em folha. Há uma razão pela qual tanta arte e música falam sobre romance. No estudo clássico de Dorothy Tennov sobre a paixão, 83% dos participantes concordaram com a afirmação "quem nunca se apaixonou está perdendo uma das experiências mais prazerosas da vida".

Mas para ser sincero, todos nós sabemos que essa é uma experiência mista. Nos deixa tanto para baixo quanto para cima. É tanto prazer como dor. Agonia e êxtase. Deleite e desespero. O Dr. Frank Tallis escreve: "O amor parece fornecer um serviço de transporte que opera apenas entre dois destinos: o céu e o inferno."

E esse é o lado do amor que não discutimos tanto: *o amor pode ser horrível.* Um enorme incêndio multidimensional de lixo quântico. *Paixão* deriva da palavra latina que significa "sofrer". Enquanto aqueles que se submeteram à pesquisa de Tennov concordaram quase unanimemente sobre os prazeres do amor, mais de 50% também descreveram uma depressão horrível, e 25% mencionaram pensamentos suicidas. O amor pode ser uma força quase poderosa demais. Como a energia nuclear, ela pode alimentar uma cidade inteira, mas também aniquilar uma, e deixar uma radiação duradoura para trás.

Na década de 1980, a pesquisadora Shere Hite descobriu que dois terços das mulheres casadas e metade das solteiras não confiavam mais no amor. Essa atitude pode não ser romântica, mas está longe de ser inédita. Como discutimos antes, os antigos não confiavam nada no amor. É irônico que, quando pensamos em histórias clássicas de amor, tenhamos sentimentos positivos, considerando que a maioria das histórias de amor cortês termina em miséria e morte. (Você diria que *Romeu e Julieta* teve um final feliz?)

Na verdade, os antigos não viam o amor apenas como algo ruim, eles o viam como uma *doença*. Lembra-se de como o amor era mencionado em antigos poemas egípcios? Sim, aqueles versos o descreviam como uma enfermidade. Ainda temos um carinho pelo trabalho de Jane Austen, como *Razão e Sensibilidade*, mas em sua época, sensibilidade não significava "sensato". Significava neurótico. Alguém com muita sensibilidade era propenso a problemas de saúde mental.

Durante a maior parte da história, de Hipócrates até os anos 1700, estar "doente de amor" não era uma metáfora, *era um diagnóstico legítimo.* Isso caiu em desuso no século XVIII e perdeu toda a popularidade no século XIX, quando o pai da psicanálise e aficionado por cocaína Sigmund Freud voltou a conversa para o sexo. Mas sua atitude em relação ao amor não era muito diferente: "O que queremos dizer com 'apaixonar-se' não seria uma espécie de doença e loucura, uma ilusão, uma cegueira para o que a pessoa amada realmente é?" E a ideia do amor como uma enfermidade ainda está conosco. Quando você está triste com o amor, como chamamos isso? "Doente de amor." Que tipo de romântico é alguém? "Incurável."

Seu humor melhora. Você quase não precisa dormir. A autoestima dispara. Os pensamentos estão a milhão. Você fica falante, distraído e social e sexualmente mais ativo. Você está disposto a correr grandes riscos, gastar mais dinheiro e se envergonhar. Isso parece amor? Bem, na verdade eu estava lhe dando os critérios do DSM 5 [Manual Diagnóstico e Estatístico de Transtornos Mentais] para o diagnóstico de mania. Sim, a ciência moderna basicamente concorda que o amor é uma doença mental. O psiquiatra Frank Tallis diz que, se você sentir todos os sintomas acima por uma semana e contar a um psiquiatra sobre isso (e não mencionar romance), você pode muito bem sair com uma receita de lítio. Na verdade, você precisaria apenas de quatro desses sintomas para se qualificar.

Ou você está se sentindo triste? Perdeu o interesse em coisas que normalmente gosta de fazer? Sem apetite? Problemas para dormir? Cansado? Não consegue se concentrar? Sim, isso é estar apaixonado. Mas se você tiver cinco desses seis, também se qualificará para "episódio depressivo maior", de acordo com os critérios do DSM. Sentindo os dois conjuntos de sintomas? Parece amor para mim. Também é indistinguível do transtorno bipolar. E Tallis, psiquiatra, diz que o amor, na verdade, *é* muitas vezes diagnosticado erroneamente por profissionais da área da saúde mental.

Defender o amor como uma doença médica séria é muito mais fácil do que você imagina. Não nos esqueçamos de quantas pessoas se suicidam ou matam por amor. Estranhamente, porém, não levamos o amor a sério como uma doença e geralmente o vemos como algo não apenas benigno, mas amplamente recomendado e endossado.

Se formos realmente científicos, com qual transtorno mental o amor se parece mais? TOC, na verdade. Você está obcecado. Você não consegue controlar sua atenção e direcioná-la para suas responsabilidades. A antropóloga Helen Fisher relata que pessoas recém-apaixonadas passam até 85% de suas horas acordadas pensando naquela pessoa especial. Não apenas o amor atende aos critérios do TOC, mas os dados da neurociência correspondem. Analise um cérebro apaixonado ou um cérebro com TOC em uma ressonância magnética, e será difícil dizer a diferença. O córtex cingulado anterior, o núcleo caudado, o putâmen e a ínsula estão todos fazendo horas extras. A psiquiatra Donatella Marazziti tirou sangue de pessoas apaixonadas e de pessoas com TOC e descobriu que todas tinham níveis de serotonina 40% mais baixos do que as no grupo de controle. O que acontece quando você testa o grupo apaixonado novamente, meses depois, quando a loucura do romance acaba? Os níveis de serotonina estão normais novamente. (Cientista larga o microfone.)

Mas qual seria a intenção da evolução ao nos fazer desenvolver TOC quando gostamos de alguém? Qual é o melhor enquadramento para os sintomas e o comportamento do amor? A obsessão se aproxima, mas observando todos os dados, a melhor metáfora é o *vício*. A questão não é que ficamos lavando as mãos até que sangrem, como em um ritual semiarbitrário, mas que estamos em busca de algo pelo qual ansiamos. Já disse em algum momento "Não me canso de você"? Exatamente. Tudo parece excepcionalmente bom ou terrivelmente ruim. Consiga sua dose por meio de uma mensagem de texto e você ficará bem por um tempo, mas em breve sua alma viciada precisará de mais mensagens com ainda mais emojis.

A pesquisa mostra que o coquetel de amor de feniletilamina, dopamina, norepinefrina e ocitocina fluindo através de seu cérebro viciado em amor fornece um frenesi semelhante ao das anfetaminas.

E os dados de ressonância magnética também apoiam o paradigma do vício. Justaponha uma ressonância magnética do cérebro de alguém apaixonado com a de alguém injetado com cocaína ou morfina e você verá o mesmo padrão. Nosso velho amigo Arthur Aron diz que o amor é um sistema de motivação. Assim como os viciados fazem qualquer coisa para conseguir sua droga, o mesmo sistema nos diz para buscar aquela pessoa especial.

Aqui estamos outra vez. Sim, eu acabei de pegar a coisa que a maioria das pessoas considera a parte mais maravilhosa da vida e disse: "Não, é como heroína 'alcatrão preto', e todos nós somos apenas um bando de viciados doentes mentais." Eu não o culpo se você está pensando: "Barker, eu apreciei décadas de doce ignorância relacionada a esses fatos e não tenho intenção de sair desse estado hoje." Eu entendo. Então, antes que todos que estão lendo este livro tenham um colapso nervoso coletivo, deixe-me dar a você a tão necessária boa notícia.

Há uma excelente razão para toda essa loucura. Primeiro (mas não necessariamente o mais importante), sim, a evolução quer que façamos mais humanos. Essa é a prioridade número um para nossos genes. Nós procrastinamos sobre muitas coisas, mas a evolução não aceitará esse absurdo. A reprodução é a tarefa número um, e ela aciona a chave de substituição lógica, dizendo: "Deixe-me pegar o volante; essas coisas são importantes." Como disse o famoso dramaturgo W. Somerset Maugham: "O amor é apenas um golpe baixo para assegurar a continuação da espécie."

Psicólogos evolucionistas não são conhecidos por serem românticos, mas só porque o amor atinge os objetivos da evolução não significa que também não possa alcançar os nossos. Tal como acontece com a amizade, nosso cérebro trabalha com o egoísmo do darwinismo para encontrar não apenas benefícios materiais, mas também alegria e realização pessoal. Enganamos a nós mesmos e nos convencemos de que amigos fazem parte de nós e que a loucura faz a vida valer a pena. Na verdade, nossa cabeça está repleta de vieses positivos para combater as dificuldades constantes do mundo. Você sabe como os psicólogos chamam esses delírios otimistas? "Saudáveis." Estudos mostraram que pessoas que não têm esses vieses são certamente melhores em ver o mundo com exatidão. Você sabe como os psicólogos chamam essas pessoas? "Depressivos."

Em curto prazo, não confiar parece uma jogada defensiva inteligente. Muitas vezes é mais prudente fazer menos do que mais. Podemos ser preguiçosos e nem sempre fazer o que é bom para nós. Mas assim como a reprodução é a prioridade para a evolução, a conexão é basicamente a prioridade para nós como indivíduos. E assim, a natureza nos força a agir, tornando-nos, bem, um pouco malucos. Viciados. Um impulso motivacional para alcançar mais e fazer mais do que o necessário, porque, assim como a fome garante que não morramos por falta de comida, os anseios por amor garantem que não morramos emocionalmente em um mundo muitas vezes hostil. Precisamos da maluquice para nos empurrar em direção a uma vida boa.

Alguns responderão: "Sim, precisamos de motivação, mas por que precisamos enlouquecer? Isso não ajuda." Na verdade, ajuda. Na realidade, a ciência mostra que ficar maluco de amor não é nada menos que essencial. Nós conversamos sobre como o amor pode ser doloroso e assustador para você, mas, caramba, deixe de ser egoísta. Você não é o único que está com medo aqui. E a pessoa por quem você está apaixonado? Ela pode se machucar também. E se você for o Casanova, mas ela não for a Henriette? Você acha que ela quer ficar de coração partido? Sendo assim, temos um problema de confiança. Um problema de comunicação. Em outras palavras, um problema de *sinalização*. Lembra-se de quando discutimos isso na seção de amizade?

Então, qual é a solução? "Sinais custosos." E adivinha? Correr por aí feito um viciado iludido, declarando seu amor sem parar, agindo como um maníaco e jogando a cautela no lixo ao ignorar o trabalho, esquecer de pagar as contas e enviar mensagens de texto para sua obsessão trezentas vezes por dia, isso é um sinal claro e custoso. O que as pessoas que estão sendo cortejadas costumam dizer? "Mostre que você está louco por mim." Bingo. O amor romântico não apenas ignora a racionalidade, mas também *sinaliza* a racionalidade sendo deixada de lado.

Como disse Donald Yates: "As pessoas que são sensatas sobre o amor são incapazes de amar." A lealdade irracional é o único tipo que importa. Se minha lealdade acabar quando a análise de custo-benefício parecer ruim, isso não é lealdade, é egoísmo. Lealdade é a disposição de pagar a mais. Agir como louco no amor é sinalizar para a outra pessoa que você não está mais agindo por egoísmo; na verdade, você é incapaz disso: *pode confiar em mim, porque sou maluco.*

E lá no fundo, nós sabemos disso. Costumamos usar a loucura como um indicador da profundidade do amor. Não queremos que o amor romântico seja racional e somos céticos quanto à racionalidade nele. Prático e sensato não é romântico. Pouco prático e desnecessário não é muito sensato, mas faz o coração acelerar. Pagar o aluguel de alguém não é romântico. Mas as rosas, que morrem e não têm valor em longo prazo, são. Os diamantes são pedras absurdamente caras e difíceis de revender, extremamente românticos. Por que gastar tanto dinheiro com flores ou pedras que têm pouco uso prático e nenhum valor em longo prazo? Porque sinaliza que você é louco. A irracionalidade do amor é, ironicamente, extremamente racional.

E isso não é apenas teoria. Se vivesse em uma cultura que lhe permitisse abandonar facilmente uma pessoa e substituí-la, você esperaria que a insanidade do amor (e seu poder de sinalização) aumentasse ou diminuísse? Obviamente, aumentaria. As pessoas confiariam menos, e as partes de seu cérebro que representam o Cupido saberiam que precisariam impulsionar a loucura para enviar um sinal caro. E foi isso que descobriu o estudo "Paixão, Mobilidade Relacional e Prova de Compromisso". Nas culturas em que namorar e terminar é mais simples, os sinais apaixonados eram mais intensos. A loucura é vital.

E essa não é a única vantagem da insanidade do amor. Por que ficamos tão loucos de ciúmes quando estamos apaixonados? Porque, mais uma vez, essa loucura é (dentro do razoável) uma coisa boa. Pesquisas mostram que o objetivo do ciúme é proteger o relacionamento. Eugene Mathes, da Universidade de Western Illinois, fez um teste de ciúme com casais que ainda não eram casados e checou sete anos depois. Três quartos deles se separaram, enquanto o outro um quarto se casou. Adivinhe qual grupo teve a maior pontuação de ciúmes? Exatamente. Sentimos um ciúme louco, mesmo quando não queremos, porque um tantinho de ciúmes pode motivar os casais a preservar o relacionamento.

E então temos a mais importante, a mais vital e a mais maravilhosa forma de loucura que o amor traz: a idealização. Como todos sabemos, as pessoas apaixonadas idealizam seus parceiros. É uma das marcas mais reconhecidas do amor. Um estudo de 1999 mostrou que as pessoas em relacionamentos felizes passam cinco vezes mais tempo falando sobre as boas qualidades das pessoas que amam do que das ruins. Como disse Robert Seidenberg, "o amor é uma religião humana na qual se acredita em outra pessoa".

Você ouviu amigos idealizando um novo parceiro, e eles parecem totalmente loucos. Mas adivinhe? É *melhor* que você seja louco. Essa idealização não é apenas doce: também prevê o futuro melhor do que uma bola de cristal. "Os resultados de análises simultâneas revelaram que as ilusões em um relacionamento previam maior satisfação, amor e confiança, e menos conflito e ambivalência tanto no namoro quanto nos relacionamentos conjugais." O realismo pode ser preciso, mas são nossas ilusões que predizem nossa felicidade no amor. E quanto mais louco, melhor. As pessoas que mais idealizaram seus parceiros não sentiram declínio na satisfação do relacionamento ao longo de um estudo dos primeiros três anos de casamento.

Pode parecer que estou recomendando que nos desconectemos da realidade, mas não é assim que funciona. Podemos enxergar a realidade *e* ser tendenciosos ao mesmo tempo. Quando os pesquisadores perguntavam às pessoas apaixonadas sobre os defeitos de seus parceiros, elas conseguiam reconhecer e identificar as coisas ruins. Elas não são loucas *insanas*. Mas elas ignoram emocionalmente os contras: não é grande coisa. Ou essas falhas são até "encantadoras". Tal atitude ajuda o relacionamento a fluir melhor. Somos apenas mais complacentes quando nosso cérebro apaixonado diminui nossas reações às falhas de nosso ente querido.

Mas os benefícios da idealização maluca não param por aí. Até evita traições no nível neurocientífico. Se você mostrar fotos de pessoas bonitas para homens e mulheres em relacionamentos, eles reconhecerão que essas pessoas são bonitas. Mais tarde, você mostra as mesmas fotos, mas agora diz que a pessoa bonita se sente atraída por eles. Adivinha? Agora são menos propensos a dizer que a pessoa é bonita. Esse efeito foi replicado várias vezes. Chama-se "derrogação de alternativas". Quando as pessoas estão apaixonadas, seu cérebro realmente diminui o nível de atratividade pelo qual enxerga pessoas que possam ameaçar o relacionamento. Então, quando o Fantasma Gostoso do Passado aparece, a idealização está de volta e garante que esses ex-fofos não sejam tão fofos comparados com seu parceiro.

Lembra-se das pessoas com HSAM, aquelas que tinham uma memória perfeita sobre eventos pessoais? E como isso estragava seus relacionamentos românticos? Bem, um estudo validou isso. Os amantes que se lembravam erroneamente de suas histórias de maneira positiva eram menos propensos a se separar do que pessoas com lembranças mais precisas. Os fatos não importam tanto quanto a história que contamos a nós mesmos quando se trata de felicidade. Precisamos da loucura. O amor é cego, e assim deve ser.

Não é necessário dizer que, quando a idealização não existe, coisas ruins acontecem. Se você está prestes a caminhar até o altar, é melhor estar se sentindo maluco. As mulheres que têm dúvidas antes de dizer "sim" são 2,5 vezes mais propensas a se divorciar em quatro anos. Para os homens, é um aumento de mais de 50%.

Pura e simplesmente, a idealização parece ser a "mágica" central para sustentar o amor. Um estudo de 2010 descobriu que a "ilusão positiva" era o melhor preditor para manter aquelas borboletas em nosso estômago vivas quando olhamos para alguém. Mas pode "superar tudo"? Pode durar? Sim. E não quero dizer que as pessoas apenas respondem a pesquisas dizendo: "Ah, sim, nós nos amamos muito." Você esperaria que as pessoas dissessem isso de maneira instintiva. Mas em 2012, a neurocientista social Bianca Acevedo fez exames de ressonância magnética no cérebro de casais que estavam casados havia mais de vinte anos. Quando ela mostrou fotos de seus cônjuges, alguns deles mostraram as mesmas respostas neurais que você vê em pessoas que se apaixonaram recentemente. E veja só: não só pode durar, como pode ficar *ainda melhor*. Esses casais não apenas mostravam o sinal neural padrão associado a ter tesão um pelo outro, como também não demonstravam a ansiedade que encontramos em um amor recém-nascido. Toda aquela loucura boa sem a loucura ruim. Sim, o amor pode durar...

Mas geralmente não dura. Aqueles casais são a exceção. Na maioria das vezes, o amor romântico diminui depois de um ano ou um ano e meio. Você vê isso nos estudos de ressonância magnética funcional, em exames de serotonina no sangue e em pesquisas. Os viciados se acostumam com a droga, e o efeito passa. Logicamente, é compreensível. Não há possibilidade de todo mundo agir feito um louco apaixonado constantemente. Sua cabeça explodiria, e o mundo desabaria em chamas. Como disse o dramaturgo irlandês George Bernard Shaw: "Quando duas pessoas estão sob a influência das paixões mais violentas, mais insanas, mais ilusórias e mais transitórias, elas são obrigadas a jurar que permanecerão naquela excitada, anormal e exaustiva condição continuamente até que a morte os separe." É bastante irreal que a empolgação excessiva possa durar para sempre para todos.

Assim como o universo físico, o amor também está sujeito à entropia. A energia morre. O frenesi volta à média. Histórias de romance não discutem essa parte; mas os comediantes sim. Por um lado, é bom saber disso. Você não está necessariamente fazendo algo errado. Um desvanecimento das emoções é normal. Mas ainda é angustiante. O que um estudo de quase 1.100 pessoas em relacionamentos de longo prazo mostrou ser a maior ameaça ao relacionamento? "O entusiasmo se esvair."

Após os primeiros quatro anos de casamento, a satisfação cai em média de 15% a 20%. (Imagine isso acontecendo com seu salário.) Qual é o nível pessoal de felicidade da maioria das pessoas após dois anos casadas? Richard Lucas, da Universidade Estadual de Michigan, descobriu que elas estão tão felizes quanto antes de se casarem. Regressão à média. Entropia. Você provavelmente já ouviu relatos de estudos que mostram que casais que coabitam são mais propensos a se divorciar. Acredita-se que uma razão para isso seja que eles terminam o período de amor intenso antes de decidirem se casar. Quando finalmente se casam, a entropia já começou.

Esse declínio não significa necessariamente destruição total. A maioria dos casais muda da loucura da paixão romântica para o que é conhecido como "amor de companhia", uma sensação de conforto mais tranquila e durável sem tanta euforia. Mas a idealização desaparece. Um estudo de 2001 descobriu que a "distorção idealista" foi cortada pela metade quando os casais passaram do noivado para o casamento. É a ascensão do inimigo mortal do amor: a realidade.

Isso é mais bem demonstrado pela pesquisa da socióloga Diane Felmlee sobre o que ela chama de "atrações fatais". Os traços que inicialmente nos atraíram para nossos parceiros muitas vezes mudam em nossa mente para serem vistos como negativos. O descontraído torna-se preguiçoso. Forte vira teimoso. Atencioso torna-se grudento. Quase metade dos casais pesquisados experimentou isso. À medida que a idealização diminui, não é de se surpreender que, após quatro anos de casamento, as queixas sobre egoísmo mais do que dobrem.

E menos idealização significa menos "derrogação de alternativas". Seu cérebro para de dizer que parceiros alternativos gostosos não são gostosos. Enquanto isso, à medida que o casamento continua, o sexo diminui quase inexoravelmente. Mais uma vez, as histórias de amor não falam sobre isso; comediantes sim. Acredite nos comediantes. A maioria dos casais faz sexo cerca de duas ou três vezes por semana. Mas em todo o mundo, quanto mais tempo você está casado, menos sexo você faz. De fato, após o primeiro ano de casamento, o sexo diminui pela metade. (Se você esperava que o casamento fosse um *De Olhos Bem Fechados* de várias décadas, ficará bastante desapontado.) Sabe qual é a pesquisa número um no Google relacionada a problemas conjugais? "Casamento sem sexo." Quinze por cento das pessoas casadas não fazem sexo há mais de seis meses. (E se você é alguém que está muito angustiado com a desigualdade no mundo, vale a pena lembrar que 15% das pessoas estão fazendo 50% do sexo.)

Sim, manter o amor romântico durante um casamento é difícil. Na verdade, ainda mais difícil do que isso: não se esqueça do viés de sobrevivente. Todos os estudos mencionados que analisam pessoas atualmente casadas estão fazendo exatamente isso, *estudando apenas os que duraram*, não os que já largaram mão da coisa.

Infelizmente, o amor romântico regular não é tão duradouro quanto sua variante mais patológica: a erotomania. Não, esse distúrbio não é só sobre sexo. A erotomania é a forma mais extrema de amor e uma doença mental reconhecida. Pessoas com erotomania podem perseguir outras, mas raramente prejudicam alguém ou causam muitos problemas. A maioria dos sofredores são mulheres que acreditam que um homem famoso está loucamente apaixonado por elas (apesar do fato de que ele nunca a conheceu e não tem ideia de quem ela é). É classificado como transtorno delirante no DSM; obviamente mais delirante do que o amor cotidiano, mas também não o nível de ilusão que o faz ver alienígenas e fadas. Ironicamente, eles exibem todas as qualidades que admiramos em um amante. Deveria ser chamado de "Transtorno da Comédia Romântica". Eles nunca desistem, nunca param de acreditar e sentem que o amor supera tudo. São os românticos supremos. E sua condição geralmente é crônica, respondendo mal ao tratamento. É trágico que a forma de amor romântico mais durável, mais capaz de durar, seja aquela em que você *realmente* tem um transtorno mental. Mas vale a pena notar que só é erotomania se a outra pessoa não corresponder aos seus sentimentos. Se corresponder, você é apenas a pessoa mais romântica de todos os tempos.

Não queremos erotomania. Se fôssemos escolher um transtorno mental real, seria "folie à deux" (tecnicamente, um transtorno psicótico compartilhado de acordo com o DSM 5). É quando duas pessoas perdem o controle, juntas. Você precisa ter alcançado uma conexão íntima com a pessoa para ser suscetível, e separar o par é parte essencial do tratamento. É pouco diagnosticado. Por quê? Porque elas raramente procuram ajuda. Sim, elas podem acreditar em algumas coisas malucas juntas, mas os delírios geralmente são inofensivos. Uma forma suave de folie à deux deve ser nosso objetivo: uma cultura única a dois, com suas próprias crenças e rituais loucos, mas inofensivos. Uma história boba, mas gratificante, do mundo e de sua união que é especial, idealizada e significativa. Uma que não faça muito sentido para ninguém além do casal. Mas que não precise fazer. Os relacionamentos mais românticos da minha vida foram assim, e suponho que você tenha experimentado o mesmo.

Então, como podemos obter algo mais próximo de folie à deux? Como combatemos a entropia e sustentamos a idealização? A maioria das histórias de amor ajuda pouco. A complexidade do casamento começa onde elas terminam. E, como vimos, os contos de fadas nos desencaminham aqui. Presumir que será fácil, mágico e passivo é um grande problema quando você sabe que será necessário um trabalho proativo para resistir à entropia.

O auge do amor romântico é um vício, mas, de certa forma, isso é mais fácil. Realmente está longe do seu alcance. O amor conjugal é uma escolha que exigirá um esforço diligente e consistente ao longo do tempo.

Amar é um verbo. Se você quer ter uma boa aparência e ser saudável, você tem que trabalhar conscientemente nisso. Amar não é diferente.

Sendo assim, o que precisamos fazer? O que descobriremos é que a entropia não é a maior ameaça que enfrentamos. Um inimigo ainda mais perigoso surge no horizonte. Podemos superá-lo se tivermos as ferramentas certas. Mas recebemos demasiados conselhos ruins quando se trata de amor. As respostas estão na razão lógica ou no sentimento emocional?

Acontece que este é um debate que vem acontecendo há muito tempo, mais bem ilustrado, curiosamente, pela obra de Edgar Allan Poe...

13

A VIDA É SOBRE PAIXÃO OU LÓGICA? ESSE ERA O PONTO ALTO DAS DISCUSSÕES entre os séculos XVII e XIX. Nos anos 1700, passamos pela era do Iluminismo. Racionalidade. Razão. *Cogito ergo sum.* Leis de Newton. Mas isso deu lugar à era romântica em 1800. Não significava exatamente "romântico" como corações e Dia dos Namorados; tratava-se das ideias de que os sentimentos, a inspiração e o inconsciente eram mais importantes. A era do Iluminismo era voltada às regras; a era romântica odiava regras e se voltava para as emoções.

E ninguém incorporou o Romantismo mais do que Edgar Allan Poe. Imagine uma pessoa com uma lista de temas sombrios e que vai marcando um a um — esse era Poe. *Infância melancólica?* Presente. O pai abandonou a família antes de completar 2 anos. A mãe morreu de tuberculose quando ele tinha 3 anos. *Artista passando fome?* Presente. Poe foi o primeiro autor norte-americano a viver exclusivamente da escrita, o que era uma péssima ideia na época (e, vou confessar, não mudou muito desde então). *Gênio teimoso e incompreendido?* Presente. Seus personagens eram todos neuróticos, delirantes, tristes e vingativos. Eles também eram autobiográficos. *Uma vida cheia de tragédias seguidas de uma morte misteriosa?* Presente. Esposa morre de tuberculose, assim como sua mãe. Mais tarde, ele é encontrado vagando pelas ruas delirando, morre de causa desconhecida, todos os registros, incluindo sua certidão de óbito, nunca foram encontrados. Ponto extra: ele também era um alcoólatra viciado em apostas.

Mas seu trabalho deixou um legado impressionante. Todos, desde Mary Shelley a Alfred Hitchcock e Stephen King, diriam que ele os influenciou. O trabalho de Poe é mais gótico do que delineador preto. Mestre do macabro, Poe escreveu ficção e poesia que falam sobre vingança, enterros prematuros e outras coisas que simplesmente não são discutidas o suficiente na mesa de jantar em família. Todos nós o lemos no ensino médio porque, francamente, o que poderia ser mais apropriado para os anos sombrios e carentes de atenção da adolescência do que histórias mórbidas bastante curtas? E nada seria mais emblemático da era romântica do que sua obra-prima, "O Corvo".

Foi publicado com aclamação imediata em 1845 (embora Poe tenha recebido apenas US$9 por ele). Abraham Lincoln supostamente memorizou o poema. O time de futebol americano Baltimore Ravens [Os Corvos de Baltimore] tem esse nome. Foi até satirizado em um episódio de Halloween de *Os Simpsons*. De muitas maneiras, incorpora os valores da era romântica. Abordando o amor, a perda, a morte e a loucura, é uma leitura emocionante, uma jornada emocional e uma terrível história de ninar para crianças. Sua linguagem musical estilizada tece uma teia de mistério emocional sombrio que faz referência ao ocultismo, à Bíblia e até mesmo aos antigos clássicos gregos e romanos. Pode-se facilmente imaginá-lo sendo escrito em um frenesi inspirador ou em uma névoa de ópio feito "Kubla Khan" de Coleridge.

Assim, temos o nosso vencedor. A genialidade apaixonada supera a lógica fria e clínica, certo?

Hum, na verdade... não. Em 1846, Poe publicou um ensaio, "A Filosofia da Composição", que descreve como ele escreveu "O Corvo", e é exatamente o *oposto* do que você provavelmente imaginava: "É meu projeto tornar manifesto que nenhum ponto em sua composição possa ser atribuído ao acaso ou à intuição, que o trabalho prosseguiu, passo a passo, até sua conclusão, com a precisão e a consequência rígida de um problema matemático."

Ele explica um processo tão mecanicista e clínico quanto o diagrama de montagem que acompanha um guarda-roupa novo. Cada palavra e cada sinal de pontuação foram deliberada e racionalmente escolhidos, sistematicamente, para ter um efeito na mente do leitor. Longe da inspiração inefável, é a solução lógica de um problema. Ao discutir a rima do verso, literalmente soa como se ele estivesse descrevendo uma equação matemática: "O primeiro é trocaico, o último é otâmetro acatalético, alternando com o heptâmetro catalético repetido no refrão do quinto verso, e terminando com tetrâmetro catalético."

Parece loucura? Não se esqueça, Poe era um crítico. Ele analisava e desmembrava histórias clinicamente para ganhar a vida. Ele também basicamente inventou o romance policial, um gênero racionalista, se é que já existiu um. Sr. Arthur Conan Doyle credita o trabalho de Poe por inspirar o personagem "menos do que emocional" Sherlock Holmes.

Então, aí está: por trás do Romantismo, muitas vezes há a lógica do pensamento iluminista. A emoção impulsiva deve dar lugar à racionalidade!

Hum, na verdade... não. Poe *disse* que usou a lógica e criou "O Corvo" como um belo relógio suíço. Mas algumas pessoas, incluindo ninguém menos que T. S. Eliot, questionaram se isso era verdade. É a opinião de muitos, incluindo alguns especialistas em literatura hoje, que "A Filosofia da Composição" foi escrito satiricamente.

E essa teoria não é muito exagerada. Em seu tempo, Poe era um piadista. Sua primeira história publicada foi uma sátira. E ele adorava usar pseudônimos para enganar as pessoas. Ele fez isso não apenas para evitar credores, mas também para acusar as pessoas de plágio. A quem ele acusou? Ele mesmo. Um escritor chamado "Outis" propôs que "O Corvo" claramente obteve ideias de outro poema, "O Pássaro do Sonho". Muitos acreditam que Outis era, na verdade, Poe. Você sabe o que Outis significa em grego? "Ninguém." (Nível Poe de Enganação: Especialista.)

Em nossos relacionamentos, todos temos dificuldade com a questão da paixão *versus* lógica, especialmente na área de comunicação.

Quando o ardor desaparece, será que nos concentramos em reacender a chama ou em construir um sistema consciente que consiga suportar uma casa e uma vida ocupadas? É difícil saber o caminho, encontrar um equilíbrio entre as habilidades científicas e os sentimentos do coração.

Então, no caso de Poe, qual era a resposta verdadeira? Noções apaixonadas e inspiradas ou lógica rigorosa e praticidade sistemática? Infelizmente, nunca saberemos. Mas sabemos o nome da época que veio depois da sistematização do Iluminismo e das paixões do Romantismo. E como se chamava esse período?

"Realismo."

$$* * *$$

A terapia de casal foi criada pelos nazistas. Juro. Foi uma iniciativa do movimento eugenista criada na Alemanha na década de 1920. E se faz você se sentir melhor, ela não funciona. Apenas entre 11% e 18% dos casais obtêm melhorias notáveis. Como relata o *New York Times,* dois anos após a terapia, 25% dos casamentos que procuraram ajuda estão em uma situação mais complicada do que antes, e após quatro anos, 38% se separam.

Mas por que não funciona? A maioria dos casais espera demais para ir. Há um atraso médio de seis anos entre as primeiras intrigas em um casamento e obter ajuda de fato. Mas ainda deve ser capaz de ajudar um pouco mesmo nesse estágio, certo? Não, e isso é por causa do maior inimigo que um casal pode enfrentar: SSN.

Enquanto a entropia diminui a felicidade de um casamento ao longo do tempo, não é apenas uma progressão linear descendente para todos. Muitas vezes, há uma mudança de fase. A água fica mais fria, depois mais fria e depois mais fria, até se tornar gelo. Algo completamente diferente. No casamento, isso se aplica ao termo apropriadamente intimidador, a *sobreposição de sentimentos negativos*. SSN é um pólipo no cólon do amor.

Você deixa de se sentir "um pouco menos feliz" com sua união, mas está tão empolgado com seu casamento quanto as esposas posteriores de Henrique VIII estavam com o delas. Você suspeita que seu parceiro é secretamente um lagarto envolto em uma roupa de pele humana. Você acumula queixas da mesma forma que os acumuladores guardam lembrancinhas. Seu parceiro é a fonte de todos seus problemas, enviado até aqui por uma força malévola para arruinar sua vida.

A idealização não desapareceu, ela mudou. Se o amor é uma ilusão positiva, a SSN é uma desilusão total. Você tende a estar contra, não a favor de seu parceiro. Os fatos não mudaram necessariamente, apenas sua interpretação deles. Em vez de atribuir problemas ao contexto, as atribuições agora estão nos traços ruins do caráter de alguém. Você se esqueceu de tirar o lixo hoje, mas em vez de eu presumir que foi porque você estava ocupado, minha suposição agora será a de que você é uma pessoa horrível determinada a me deixar maluco lentamente.

O famoso psicólogo Albert Ellis chama isso de "demonizar". É a mudança de lidar com alguém que você supõe ter boas intenções, mas que ocasionalmente comete erros, para alguém que você supõe que foi forjado nas profundezas mais escuras de Hades, mas que ocasionalmente faz algo de bom. E agora que o padrão mudou, nosso velho viés de confirmação de amigos se encaixa, e você se torna um porco caçador de trufas em busca dos erros de seu cônjuge, lubrificando a derrapagem em uma espiral já descendente. Um estudo de Robinson e Price mostrou que casais infelizes não percebem metade da positividade em seu casamento. Seu cônjuge faz algo legal, tentando sair do buraco, mas agora 50% do tempo você nem consegue ver.

E isso leva a mais gritos que terminam o casamento, certo? Provavelmente não. Brigas que se desenrolam aos berros levam ao divórcio em apenas 40% das vezes. Na maioria das vezes, os casamentos terminam com um gemido, não com um estrondo. Você grita porque se importa. E uma vez que a SSN se estabeleceu seriamente, você para de se importar. As pessoas param de negociar totalmente com as crias demoníacas e começam a viver vidas paralelas. E é isso que geralmente precede o divórcio.

Como começa essa espiral? Com um segredo. Você vê um problema em algo, mas não diz nada. Talvez pense que já sabe o que o outro dirá. Uma suposição. E, como discutimos na Seção 1, somos péssimos em ler mentes, até mesmo a de nossos parceiros. Como disse George Bernard Shaw: "O maior problema na comunicação é a ilusão de que ela aconteceu." E, com o tempo, você fala menos e presume mais. "Ele está quieto, então deve estar com raiva", ou "Ela disse não ao sexo, então não me ama". Suposições não ditas começam a se multiplicar, até que você não está conversando com seu parceiro, está apenas conversando consigo mesmo porque você "sabe" o que ele diria. Às vezes não pedimos esclarecimentos ou dizemos algo porque "ele/ela *deveria* saber". Mas aqui no planeta Terra as pessoas não podem ouvir o que você não diz. O lixão emocional cresce. Você coleta juros compostos da desgraça conjugal. E seu casamento navega em direção ao futuro como um pássaro em direção a uma porta de vidro.

Você precisa se comunicar. É clichê, mas é verdade. A comunicação é tão vital, que a timidez está, na verdade, correlacionada com menor satisfação conjugal. Enquanto isso, o casal médio, quando os dois trabalham, gasta menos de duas horas por semana conversando. Você tem que falar.

Sim, isso significa que vocês brigarão mais. Mas adivinha? *Brigas não acabam com casamentos; evitar conflitos sim.* Um estudo feito com recém-casados mostrou que, no início, os casais que raramente brigavam estavam inicialmente mais satisfeitos com seus casamentos. Mas esses mesmos casais estavam a caminho do divórcio quando os pesquisadores checaram novamente depois de três anos. E um jornal de 1994 mostrou que, depois de 35 anos, os únicos que ainda tinham um casamento feliz eram, na verdade, os casais apaixonados que brigavam. Curiosamente, um limiar mais baixo de negatividade é bom para um casamento. Quando algo o incomoda, é mais provável que você traga isso à tona e, em seguida, é mais provável que seja resolvido. O principal pesquisador de relacionamentos, John Gottman, diz: "Se o casal não discute, ou não consegue ou não quer discutir, isso é um alerta vermelho enorme. Se você está em um relacionamento 'sério' e ainda não teve uma grande discussão, tenha uma o mais rápido possível." Você. Tem. Que. Conversar.

Sessenta e nove por cento dos problemas contínuos nunca são resolvidos. Não, não estou dizendo isso para deprimi-lo. A questão não é o que você fala, mas *como* você fala sobre isso. Todo mundo acha que a questão é a clareza, mas estudos mostram que a maioria dos casais (caso conversem) é realmente bem clara. E não se trata de solução de problemas, porque mais de dois terços das vezes eles não se resolverão. Como observa Gottman, é o afeto com o qual você não resolve o problema o que realmente importa.

Trata-se de regulação, não de resolução, do conflito. A guerra é inevitável, mas é preciso obedecer às regras da Convenção de Genebra. Sem guerra química. Nada de torturar prisioneiros. Maya Angelou disse uma vez: "Aprendi que as pessoas se esquecerão do que você disse e do que você fez, mas elas nunca se esquecerão de como você as fez se sentir." E ela está certa. Pesquise casais sobre seus desentendimentos mais recentes, e em 25% das vezes, eles nem conseguem se lembrar sobre o que foi a discussão, mas se lembram de como se sentiram. E é isso que afeta seu casamento. Quando você pergunta a pessoas divorciadas o que elas mudariam em seu casamento anterior, a resposta número um é "estilo de comunicação".

Sendo assim, vamos fazer um curso intensivo de habilidades de comunicação conjugal guiado pelo trabalho de Gottman. Sua pesquisa permite prever quais casais se divorciarão três anos depois com 94% de precisão, um número que ninguém mais chega perto. O rosto desse cara deveria estar no Monte Rushmore do Casamento. Gottman sabe que precisamos da lógica da era do Iluminismo para diagnosticar problemas, mas que os sentimentos da era do Romantismo são o objetivo final.

Gottman percebeu que não é a quantidade de negatividade em um casamento que prevê o divórcio, mas o tipo de negatividade. Chamemos isso de "efeito Tolstói". Em *Anna Karenina*, Tolstói escreveu: "Todas as famílias felizes são iguais, mas uma família infeliz é infeliz à sua maneira." E para nossa sorte, ele estava completamente errado. Para casamentos, é o contrário. Casais felizes criam uma cultura única a dois, como folie à deux. Mas, como descobriu Gottman, todos os casais infelizes cometem os mesmos quatro erros. E se os aprendermos, podemos evitá-los.

Ele chama esses problemas de Quatro Cavaleiros, e eles preveem o divórcio em 83,3% das vezes.

1. CRÍTICA

Reclamar é, na verdade, saudável para um casamento. Novamente, isso evita aqueles "segredos" que apodrecem, geram suposições e levam à SSN. A crítica é o problema mortal. Reclamar é quando eu digo que você não tirou o lixo. Criticar é quando eu digo que você não tirou o lixo porque você é uma pessoa horrível. O primeiro caso é sobre um evento, o segundo é sobre algo fundamental de sua personalidade. Podemos corrigir eventos. Atacar a personalidade de alguém não costuma dar muito certo. As reclamações geralmente começam com "eu", e as críticas geralmente começam com "você". Se uma frase começa com "você sempre" e não termina com "me faz tão feliz", provavelmente é uma crítica, e você pode esperar que seu cônjuge reaja com agressividade.

Por isso, transforme sua crítica em reclamações. Aborde o evento, não a pessoa. Ou melhor ainda, veja suas reclamações como "metas" a serem alcançadas ou problemas a serem resolvidos. Criticar é algo que as mulheres fazem com muito mais frequência do que os homens, mas não se preocupe, logo chegaremos aos problemas que os caras costumam causar.

2. DISTANCIAMENTO

E aqui temos o que os homens fazem em discussões que preveem poderosamente o divórcio. Distanciar-se ou ignorar sua parceira em resposta a problemas que ela aborda. Sim, há muitas vezes na vida em que você simplesmente não quer perder uma boa chance de calar a boca, mas o distanciamento transmite a ideia de que "você ou suas preocupações não são importantes o suficiente para eu reagir". Não reduz o conflito: na maioria dos casos, aumenta. Para muitos homens, Gottman descobriu que o problema realmente opera no nível fisiológico. Quando os níveis de adrenalina dos caras sobem, eles simplesmente não retornam à linha de base tão rapidamente quanto o das mulheres. A solução é fazer longas pausas. Se a discussão ficar acalorada demais, peça para conversar outra vez em vinte minutos, quando os hormônios exaltados tiverem diminuído.

3. DEFENSIVIDADE

Gottman define defensividade como qualquer coisa que transmita: "Não, o problema não sou eu, é você." Isso, pela própria natureza, aumenta o conflito. Você está convidando piromaníacos para apagar o fogo. Negar a responsabilidade, dar desculpas, repetir-se ou usar o temido "Sim, mas..." são exemplos de defensividade. Não contra-ataque ou se esquive. Ouça, reconheça os problemas que seu parceiro está apresentando (não importa o quão ridículos possam parecer para você) e espere sua vez para evitar que a discussão se intensifique.

E então temos o número 4, que está em uma categoria própria...

4. DESDÉM

O desdém é o maior indicador de divórcio que Gottman encontrou. O desdém é qualquer coisa que insinue que seu parceiro é inferior a você. Xingá-lo, ridicularizá-lo ou colocá-lo para baixo são alguns exemplos. (Sim, revirar os olhos é uma das piores coisas que você pode fazer em um casamento, e isso é apoiado por dados.) O desdém quase nunca aparece em casamentos felizes. Gottman se refere a ele como "ácido sulfúrico do amor". Simplificando, é o caminho para a SSN. Não faça isso.

Serei bem realista aqui. Você não se lembrará de tudo deste capítulo. Então, caso se esqueça de todo o resto, lembre-se disto: *como você inicia uma discussão é duplamente superextraimportante*. Apenas ouvindo os primeiros três minutos de uma discussão, Gottman podia prever o resultado 96% das vezes. Pura e simplesmente: se começa hostil, terminará hostil. E o começo hostil não só previu o resultado da conversa, como também previu o divórcio. Se você sabe que está abordando um problema com seu parceiro que pode começar uma briga, respire fundo primeiro. Reclame, não critique. Descreva-o de forma neutra. Comece positivo. Você pode estar certo, mas não precisa tornar isso mais difícil do que o necessário iniciando como um ataque.

Isso são coisas demais para você se lembrar, eu sei. E na confusão gritante do momento, será ainda mais difícil. Mas está tudo bem. Os três primeiros cavaleiros estão presentes mesmo em casamentos felizes. Ninguém é perfeito. Lembra-se de como eu disse que os Quatro Cavaleiros preveem o divórcio em 83,3% das vezes? Sim, 83,3 não é 100. E a razão pela qual não é 100 é o que Gottman chama de "reparo": acalmar e apoiar um ao outro, rir ou demonstrar afeto no meio de uma discussão. Segure a mão de seu parceiro. Faça uma piada. Isso impede que a briga evolua. Mesmo casais com muitos cavaleiros andando ao seu redor podem ter casamentos estáveis e felizes se fizerem reparos. E uma razão pela qual a SSN é tão mortal é que ela impede que você veja as tentativas de reparo de seu parceiro. Isso significa que o carro dos conflitos não tem freios.

Qual é a perspectiva geral a ter em mente que encapsula a maior parte disso tudo? Bem, Gottman enfatiza a importância da amizade em um casamento, o que é uma grande verdade. Mas acredito que uma ideia mais útil para ter em mente é a noção do escritor Alain de Botton de *tratá-lo como criança*. Não, não seja condescendente como você faria com uma criança, mas criamos muitos problemas porque esperamos que nosso parceiro seja sempre um "adulto" competente e emocionalmente estável. Ele não é. Eu não sou. E você não é. Como o humorista Kin Hubbard disse uma vez: "Os meninos agirão como meninos, assim como muitos homens de meia-idade." Mostrar a generosidade e a compaixão que você naturalmente dá a uma criança quando ela está chateada é uma maneira simples de contornar muitos dos problemas que criamos. Somos apenas menos propensos a pensar que uma criança é motivada por malícia consciente. Achamos que ela deve estar cansada, faminta ou mal-humorada. Isso é, francamente, uma coisa excelente para supor sobre *qualquer pessoa*.

Não espere que alguém seja sempre racional. Quando Tom Stoneham, professor de filosofia da Universidade de York, está lecionando lógica, ele sempre diz: "Não use isso em casa ou você acabará lamentavelmente solteiro." Quando uma criança de 5 anos começa a gritar e xingá-lo, você não grita de volta e a chama de cabeça de cocô. Com as crianças, geralmente tratamos as emoções como informações, e esse é um ótimo conselho. Suspendemos o julgamento, ouvimos e nos apegamos ao problema real em questão. Somos muito mais caridosos. E essa injeção de emoção positiva faz toda a diferença. Amadurecer é difícil, e quando alguém nos alivia dessa enorme responsabilidade e percebe que por dentro somos sempre uma criança mal-humorada, é uma maravilha. E isso não é apenas especulação. Um estudo de 2001 mostra que as pessoas compassivas com seus parceiros durante as discussões brigam 34% menos vezes, e quando isso ocorre, dura apenas metade do tempo.

Incrível. Acabamos, certo? Nem pensar.

Reduzir a negatividade e as brigas não é suficiente. Isso pode tornar um casamento agradável (um termo técnico para "OK"), mas não o tornará ótimo. Atualmente, tenho um relacionamento "não negativo" com todos os estranhos deste planeta. Isso não é amor. Sim, reduzir os contras verdadeiramente letais como os Quatro Cavaleiros é necessário, mas não suficiente. Estudos mostraram que, embora os contras afetem um relacionamento, na verdade é a perda dos prós que empurra os casamentos para o túmulo.

Mais especificamente, Gottman percebeu que o mais importante é uma proporção de 5:1 de prós para contras. É por isso que a quantidade bruta de contras não importa. Contanto que você tenha bons momentos suficientes para compensar isso, um relacionamento pode prosperar. Os casais que se divorciam normalmente têm uma proporção de 0,8 prós para cada contra. Mas você também não quer ter poucos contras. Se atingir 13 prós para cada contra, provavelmente não está se comunicando o suficiente. Você precisa se comunicar e brigar. É um equilíbrio. (O fascinante é que isso se aplica a todos os relacionamentos. As amizades precisam de uma proporção prós para contras de 8:1. E com sua sogra o número é, na verdade, 1.000:1.)

Assim, sabemos qual é nosso próximo objetivo: aumentar os prós. Hora de agitar o relacionamento funcional. Queremos a versão "tudo" do casamento tudo ou nada de Eli Finkel.

Mas não queremos apenas o aumento incremental de mais prós. Queremos uma mudança de fase como a SSN, mas na outra direção. Queremos um retorno à magia, à idealização. Queremos o viés de confirmação de volta ao nosso lado. Um par de óculos cor-de-rosa novinho em folha.

Isso me coloca em um lugar complicado, na verdade. Eu sou o cara da ciência sempre dizendo que precisamos olhar para os fatos e dados e ser racionais. Na introdução deste livro, fiz um juramento de sangue para destruir mitos não científicos com a motosserra de Occam. Em um estilo bem iluminista. Mas agora precisamos de um pouco de romantismo. De delírio. A idealização, que é a magia do amor. O mundo é hostil, e precisamos de nossas ilusões para forjar uma verdade melhor juntos.

Este é um território novo para mim. Eu tenho que ir de assassino de preconceitos a protetor de preconceitos. Posso ver o slogan de filme da *Sessão da Tarde: O que foi projetado para destruir agora deve defender.* (Por que o tema do *Exterminador do Futuro 2* está tocando na minha cabeça agora?)

Então, como aumentamos os prós e renovamos a magia do amor? Analisemos alguém que precisa fazer exatamente isso. Todos os dias, na verdade...

14

IMAGINE ACORDAR AMANHÃ ACHANDO QUE ESTAMOS EM 1994. NESSE ANO, você tinha 31 anos e um parceiro. Você espera que *Friends* seja um programa de TV totalmente novo e que *O Rei Leão* seja o número um nas bilheterias. Mas, é claro, quando você se levanta, o calendário certamente não diz 1994. Você se olha no espelho e claramente está décadas depois dos 31 anos. Ah, e não tem mais um "parceiro", agora você está casado. (A propósito, parabéns!) Mas você não se lembra de nada do que ocorreu entre 1994 e agora. Bem desorientador, né?

Agora imagine que isso acontece *todo santo dia*. Toda manhã você acha que estamos em 1994, não se lembrando de nada do que aconteceu desde então. Você tem o que é chamado de "amnésia anterógrada". Não, é diferente do que Jason Bourne tinha. Ele esqueceu seu passado. Isso é "amnésia retrógrada". Anterógrada é quando você não consegue criar novas memórias, pelo menos nenhuma que dure muito tempo. Para você, elas duram aproximadamente um dia. Você não enfrenta nenhum problema durante o dia, mas nada dura até amanhã. As pessoas dirão que você fez isso ou aquilo, e você terá que aceitar a palavra delas. Se você se lembrou do filme *Amnésia*, está corretíssimo. E esse filme foi realmente elogiado por neurocientistas da Caltech por ser extremamente preciso.

Por favor, desculpe todas as referências de filmes, mas, embora várias formas de amnésia sejam comuns na ficção, elas são raras na vida real e, geralmente, breves. O mais próximo que a maioria de nós chega a isso é uma versão temporária provocada por beber coquetéis demais. Mas não para você e sua edição de 1994. Isso é crônico. E como vimos com a HSAM, a memória é pouco compreendida, mesmo por especialistas. Os médicos não conseguem curar isso.

Portanto, ler este livro é meio que uma causa perdida para você. Amanhã você não se lembrará do que leu hoje. A vantagem é que pode aproveitar seus episódios de TV favoritos repetidamente, como se fosse a primeira vez que os estivesse assistindo. Lidar com pessoas é mais difícil. A menos que você as tenha conhecido em 1994, elas sempre lhe serão estranhas, mesmo que as veja todos os dias. Você registrará o constrangimento, as expectativas delas, mas não saberá por que acham que conhecem você. Todos os dias.

Graças a Deus você confia em sua própria caligrafia. Você deixou diversas anotações para si mesmo. Um sistema que o ajuda a sobreviver. Mas sair de casa ainda é sempre um risco. Às vezes as lembranças não duram um dia; às vezes são apenas alguns minutos, e você vira a Dory de *Procurando Nemo*. E amanhã será assim de novo. E todos os dias. Você despertará com sua mente em 1994, mas o mundo terá seguido em frente.

Felizmente, essa não é sua vida. Mas é a vida real de Michelle Philpots. Depois de dois acidentes de carro em meados dos anos 1990, ela teve convulsões, e sua memória começou a se deteriorar. E então, um dia ela simplesmente parou de criar novas memórias que durariam mais de um dia.

Sim, é trágico, mas não é de todo ruim. Ela não está sozinha. Ela tem seu marido, Ian. Hum, na verdade, é algo mais delicado. Em 1994, Ian era seu namorado. Então, todas as manhãs, para ela, ele ainda é seu namorado (e um namorado que envelheceu drasticamente da noite para o dia). Mas para Ian, e para o resto do mundo, ele é o marido dela há mais de duas décadas.

Assim, Ian deve lembrá-la. Todos os dias. Bem, na verdade, não "lembrá-la", porque as memórias não estão lá. Ele não diz "nós somos casados", e então ela responde "Ah, sim!" Ele diz "nós somos casados", e ela diz "Sério?!?" E Ian abre o álbum de casamento, assim como fez ontem. (E em nossa discussão contínua sobre cinema relacionado à amnésia, se você está pensando no filme de Adam Sandler e Drew Barrymore, *Como Se Fosse a Primeira Vez*, você ganha uma estrela dourada.)

E ele deve ser bastante convincente, porque a faz acreditar nisso todos os dias. Imagine ter que enganar seu cônjuge todas as manhãs, mas com a verdade. Deve parecer uma brincadeira elaborada para ela, a princípio. Claro, ela pode ver no espelho que não tem mais 31 anos, mas emocionalmente deve ser difícil aceitar essa coisa que todo mundo continua chamando de "realidade".

O amor pode realmente sobreviver quando as memórias se vão? Tenho o prazer de poder responder a isso com um sim confiante. A ciência aqui é fascinante. Como vimos com a HSAM, nem todas as memórias são iguais. Nessa condição, a memória para fatos abstratos ("memória semântica") é normal. Mas as pessoas com HSAM tinham uma lembrança perfeita de eventos pessoais ("memória episódica"). São áreas distintas e separadas no cérebro. Jason Bourne não esqueceu suas habilidades em artes marciais, e isso é verídico. Na amnésia retrógrada, as pessoas esquecem seu passado, mas não perdem a "memória processual", como andar, dirigir um carro ou, no caso de Bourne, como chutar traseiros. Michelle perdeu a capacidade de criar novas memórias semânticas e episódicas, mas sua memória processual está bem. Ela pode não se lembrar da senha de seu smartphone, mas pode se lembrar do padrão de dígitos que digita com os dedos.

Mas esses não são os únicos tipos de memória que temos. Incrivelmente, também temos "memória emocional". Na amnésia anterógrada, esses sentimentos de amor permanecem e ainda podem crescer, mesmo que os fatos e eventos não se mantenham. Felizmente, Michelle se lembra de como eles se amavam nos anos 1990. E essas memórias emocionais podem se combinar. Apenas os fatos de sua história devem ser incrementados todos os dias. Então, amanhã de manhã, Ian pegará seu álbum de casamento mais uma vez para lembrá-la pacientemente da história de amor deles.

Talvez ele ajuste a história alguns dias. Não de forma maliciosa, é claro. É certo que ele a edita e condensa, então definitivamente a altera. Ele talvez a reescreva em algum ponto apenas porque o próprio cérebro dele faz isso.

O que você daria para poder reescrever um pouco o passado? Uma segunda chance. Para viver uma história de amor pura e nova? Os sentimentos estão sempre lá, mas imagine uma história nova e melhorada para apoiá-los. Para reativá-los diariamente. Um ritual para lembrar e reescrever o amor. Uma pequena brasa pode se tornar um fogo crepitante novamente quando alimentada. Uma fênix renascida.

Você pode até não ter amnésia anterógrada, mas isso não significa que o fato lhe seja menos verdadeiro. Você pode não apenas se lembrar de sua história de amor, como também reescrevê-la. A esperança e o poder de uma história reescrita não são menos verdadeiros para você.

Para permanecer o mesmo, é preciso mudar. É assim que você se apaixona por alguém repetidamente.

* * *

O amor romântico requer um desfibrilador. Algo que mantenha o coração funcionando quando ele para ou fica instável. Queremos a magia de volta. Aquela história, a idealização do amor inicial. E nós podemos obtê-la. Vimos nos dados de ressonância magnética que alguns casais a mantêm por décadas. Mas como?

Fico feliz em informar que há algum equilíbrio no universo. Sim, a SSN é assustadora, mas também existe a SPO: substituição de sentimentos positivos. Esse é o termo chique para a magia, a idealização, a história não exatamente verdadeira, mas tão maravilhosa. Se aqueles que são pegos no Hades da SSN são enviesados pelos contras, buscando constantemente os defeitos de seus parceiros, aqueles com SPO acordam buscando afirmar tudo o que é bom e maravilhoso sobre seu parceiro e seu relacionamento. As coisas positivas são duradouras; as coisas negativas, bem, meu cônjuge maravilhoso deve estar tendo um dia difícil hoje.

A idealização do amor romântico inicial não está sob nosso controle. É por isso que soa como um conto de fadas. Mas vimos que, muitas vezes, desaparece, e a entropia pode ser igualmente inexorável. Para renovar o amor, devemos ser proativos e deliberados. Não podemos esperar pela magia; devemos fazer a magia acontecer. Para nossa sorte, a SPO pode ser construída e prolongada.

Despejei muitas estatísticas tristes em você no início deste capítulo, mas muitas coisas boas estão por vir, ou pelo menos pode ser bom se fizermos um esforcinho. Cobriremos muitas técnicas no estilo rodada rápida não apenas para construir a proporção de 5: 1, mas para aproximar as coisas desse maravilhoso estado enviesado da SPO. Paralelo aos Quatro Cavaleiros de Gottman, daremos quatro passos para chegar lá. Vamos chamá-los de Quatro Rs.

OS QUATRO Rs PARA A MAGIA ACONTECER

- *Reacender* os sentimentos por meio da autoexpansão.
- *Relembrar* a intimidade a si mesmo por meio dos "mapas do amor".
- *Renovar* sua intimidade com "o efeito Michelangelo".
- *Reescrever* a história que vocês compartilham. Repetidamente.

Amar é um verbo, então vamos conjugá-lo.

1. REACENDA

Em um estudo de 2002, Karney e Frye descobriram que a satisfação geral do relacionamento tem mais a ver com sentimentos recentes. Não surpreende, mas quão importantes são essas emoções recentes? Oito vezes mais importantes. Ian renova esses sentimentos com Michelle todas as manhãs. É importante iniciarmos um ciclo sem fim de feedback para essas memórias emocionais.

Mas como? Você não "escolhe" se sentir quentinho e confortável com seu parceiro. É aqui que entra o conceito de autoexpansão. Por causa da entropia, vocês ou estão crescendo juntos ou se afastando. A razão mais comumente citada para o divórcio não são brigas ou traições; 80% dos casais disseram que estavam perdendo a proximidade que tinham um com o outro. Costumamos falar sobre sentir que estamos crescendo, aprendendo e nos expandindo em razão do amor, mas acontece que isso, na verdade, é uma das origens do amor. Arthur Aron e Gary Lewandowski descobriram que quando os casais realizam coisas que os deixam com o sentimento de que estão aprendendo e se tornando melhores, isso faz o amor aumentar. Assim como o tédio mata o amor, quando sentimos que nosso parceiro está nos ajudando a nos tornar uma pessoa melhor e mais interessante, nós o amamos ainda mais.

Fazer coisas juntos que são estimulantes e desafiadoras amplia nosso autoconceito e proporciona uma sensação boa. O método de ataque é simples: nunca parem de ir a encontros. Vocês faziam diversas coisas divertidas juntos quando se apaixonaram. Provavelmente enxergavam isso como resultado, não como a causa do romance, mas são as duas coisas. "Tempo de qualidade" juntos não será algo bom se você apenas estiver reservando um tempo para ficarem entediados juntos. A pesquisa é clara aqui: vocês precisam fazer coisas interessantes. É um autoinjetor da solução antitédio. Os pesquisadores fizeram um estudo de dez semanas comparando casais que se envolveram em atividades "agradáveis" *versus* aqueles que apostaram em atividades "emocionantes". As atividades agradáveis perderam. Casais que saíam para jantar ou ir ao cinema não recebiam nem de longe o impulso de satisfação conjugal que aqueles que dançavam, esquiavam ou iam a shows. Outro estudo amarrou os parceiros com velcro e fez com que eles completassem uma pista de obstáculos. Houve um grande aumento na satisfação do relacionamento. Precisamos de interação, desafios, movimento e diversão. A psicóloga Elaine Hatfield disse isso de uma forma melhor: "A adrenalina faz o coração se afeiçoar mais."

Mas como isso faz o amor aumentar? É devido ao conceito criminalmente subestimado de contágio emocional. Quando nos sentimos empolgados, associamo-nos com aquilo que está ao nosso redor, mesmo que essa coisa não seja diretamente responsável. Quando sentimos que parceiro = divertido, gostamos mais da presença dele. E isso nos permite ser um pouco preguiçosos, deixando o ambiente fazer o trabalho por nós. Ir a um show. Andar em uma montanha-russa. Você quer um conto de fadas? Excelente. Lutem contra um dragão juntos.

Na verdade, qualquer emoção forte pode aumentar o amor. As pessoas costumam fazer referência à síndrome de Estocolmo, o fenômeno dos reféns que simpatizam com seus captores. É real. E o que muitas pessoas esquecem é que, após o evento real de 1973 em Estocolmo, duas das reféns *ficaram noivas* dos criminosos. É por isso que algumas pessoas permanecem em relacionamentos tóxicos. Embora não percebam, para elas, o drama e as brigas são preferíveis à outra noite assistindo TV. (Obviamente, não estou recomendando isso, e, para constar, há pesquisas sobre sexo de conciliação e este não faz jus à fama.)

As atividades de "autoexpansão" não apenas melhoram a satisfação do relacionamento, mas estudos mostram que também aumentam o desejo sexual. Casais que faziam coisas empolgantes eram 12% mais propensos a transar naquele fim de semana do que aqueles que faziam coisas típicas. E por falar em sexo: faça. Apenas 58% das mulheres e 46% dos homens estão felizes com a quantidade atual de sexo que estão fazendo. (Sim, eles estão tirando um 0 em sexo neste semestre.) Denise Donnelly, da Universidade Estadual da Geórgia, relata que sexo menos de uma vez por mês é um prenúncio de miséria e separação. E um relacionamento com pouco sexo não é apenas resultado de infelicidade, é também uma causa. Deixe esses hormônios fazerem a felicidade trabalhar por você. É divertido.

(*Não* preciso de dados para provar isso.) E não tenha medo de explorar fetiches. Um estudo de 2009 descobriu que as atividades BDSM podem aumentar a intimidade. Definitivamente se qualifica como romance, estimulando a autoexpansão... Apenas dizendo.

Empolgação, aprendizagem, experiência, crescimento. Isso permite que você não apenas se sinta melhor no momento, mas também colete memórias emocionais. Cenas para sua história de amor. Gottman diz que esses sentimentos são o antídoto para o desdém. Quando o carinho e a admiração não estão presentes em um relacionamento, você está a caminho da SSN. E quando esses sentimentos desaparecem, ele aconselha os terapeutas a encerrar o tratamento. Os pacientes não podem ser salvos.

Quer uma maneira concreta de começar? *Saia com seu cônjuge e finja que estão no primeiro encontro de vocês.* Este não é apenas um conselho brega da tia Maria: foi testado. Para se apaixonar novamente, refaça as coisas que você fez ao se apaixonar pela primeira vez.

2. RELEMBRE

Certo, eu trapaceei. Isso não é realmente "relembrar". Precisava de uma palavra com R. O que realmente estamos fazendo aqui é nos aprofundar e aprender mais sobre nosso/a parceiro/a para criar intimidade. Um estudo de 2001 descobriu que casais que realmente se abrem um com o outro são quase dois terços mais propensos a dizer que têm uma união feliz. Nosso amigo Casanova disse uma vez: "O amor é 75% de curiosidade." E a pesquisa de Gottman o apoia. Os casais mais felizes entendem bastante sobre seus parceiros. Ele chama esse conhecimento profundo de "mapa do amor". Saber como preferem o café, as pequenas preocupações que os incomodam, quais são suas maiores esperanças e sonhos. Essa informação não apenas aumenta a intimidade, mas também reduz o conflito pelo que Gottman chama de "reparo preventivo". Todos nós temos preocupações e coisas que nos incomodam, racionais ou não, e quando você está ciente delas, pode evitá-las antes que se tornem um problema.

Então, tire os olhos do seu celular e conheça melhor o seu parceiro. Use as perguntas que Arthur Aron criou e que mencionei no Capítulo 2. (Você pode baixar um PDF — em inglês — com as perguntas aqui: https://www.bakadesuyo.com/aron.) Responder a essas perguntas não apenas construiu amizade, mas a primeira dupla de assistentes de pesquisa que responderam juntos acabou se casando.

Saber como seu parceiro gosta do próprio café é bom, mas o importante aqui é entender os significados pessoais e idiossincráticos que ele tem das coisas. O que o amor significa para ele? Casamento? Felicidade? Cave a perspectiva única dele sobre coisas como o que "estar realizado" significa. Quando você sabe que seu parceiro vê a conclusão das tarefas domésticas como uma expressão importante de carinho, não é um mistério algum o motivo pelo qual ele está chateado, e você pode fazer algo a respeito disso.

Dan Wile escreveu certa vez: "Escolher um parceiro é escolher um conjunto de problemas." Mas quando você dedica um tempo para conhecer alguém, pode ver as razões emocionais pelas quais as coisas não significam para ele o mesmo que significam para você. Essa compreensão pode transformar "problemas difíceis" em "peculiaridades adoráveis". Quando você sabe que às vezes ele deixa as luzes acesas no banheiro por causa de um medo infantil do escuro, o idiota preguiçoso se torna um humano simpático com fraquezas aceitáveis.

E, mais importante, Gottman diz que entender os significados idiossincráticos das pessoas é como você supera esses problemas perpétuos, os intratáveis 69%. O que um impasse representa em um problema? Significa que isso está ligado a algo importante para a outra pessoa. Valores. A mesma coisa que lhe causa toda essa dor pode ser uma porta para uma visão aprofundada de seu parceiro. Se você sabe o que algo realmente significa para ele, talvez vocês possam encontrar algo que honre suas duas visões de vida. Ou talvez possam pelo menos respeitar a posição um do outro, em vez de trilhar o caminho para a SSN e pensar que o outro está tentando sabotar sua felicidade. Como disse Gottman, lidar com esses problemas perpétuos é uma questão de ajustes, não de resolução. E isso funciona muito melhor quando você é honestamente capaz de dizer ao outro: "Não concordo, mas entendo porque você se sente assim."

Expandir o significado, conversar sobre entendimentos, falar sobre sonhos e valores pode parecer meloso, mas é crucial. Vocês estão em uma jornada juntos, então é meio importante que vocês dois queiram seguir na mesma direção, não é? Qual é a vida ideal para seu parceiro? O eu ideal? Essas são grandes perguntas, mas se você começar a respondê-las, as coisas menores começarão a se encaixar, e aquela pessoa maluca com quem você mora pode começar a fazer sentido. Todos os casais discutem sobre dinheiro. Por quê? Porque o dinheiro tem tudo a ver com valores. É uma quantificação do que é importante para você. Compreenda melhor os valores que o outro tem, e o problema relacionado a dinheiro magicamente se torna mais fácil de lidar.

Você não quer apenas "se dar bem" com seu parceiro. Meu Deus, quão baixo é seu padrão de relacionamento? Faça tudo que eu disse há pouco e você estará no caminho para o entendimento compartilhado. Esse é o primeiro passo para o lado bom do "princípio de Tolstói": sua cultura única a dois. Folie à deux. Para ter sua própria linguagem secreta. Um atalho emocional. Coisas bobas infundidas com um rico significado pessoal. Essas piadas internas, as coisas que você diz que parecem loucas para todo mundo, mas que significam muito para vocês dois. Criar sua própria pequena religião. É quando os casais realmente não suportam ficar separados, porque têm uma identidade compartilhada, uma história compartilhada, porque a outra pessoa é inextricavelmente parte do progresso e dos objetivos futuros uma da outra e como se tornarão o eu ideal delas mesmas.

E essa cultura única deve ser amparada por rituais únicos. Grande parte de criar essa cultura especial a dois e consolidar uma identidade compartilhada é infundir o dia a dia com esse significado especial. Esses não são os grandes e excitantes momentos de expansão; são as pequenas coisas. Refeições, hora de dormir, férias, momentos para deitar agarradinhos com hora marcada, despedidas, reuniões, compromissos agendados e comemorações são momentos perfeitos para ter algo especial e estranho que diferencie o amor de vocês.

Quer saber uma maneira efetiva de como começar? No fim do dia de trabalho, quando se encontrarem, cada um de vocês se reveza para compartilhar as boas notícias do dia. E vocês dois apoiam e celebram o que o outro diz. Múltiplos estudos mostraram que isso pode aumentar a felicidade e a satisfação no relacionamento. Shelly Gable, professora da Universidade da Califórnia em Santa Bárbara, descobriu que como os casais comemoram pode ser mais importante do que como brigam. Novamente, como disse Gottman, em muitos casos, se você aumentar os prós, os contras não importam tanto assim.

Mas e quando a mudança é necessária?

3. RENOVE

Certo, agora você conhece melhor seu parceiro. É uma resposta natural querer mudá-lo um pouco. Não, isso não é bom, pelo menos não do jeito que costuma ser feito. Um estudo com 160 pessoas descobriu que isso geralmente não funciona e diminui a satisfação conjugal. Por quê? Pois você não é objetivo. Você está dizendo que sabe mais do que seu parceiro a respeito de quem ele deveria ser. Há sempre um pouco de egoísmo nisso. A enorme ironia aqui é que você deve aceitar alguém completamente antes que ele possa mudar. Como observa John Gottman, nosso instinto de autonomia está programado profundamente em nós, então, ironicamente, as pessoas mudam apenas quando sentem que não precisam.

Existe uma maneira saudável (e eficaz) de ajudar seu parceiro a se mover na direção da mudança positiva. Mas o ponto de partida é quem ele quer ser, não quem você quer que ele seja. Você tem que ajudá-lo a se tornar o próprio eu ideal dele. Essa é uma das razões pelas quais o processo de mapas do amor citado anteriormente é tão importante, para você perguntar e saber, em vez de adivinhar, qual é esse eu ideal.

Recebemos ajuda de Aristóteles para construir amizades; para melhorar os parceiros, contaremos com a ajuda de outro mestre: Michelangelo. Falando sobre seu processo artístico, ele disse uma vez: "A escultura já está completa dentro do bloco de mármore, antes de eu começar meu trabalho." Ele não sentia que esculpir era criar; e sim revelar. A escultura só precisa ser libertada da pedra ao seu redor. E psicólogos descobriram que a mesma ideia se aplica a melhorar seu parceiro.

Assim como no amor romântico podemos ver nosso parceiro "real", mas deixamos de lado os defeitos e o idealizamos, podemos nos beneficiar dessa questão aqui também. Com o conhecimento do bloco de mármore atual e do potencial que ele tem, podemos enxergar melhor como a versão idealizada se assemelha a ele.

Sendo assim, como fazemos isso de fato? Lembre-se de quando falamos sobre narcisistas e "alertas de empatia". (Não, não estou dizendo que seu parceiro é um narcisista; estou dizendo que os humanos são mais parecidos uns com os outros do que diferentes.) A melhor maneira de ajudá-lo a melhorar era por meio do encorajamento, e não da humilhação. O mesmo se aplica aqui. Ao aceitá-lo como é, você ainda pode se concentrar e incentivar esses aspectos, alinhando-os com o eu ideal dele, quem ele mais quer ser. Enxergue a escultura "idealizada" no mármore real e incentive isso. Cultive o ideal dele por meio de apoio e afirmação. Trabalhe nesse diamante bruto para revelar a beleza interior dele; não tente simplesmente transformá-lo em uma esmeralda porque você gosta da cor verde.

Simplificando, esse é um esforço mais proativo para "trazer à tona o melhor de alguém". E, por se originar nos próprios objetivos da outra pessoa, você encontrará muito menos resistência. Você não está encorajando-o a se tornar o que você quer que ele seja, mas a ser mais como ele mesmo. Fale com a melhor versão dele, incentive o eu ideal e trate-o como se ele já fosse essa pessoa. Em um estudo de 1996, os pesquisadores Sandra Murray, John Holmes e Dale Griffin descobriram que, assim como as crianças, os adultos geralmente se percebem da maneira como os percebemos. É por isso que apoiar o ideal funciona e humilhá-los dá errado. A ilusão do amor é necessária porque funciona como uma estrela-guia. A mentira se torna a verdade.

Como foi dito antes, isso promove a autoexpansão, então adivinhe? Há o compartilhamento de alguns resultados semelhantes da autoexpansão: "O movimento em direção ao eu ideal mostrou associações positivas com a vida e a satisfação no relacionamento." Mas não apenas isso, realmente ajuda as pessoas a mudar, melhorar e atingir seus objetivos. Elas se aproximam de seu eu ideal: "As análises revelaram que, quando os parceiros eram mais afirmativos durante as conversas relevantes a respeito de objetivos, os participantes eram mais propensos a atingir seus objetivos ideais." E você é capaz de encorajar um cachorro velho a aprender novos truques. Foi demonstrado que o efeito Michelangelo funciona em qualquer idade.

É a idealização atuando outra vez, mas a versão deliberada da "era Iluminista". Se conhecemos os "contras" de um parceiro, mas aprendemos o significado por trás deles, vemos quem ele realmente é e quem ele pode ser de fato. Podemos então encorajar esse ideal em um parceiro e ajudá-lo a realmente se tornar esse ideal. Ele se torna o eu idealizado, e, assim, a idealização pode ser duradoura. Esse é um caminho para um amor romântico contínuo que desafia a entropia. O efeito Michelangelo permite que nos apaixonemos repetidamente pela mesma pessoa (sem amnésia). Somerset Maugham escreveu: "Não somos neste ano a mesma pessoa que fomos no passado, nem são aqueles a quem amamos. É uma oportunidade feliz se nós, mudando, continuamos a amar a pessoa mudada." Mas não precisamos deixar isso ao acaso.

Certo, potencializamos os sentimentos e a intimidade com a autoexpansão, criamos uma cultura única a dois amparada por rituais com mapas do amor e aumentamos o crescimento positivo e a melhora com o efeito Michelangelo. O que encapsula tudo isso? O que une tudo isso? É a mesma coisa que vimos ser central ao longo do livro até agora. A mesma coisa que Michelle Philpots precisa diariamente, e Ian fornece. Uma história...

4. REESCREVA

No fim, o amor é uma história compartilhada. (Minha percepção profunda e perspicaz de que o amor duradouro é inextricavelmente parte de uma história compartilhada se deve ao brilhantismo congênito de minha parte e não tem nada a ver com o fato de que o principal pesquisador do amor, Robert Sternberg, escreveu um livro intitulado *O amor é uma história*.)

Você se lembra de como John Gottman poderia prever o divórcio com 94% de precisão? Sabe como ele faz isso? É simples: ele pede ao casal para que contem a história deles. Isso, e só isso, é sua bola de cristal para o futuro de qualquer romance.

Então, qual é a sua história? Todo relacionamento tem uma. Desculpe, eu coloquei você diante de um holofote? Não se preocupe, eu não imaginei que você seria capaz de responder. As histórias que temos sobre nossos relacionamentos geralmente são intuitivas e inconscientes. Mas elas estão lá. Algumas pessoas têm uma história de "negócios" na qual a única coisa importante é garantir que tudo no relacionamento corra bem. Outros têm uma história de "conto de fadas" de querer salvar ou ser salvo. E há quem tenha uma história "familiar" em que o mais importante é a construção de um ambiente encantador. Há um número infinito de histórias. Nenhuma garante a felicidade, mas Sternberg descobriu que alguns tornam isso muito difícil. (Recomendo evitar uma história de "guerra".)

E as pessoas podem repetir suas histórias problemáticas, e é por isso que alguns amigos seus talvez reclamem: "Por que eu sempre atraio idiotas?" Eles estão escalando um ator para o "papel" em sua história, e pessoas decentes provavelmente não se encaixam no papel. A pesquisa de Sternberg mostrou que acabamos ficando com pessoas que têm ideias semelhantes sobre qual será a história de um relacionamento. E caso isso não ocorra, é muito mais provável que fiquemos insatisfeitos com a parceria.

Primeiro, você precisa saber qual é a história de relacionamento "ideal" para poder se alinhar a ela, ajustá-la ou alterá-la. Pode ser uma ótima maneira de diagnosticar o que há de errado com um relacionamento, mas é difícil de fazer se você não souber qual é a sua história. Se secretamente ama "drama", mas não admite isso para si mesmo, pode dizer que está procurando um "conto de fadas", mas continua terminando em uma história de "guerra", dizendo "Caramba, por que isso continua acontecendo comigo?" Muitas vezes as pessoas confundem a história que estão procurando e a história que acham que "deveriam" ter.

Nossas histórias são influenciadas por nossa criação, nossas experiências e pelo ambiente em que vivemos. As histórias agora são muito menos roteirizadas culturalmente do que no passado, o que é bom se você criar uma deliberadamente, mas se não for tão proativo a respeito disso, pode acabar sendo mais infernal do que estar em um grupo do WhatsApp.

Olhe para seu comportamento passado para encontrar sua história "ideal", aquela que você está procurando inconscientemente. Com que tipo de pessoas você se envolveu? Rejeitou? Como isso mudou? Peça dicas aos amigos, porque você provavelmente não será objetivo. E então, pense sobre qual é sua história "real" atualmente com seu parceiro. Uma história de "aventura" se tornou uma história de "administrar um pequeno negócio" desde que as crianças vieram? Converse com seu parceiro e descubra a história "ideal" e "real" dele. Mais uma vez, é por isso que você conversou sobre sonhos e valores com ele e tentou entender o eu ideal dele. Falhar em estar sintonizado sobre isso é o motivo pelo qual, ao conversar com casais que se separam, muitas vezes você ouve um *Rashomon* de dois contos que soam completamente diferentes. A pesquisa de Sternberg descobriu que casais com histórias semelhantes estão mais satisfeitos.

Um elemento crucial é entender a questão dos papéis e do poder na história compartilhada. Hoje, muitos casais têm um desejo instintivo de dizer que estão no mesmo nível, mas isso pode não refletir seu verdadeiro ideal. Você se sente desconfortável quando está liderando ou desconfortável quando não está liderando? Os papéis podem ser assimétricos, e tudo bem. Um pode ser o piloto de corrida, e o outro, o mecânico.

Lembre-se, não existe uma resposta "certa", apenas algo com o qual os dois se sintam confortáveis e que esteja de acordo com as necessidades de ambos. Sim, este é o casamento em que você escolhe sua própria aventura. A objetividade e os fatos não são o mais importante aqui: é o enquadramento, a perspectiva e a adesão mútua. Não há verdade objetiva aqui, apenas duas verdades subjetivas.

E isso se alinha com o que Gottman descobriu sobre a história: os fatos não importam. É tudo sobre a forma. Conseguir sua precisão de previsão de 94% não veio do que o casal disse, mas de como os dois apresentaram o fato. A única coisa importante? O tema "glorificar a dificuldade". Isso significa tudo. Uma história problemática que tem uma reviravolta positiva ("Tivemos problemas, mas os superamos") é um bom presságio, mas uma história de coisas boas com decepção ("Estamos indo bem, eu acho; não era isso que eu queria, mas serve também") mostra que há um problema.

O objetivo aqui é criar o que o jornalista Daniel Jones chama de "destino retroativo". A história não são os eventos: é a lente através da qual você os vê. Nós tendemos a supor que a maneira como vemos as coisas agora é a única maneira, mas um triunfo pode ser uma tragédia quando você muda a perspectiva. O significado só surge depois. Você não encontra o conto de fadas pronto, com os eventos se desenrolando de acordo com ele. Os eventos acontecem, e você tece o conto de fadas positivo e interpreta o resto através dele. Um cínico diria que isso é racionalização, mas já aceitamos que o amor romântico é um tipo de ilusão, do tipo bom.

SSN é uma reescrita negativa da história. SPO é a versão positiva. Os fatos não mudaram, as lentes sim. E a história está sempre sendo reescrita, ajustada aqui e ali, como certamente acontece no diário de Ian para Michelle. Por que crianças são um desafio para casamentos felizes? Você acabou de adicionar um novo personagem principal e não atualizou sua história. Sem uma reescrita consciente do enredo, você não deve se surpreender que um "romance de tirar o fôlego" tenha se tornado uma "comédia".

Como mostra a pesquisa, a memória perfeita daqueles com HSAM prejudica os relacionamentos. Precisamos ser capazes de reescrever e reformular. Para enfatizar ou minimizar partes da história, como fazemos com nossos parceiros durante a idealização. Felizmente, não temos HSAM, então podemos reescrever a história. Em vez de uma nova história de amor por meio de um novo relacionamento, você pode forjar uma nova história com a mesma pessoa. Pense nisso como reciclagem. Sua história de amor compartilhada ainda é bem jovem. Como disse Mignon McLaughlin: "Um casamento bem-sucedido requer se apaixonar muitas vezes, sempre pela mesma pessoa."

Não acontecerá da noite para o dia. Mas o objetivo da sua história de "glorificar a dificuldade" se resume a uma única palavra: *nós*. O professor James Pennebaker descobriu que o uso da palavra *nós* prevê um relacionamento feliz. Já vimos o outro lado disso. O que Gottman disse muitas vezes que define a crítica, um dos quatro cavaleiros? Usar a palavra *você* em uma discussão. A professora da Universidade da Califórnia em Riverside, Megan Robbins, revisou estudos de 5.300 indivíduos e descobriu que usar a palavra *nós* está correlacionado com o sucesso em todas as métricas avaliadas, desde a duração do relacionamento até a satisfação e a saúde mental. E isso não aumenta apenas a felicidade. Em uma pesquisa com pessoas com problemas cardíacos, aqueles que usam *nós* foram os que estavam em melhor forma após seis meses.

Mas a palavra *nós* é a galinha ou o ovo? Somente sinaliza um bom relacionamento, ou usá-la melhora ainda mais um relacionamento? Robbins diz que é provável que seja ambos. Então use mais *nós*.

Está quase na hora de concluirmos. Sim, "nós" quase terminamos. (Não, você e eu não estamos apaixonados. Você é maravilhoso, mas eu realmente só vejo nós dois como amigos.) Vamos obter o veredito sobre a capacidade de superação do amor. Mas primeiro você pode estar curioso para ver como é o amor quando ele consegue superar tudo mesmo...

15

JOHN QUINN AMAVA SUA ESPOSA. E NA NOITE DE QUARTA-FEIRA, EM 21 DE setembro de 1960, o estudante de literatura inglesa de 23 anos na Faculdade Estadual de Humboldt levou sua amada ao Hospital Trinity, em Arcata, Califórnia, para dar à luz seu primeiro filho. Quando ela entrou em trabalho de parto, o médico disse que ele teria que sair.

Muitos de nós sabemos que os pais não costumavam estar presentes na sala de parto durante o parto, mas o que muitos de nós não sabemos é que isso era realmente desencorajado, se não totalmente ilegal. (E se um homem não era casado com a mãe da criança, isso era contra a lei até a década de 1980 em algumas jurisdições.)

Mas John Quinn não queria. Ele disse ao obstetra: "Eu amo minha esposa. Eu sinto que é meu direito moral como pai e marido estar ao seu lado." Mas o médico era tão teimoso quanto John.

A conversa estava ficando tensa. A direção do hospital veio e apoiou o obstetra. Não era seguro. John estar presente seria "impossível".

John Quinn amava sua esposa. Ele era um cara de palavra. Ele não iria a lugar *algum*. E foi aí que eles ameaçaram chamar a polícia.

Mas John esperava que algo do tipo fosse acontecer. Na verdade, ele havia se preparado para isso. Foi então que ele pegou a corrente...

E em um ato corajoso que apareceria nas notícias do país todo, ele pegou a mão de sua esposa, enrolou a corrente ao redor do braço dos dois e os acorrentou juntos. Obviamente, eu não estava lá no momento, mas imagino que houve um olhar de *O que você acha disso, doutor?* no rosto dele.

A equipe do hospital chamou a polícia. Mas o médico não tirou os dois da sala de parto e, sem um maçarico de acetileno por perto, prosseguiu com o parto.

E John Quinn viu seu filhinho chegar ao mundo. Quando o parto acabou, a mãe e o filho estavam bem, John se soltou e saiu, passando direto pelo oficial Don Mann, que estava coçando a cabeça diante do incidente.

Às vezes o amor exige mais de nós do que esperamos. Mas se você for dedicado, se estiver preparado, e talvez se tiver uma corrente e um cadeado, talvez o amor possa superar tudo.

* * *

Todo mundo pergunta como vocês ficaram juntos, ninguém pergunta como vocês seguem juntos. E esse segundo fator é muitas vezes a verdadeira conquista da qual se orgulhar. Vamos sintetizar tudo que aprendemos.

A longa era do casamento "ajude-me a não morrer" acabou. O amor venceu, e o casamento autoexpressivo reina. Mas esse também é o casamento "tudo ou nada". Hoje em dia, mais do que nunca, felicidade conjugal = felicidade na vida. Entramos de cabeça. Fazer o amor certo é muito, muito bom. Fazer o errado pode ser muito, muito ruim.

O amor é uma doença mental. É um vício maluco que nublou a mente até mesmo do insensível Casanova. Mas acontece que precisamos da loucura. Essa idealização de olhos arregalados, esse viés positivo, é a magia do amor. A vida é difícil, por isso precisamos desse empurrão não apenas para cumprir os objetivos de nossos genes de produzir mais genes, mas também para satisfazer nossas esperanças, nossos sonhos e nosso coração.

Precisamos do pensamento racional da era iluminista para nos ajudar a entender o processo, assim como a ciência da medicina pode curar o corpo. Mas, afinal, nosso objetivo não é não estar doente, e sim ser feliz. Então, no fim, devemos pular de cabeça no viés e na loucura do Romantismo.

Há um tanto de propaganda emocional enganosa envolvida quando a força do amor romântico inicial desaparece. Temos um paradigma errôneo de assumir que a excitação inicial do amor romântico continuará indefinidamente por conta própria, enquanto é muito mais provável que a entropia faça com que essa força diminua. Os contos de fadas são passivos e não ajudam em longo prazo. Vai dar trabalho. Como disse o poeta Carroll Bryant: "O amor é uma via de mão dupla em constante construção."

Para evitar que a SSN transforme a pessoa amada em sua *piñata* pessoal, devemos conversar, devemos brigar. Para lidar com os 69% dos problemas de relacionamento contínuos que nunca serão resolvidos, devemos reduzir os contras fatais da comunicação, os Quatro Cavaleiros de Gottman: crítica, defensividade, distanciamento e desdém. É fundamental evitar um início de discussão hostil e mostrar ao nosso parceiro a compaixão e a generosidade que mostraríamos a uma criança.

Mas, no fim das contas, reduzir os contras não é o suficiente. Devemos aumentar os prós e alcançar a SPO, o anjo contra o diabo da SSN. Para sermos positivamente tendenciosos como éramos nos momentos iniciais do amor romântico, precisamos dos quatro Rs. Para reacender sentimentos com autoexpansão (e transar mais!). Para nos relembrarmos e nos aprofundarmos na intimidade em direção a uma cultura única a dois. Para renovar e melhorar um ao outro com o efeito Michelangelo. E, por fim, para reescrever continuamente uma história de amor compartilhada que glorifique suas brigas inevitáveis.

Como Milan Kundera escreveu: "Uma única metáfora pode dar origem ao amor." O amor é uma história. E as histórias nunca são interpretações perfeitas dos fatos. Mas não queremos realismo. Queremos uma idealização que sempre se renova. E com o tempo, essa mentira pode se tornar maior que a verdade. Quando as pessoas acreditam em histórias benevolentes, os humanos formam nações, religiões e comunidades que nos permitem sobreviver e prosperar. Assim como a falsidade de que um amigo é um "outro eu" nos une e melhora o mundo, o mesmo acontece com a ilusão do amor mutuamente acordada. O falso se torna real se nós dois acreditarmos. É a maravilhosa insanidade da folie à deux. E essa história compartilhada pode ser resumida em uma única palavra enganosamente poderosa: *nós*.

É bastante coisa. Será um desafio. (Você realmente achou que seria fácil?) Mas com esforço, hoje temos a capacidade de construir os melhores casamentos que já existiram. É uma tarefa difícil, mas você tem um parceiro para ajudar.

E o veredito sobre essa expressão? Não, o amor não supera tudo. Mas o *seu* amor pode. E pode estar entre os maiores que a humanidade conheceu se você tiver a história certa. E essa história será continuamente reescrita. Esse rascunho pode não "superar tudo", mas o próximo rascunho sim.

Com as responsabilidades da vida adulta há o desejo de transformar tudo em uma rotina estável, mas isso pinta o amor de um tom monocromático patético. No fim, não queremos vencer os desafios e mistérios do amor. Ao ser vago, há incerteza, e na incerteza há tensão, serendipidade e surpresa. Apenas um pouquinho da ciência estrita do Iluminismo para manter o frágil fogo da era romântica aceso. Irracional, sim. Mas assim é a vida. E, como vimos com a sinalização, às vezes a irracionalidade é a forma mais elevada de racionalidade.

Ufa, hora de respirar fundo. Então, o que vem a seguir em nossos "Relatórios do Consumidor" para os ditados populares e expressões?

Agora precisamos ampliar um pouco e olhar para a comunidade. Muita coisa acontecendo ultimamente nesse departamento. O mundo está mais conectado do que nunca, mas estamos todos mais individualistas do que nunca. Faz você se perguntar o quanto realmente precisamos dos outros. E de que maneiras.

Esta é a parte em que devo dizer que outras pessoas são essenciais e maravilhosas e a morte da comunidade é horrível, blá-blá-blá... Então, em vez de inundá-lo com chavões, vamos começar com a pergunta que você não deveria fazer, o completo oposto do que você deveria dizer em um livro sobre relacionamentos: *você precisa mesmo de outras pessoas?*

"Ninguém é uma ilha?" Ou você poderia ser realmente feliz como uma ilha incrível feito, por exemplo, Maui?

Hora de eu e você descobrirmos...

PARTE 4

"NINGUÉM É UMA ILHA?"

16

CHRIS NÃO GOSTAVA DE ROUBAR AS CASAS DOS OUTROS, MAS O INVERNO estava chegando. Ele não tinha escolha.

Uma vez lá dentro, ele foi direto para aquilo de que precisava. Carnes, pilhas, manteiga de amendoim e livros, livros, livros. Se alguma coisa parecia realmente cara, ele ignorava. Chris era ladrão, mas tinha princípios. Ocasionalmente, ele roubava um videogame portátil, mas nunca um que parecesse novo. Ele não privaria uma criança do brinquedo favorito dela.

Ele fazia isso havia tanto tempo, que as pessoas da área central do Maine quase se acostumaram com isso. Muitos sabiam que ele era inofensivo, mas outros ainda se irritavam. Policiais de todos os cargos tentaram prendê-lo e falharam. Ninguém conseguia pegar "o Eremita de North Pond". Mas isso estava prestes a mudar.

Quando Chris saiu do prédio, uma lanterna o cegou. "PARA O CHÃO!" Se Chris pudesse ver alguma coisa, teria sido o cano da Magnum .357 do sargento Terry Hughes. Chris se deitou no chão. Logo reforços chegaram para prender o homem responsável por mais de mil assaltos. Era um recorde estatal. Caramba, provavelmente mundial.

Fizeram perguntas a Chris, mas ele não respondeu a princípio. Francamente, parecia que ele tinha problemas para falar. Quando perguntado há quanto tempo ele morava na floresta, ele respondeu: "Quando aconteceu o acidente em Chernobyl?"

Chris viveu como um eremita por 27 anos. *Os Caça-Fantasmas* original foi o filme mais recente que ele viu na tela grande. Ele nunca tinha usado a internet. No último quarto de século, ele só havia encontrado outras pessoas duas vezes, acidentalmente. Mesmo então, ele falou um total geral de apenas uma palavra: "Oi." Esse interrogatório com a polícia era mais conversa do que ele havia tido em quase três décadas.

Mas como? Como ele conseguiu ficar tanto tempo sem basicamente nenhum contato humano? Como ele conseguiu sobreviver na natureza? Os invernos no Maine não são brincadeira.

Chris os levou até seu acampamento. Apesar de morar na floresta, a casa dele provavelmente é mais limpa que a sua. A polícia ficou chocada. Sim, ele morava em uma barraca, mas tinha uma cama com armação de metal e um colchão. Os alimentos haviam sido estocados em recipientes de plástico à prova de roedores. Chris tinha até mesmo um dispenser de álcool em gel. Ele claramente não tinha intenção de retornar à civilização. Diane Perkins-Vance, da Polícia Estadual do Maine, perguntou por que ele havia ido embora. Por que ele fugiu da sociedade para viver sozinho na floresta? Ele não respondeu. Mas, com o tempo, surgiram detalhes sobre como ele foi parar lá.

Christopher Thomas Knight tinha notas excelentes no ensino médio, mas sempre se sentiu um esquisito. Lidar com pessoas era frustrante para ele. Depois de se formar, ele conseguiu um emprego em uma empresa de alarmes. E então um dia, inexplicavelmente, ele decidiu dirigir para o mais longe possível. Quando o carro ficou sem gasolina, ele colocou as chaves no painel e simplesmente entrou na floresta. Não havia plano nenhum. Ele não contou a ninguém. Francamente, ele não tinha ninguém para quem contar.

Era mais difícil do que ele pensava. Ele nunca tinha ido acampar antes. No início, ele comia o que catava em hortas e pomares, mas acabou se voltando para o roubo para sobreviver. Seu trabalho para a empresa de alarmes o ajudou a invadir casas, mas ele não sentia prazer nisso. Após dois anos como nômade, ele encontrou o local que seria sua casa pelo próximo quarto de século.

Isso não era *Walden* e Chris não era Thoreau. Apesar de toda a conversa de Thoreau sobre viver solitário na natureza, Thoreau ficava a apenas três quilômetros de Concord, Massachusetts. Amigos vinham jantar com ele, e sua mãe até lavava sua roupa. Chris diria mais tarde: "Thoreau era um amador."

Para Chris, todo inverno era uma ameaça existencial. Ele começava os preparativos no fim do verão. Isso significava muito mais roubos para garantir que tivesse suprimentos. E significava ficar o mais gordo possível. Ele se alimentava de licor e açúcar para ganhar peso como um urso se preparando para a hibernação. E mudava de horário, indo para a cama às 19h30 e acordando às 2h da manhã. Você precisa estar consciente quando as noites do Maine atingem seu ponto mais frio. "Se você tentar dormir nesse tipo de frio, talvez não acorde mais", observou ele.

Mas todo esse sofrimento só deixa alguém mais curioso: por quê? Por que fazer isso? Ele não teve uma infância traumática. Por que fugir do mundo? Por que abrir mão de tantas coisas que outros consideram essenciais para uma vida boa? Ele sacrificou a possibilidade de uma carreira, cônjuge e filhos. Ele nunca foi a um encontro.

E agora Chris se encontrava em circunstâncias completamente opostas. Ele era um residente do Centro Correcional do condado de Kennebec. Era a primeira vez em décadas que ele dormia dentro de quatro paredes e, claro, não podia sair. O eremita tinha até um companheiro de cela. Comida em abundância, mas ele estava ansioso demais para comer.

Ele não deu entrevistas, não fez declarações e recusou todas as inúmeras ofertas de ajuda que recebeu depois que a história chegou aos jornais. Mas depois de um tempo, ele conversou com um jornalista, Michael Finkel. Primeiro por carta, porém mais tarde Finkel visitou a prisão. Sentaram-se frente a frente, separados por acrílico, conversando por telefone. Finkel mal podia ouvir uma palavra que Chris dizia. Mas isso foi porque Chris não estava segurando o telefone corretamente. Ele havia se esquecido de como fazer isso. Fazia quase trinta anos desde que ele havia usado um.

A prisão era muito mais difícil, e o eremita estava lentamente perdendo a sanidade. Ele estava cercado de pessoas. O tempo todo. Tanta interação era insuportável. Ele mal conseguia dormir. Depois de seis meses aguardando julgamento, ele teve urticária. Suas mãos tremiam. Chris disse a Finkel: "Suspeito que mais danos tenham sido causados à minha sanidade na prisão em meses do que anos, décadas, na floresta."

A boa notícia era que ele sairia em breve. Os promotores tiveram pena dele. Ele seria sentenciado a sete meses e já estava preso havia quase esse tempo. Mas a vida fora da prisão seria melhor? Uma condição de sua liberdade condicional era que ele não poderia voltar para a floresta. Ele disse: "Eu não conheço o seu mundo. Apenas meu mundo e memórias do mundo antes de eu ir para a floresta... preciso descobrir como viver."

Finkel tentou obter a resposta que todos queriam: por quê? Por que ele foi embora? Chris havia se esquivado diversas vezes da pergunta antes. Finkel perguntou novamente. E Chris deu a coisa mais próxima de uma resposta que alguém receberia: ele nunca foi feliz em nosso mundo. Ele nunca se encaixou entre os outros. Mas então ele se aventurou na floresta, e pela primeira vez na vida isso mudou. "Encontrei um lugar onde eu estava contente... Para dizer isso romanticamente: eu estava completamente livre."

Todos nós ocasionalmente sonhamos em fugir. Em jogar nosso smartphone fora. Em escapar da inutilidade de tantos problemas cotidianos triviais que nos sobrecarregam. Saímos de férias, vemos um lugar repleto de belezas naturais e fantasiamos que nunca mais voltaremos para nossa vida. Mas nós voltamos. Chris não voltou.

Finkel escreveu um best-seller sobre Chris, *The Stranger in the Woods* [O Estranho na Floresta, em tradução livre]. E parou de se perguntar por que Chris foi embora desse mundo. Agora se perguntava por que mais de nós não fazemos o mesmo.

✳ ✳ ✳

Em seu livro de 1624, *Devotions upon Emergent Occasions* [Devoções em Ocasiões Emergentes, em tradução livre], John Donne escreveu: "Ninguém é uma ilha." Mas Donne era um poeta, então ele não apoiou sua declaração com nenhuma prova. Em outras palavras, ele escreveu uma expressão de quatro palavras que o tornou famoso por séculos e me deixou para fazer todo o trabalho pesado. Idiota.

De qualquer forma, muitos pensadores clássicos concordaram com Donne. Aristóteles escreveu "O homem é, por natureza, um animal social" e sentiu que qualquer um que pudesse existir sozinho era "uma fera ou um deus". No capítulo 2 de Gênesis, você encontrará: "E disse o Senhor Deus, não é bom que o homem esteja só." Ao longo de grande parte da história, o exílio foi uma das sentenças mais terríveis, às vezes considerada pior que a morte. Ser "*Extremus Distantus*" não era uma coisa boa no mundo antigo. E nem tudo isso mudou. Sabe do que as Nações Unidas chamam o confinamento solitário superior a quinze dias? "Tortura."

Não estou aqui para argumentar a favor de ser um eremita. (Se estivéssemos realmente melhor sem outras pessoas, este seria um livro muito, muito curto.) A ironia é que, cada vez mais, estamos todos agindo como eremitas. A cientista social Bella DePaulo escreve: "Nunca antes na história tantas pessoas viveram sozinhas."

Em 1920, 1% da população norte-americana vivia sozinha. Agora, mais de 25% dos lares norte-americanos são de apenas uma pessoa. A porcentagem de famílias individuais aumentou em todos os censos desde 1940, quando a pergunta foi feita pela primeira vez. E os EUA não estão sozinhos em sua solidão, nem estão em primeiro lugar. Reino Unido, Alemanha, França, Austrália e Canadá têm taxas ainda mais altas. As nações escandinavas têm números de pessoas vivendo sozinhas que se aproximam de 45%. E o resto do mundo está seguindo o mesmo caminho. Entre 1996 e 2006, o número de pessoas vivendo sozinhas aumentou em um terço globalmente.

Mas, ao contrário do confinamento solitário, estamos escolhendo isso de forma deliberada. Antes da Segunda Guerra Mundial, não era tão viável economicamente. À medida que ficamos mais ricos, compreensivelmente, queríamos mais liberdade e controle. (Eu me identifico com isso. Eu moro sozinho e estou engaiolado escrevendo um livro, um processo que descrevo assim: "Como desenvolver agorafobia em um simples passo".)

E nós *estamos* solitários. Mesmo antes da pandemia de 2020, 75% dos médicos do Reino Unido disseram que viam pacientes todos os dias cuja principal queixa era a solidão. Em 2017, o problema ficou tão grave, com mais de 9 milhões de britânicos solitários, que o país nomeou um ministro da solidão. E o número de pessoas nos Estados Unidos que relatam estar solitárias é, de acordo com um estudo, em torno de 62 milhões. Essa é a população inteira do Reino Unido. Os estudos variam, mas parece que pouco mais de 25% dos norte-americanos relatam sentir-se regularmente solitários. John Cacioppo, principal especialista na área, disse que esse número aumentou de 3% a 7% nas últimas duas décadas.

Os efeitos na saúde e felicidade causados pela solidão contínua em seu corpo são, para usar um termo técnico, assustadores ao nível de cagar nas calças. Isso me faz querer correr para fora de casa, abraçar o primeiro estranho que eu vir e talvez reconsiderar minha escolha de carreira. A pesquisa de Cacioppo mostrou que a solidão é o equivalente emocional de uma agressão física. A elevação nos hormônios do estresse é comparável ao que você experimentaria se alguém lhe desse uma surra. A solidão deixa seu cérebro em modo de alerta máximo constante. No laboratório, pessoas solitárias percebem riscos duas vezes mais rápido que pessoas não solitárias, 150 milissegundos *versus* 300 milissegundos. Normalmente, não pensamos na solidão aumentando o tempo de reação, mas a teoria evolucionária por trás disso faz sentido. *É melhor ter olhos atrás da cabeça, cara. Porque se as coisas derem errado, ninguém virá ajudar.* Uma atitude como essa pode ter sido bastante útil em nosso ambiente ancestral, mas certamente não é propícia à felicidade.

Diversos estudos mostraram que o que as pessoas mais felizes têm em comum são, de longe, bons relacionamentos. Um estudo de economia intitulado "Colocando uma Etiqueta de Preço em Amigos, Parentes e Vizinhos" colocou o valor da felicidade de uma vida social melhor em US$131.232 adicionais por ano. Enquanto isso, a solidão leva à depressão com muito mais frequência do que a depressão leva à solidão. Johann Hari observa que uma mudança do 50º percentil de solidão para o 65º percentil não aumenta um pouco a chance de depressão — turbina por um fator de oito.

Mas não é apenas a felicidade que está em jogo aqui. A solidão é tão ruim para sua saúde, que estou surpreso que os planos de saúde não o obriguem a largar este livro e ir visitar seus amigos. Estudos a conectam com um aumento da taxa de doenças cardíacas, derrames, demência e praticamente todas as outras coisas terríveis que você consiga imaginar.

A SURPREENDENTE CIÊNCIA DOS RELACIONAMENTOS

Um estudo da Universidade da Califórnia em Berkeley com 9 mil pessoas descobriu que bons relacionamentos adicionam mais uma *década* ao seu tempo de vida, e uma revisão de 2003 da pesquisa concluiu o seguinte: "As relações sociais positivas perdem apenas para a genética ao prever saúde e longevidade em humanos." Eu poderia encher um livro apenas com os resultados de estudos sobre relacionamentos e saúde. O que prevê se você estará vivo um ano após um ataque cardíaco? Praticamente duas coisas: quantos amigos você tem e se você fuma. Robin Dunbar, professor de Oxford, diz: "Você pode comer o quanto quiser, pode ser o quão desleixado quiser, pode beber quanto álcool quiser, o efeito é bastante modesto comparado a esses outros dois fatores."

Eu diria que é um gol de placa para John Donne e sua expressão. Se eu estivesse tentando convencê-lo a ser um eremita, o jogo já teria terminado. Ficar sozinho é ruim. Mas é aqui que as coisas ficam estranhas. *Muito* estranhas...

E se eu lhe dissesse que, antes de 1800, a solidão não existia? Não que fosse incomum: *não existia*. Tudo bem, estou exagerando. Mas não muito. Fay Bound Alberti, historiadora da Universidade de York, diz: "A solidão é um fenômeno relativamente moderno, tanto como palavra quanto, talvez de maneira mais controversa, como experiência."

Sim. Antes de 1800, você mal consegue encontrar a palavra em um livro. E quando consegue, significa "estar sozinho", sem qualquer conotação negativa. Em Lucas 5:16, diz que Jesus "retirou-se para lugares solitários e orou", mas significa apenas que ele foi ficar sozinho, não que ele estivesse totalmente incomodado com isso. *O Dicionário da Língua Inglesa* de Samuel Johnson, de 1755, usa o adjetivo de forma semelhante. Quando Johnson escreve "pedras solitárias", ele não quer dizer que elas eram geologicamente todas tristes e emo, mas que estavam no meio do nada.

Mas então, no século XIX, algo mudou. Os românticos, como Lord Byron, começaram a usar a palavra com mais frequência, e claramente de forma negativa. O melhor exemplo? O bom e velho Frankenstein. Sim, o monstro de 1818 de Mary Shelley pode nos ensinar muito sobre uma enorme mudança na cultura ocidental. O monstro diz: "Creia-me, Frankenstein, fui benevolente; minha alma ardeu de amor pela humanidade; mas não estou só, miseravelmente só?" Então ele segue para

166

o norte para se matar. E, sem dúvida, pela primeira vez na história, sozinho é retratado como uma coisa terrível.

Então, como diabos a solidão não era um problema até alguns séculos atrás? Bem, nós sentíamos algo enquanto estávamos sozinhos, mas geralmente não era ruim. Você conhece a palavra: *solitude*. Essa palavra apareceu antes de 1800, e quase sempre era uma coisa boa. E você sabe disso hoje. Se eu disser a palavra *sabedoria*, você provavelmente pensará em caras com longas barbas confortavelmente sozinhos no topo das montanhas. A solitude desempenhou um papel crucial nos caminhos espirituais de Jesus, Buda e Maomé. Ninguém acha que você encontra uma profunda visão espiritual em uma festa em casa.

Solitude é o que você quer dizer quando diz "preciso de um tempo para mim mesmo" ou "me afastar de tudo". Precisamos de tempo sozinhos para recarregar as energias e refletir. E associamos legitimamente a solitude a descobertas criativas. Isaac Newton descobriu a lei da gravidade quando ficou isolado em Woolsthorpe durante 1665. Albert Einstein adorava caminhadas diárias na natureza. Pablo Picasso disse: "Sem grande solidão, nenhum trabalho sério é possível." Ludwig von Beethoven, Franz Kafka, Fiódor Dostoiévski e inúmeros outros fizeram seu melhor trabalho sozinhos, e não seria possível de qualquer outra maneira.

Historicamente, as pessoas geralmente tinham um bom equilíbrio de socialização e tempo sozinhas na vida. Sua casa geralmente tinha uma dúzia de pessoas para lá e para cá, então você tinha seu tempo de interação, mas você também andava bastante ao ar livre, assim você tinha seu momento de solitude. (No início do século XX, 90% das viagens eram feitas a pé caso seu destino ficasse a menos de 10 quilômetros.)

Mas hoje em dia, desconfiamos um pouco da palavra solitude. Use essa palavra hoje e você soará feito um esquisito. *Solitário* evoca imagens do Unabomber. No mundo moderno, "cara quieto e distante" soa menos como um mestre zen e mais como um incidente de tiroteio esperando para acontecer. Mas quem você acharia mais maduro: alguém que pode passar muito tempo confortavelmente sozinho ou alguém que não suporta ficar sozinho? De muitas maneiras, transformamos estar sozinho em algo patológico. É óbvio, pelas estatísticas que citei antes: temos um zilhão de métricas para a solidão, mas ninguém mede a solitude. Ah, e depois há o seguinte: "A solitude, paradoxalmente, protege contra a solidão." Sabe quem disse isso? Vivek Murthy, cirurgião geral dos Estados Unidos.

Certo, é confuso. Qual é a porcaria da resposta aqui? Estar sozinho é bom ou ruim?

E esse é o erro que cometemos. É a pergunta errada. *A solidão não se importa se você está realmente sozinho.* A solidão é um sentimento subjetivo. Não é necessariamente sobre o isolamento físico. Todos nós já nos sentimos assim: solitários em meio à multidão. E um estudo de 2003 de Cacioppo mostrou que, em média, *pessoas solitárias passam tanto tempo com outros quanto pessoas não solitárias.* Portanto, morar sozinho não é o verdadeiro culpado aqui. É um sintoma, não a causa. Embora a falta de interação possa certamente criar problemas, é uma pista falsa em termos de solidão em geral. Cacioppo escreve: "A quantidade de tempo gasto com os outros e a frequência da interação não acrescentam muito em prever a solidão. O que previa a solidão era, novamente, uma questão de qualidade: as avaliações dos indivíduos sobre o significado, ou a falta dele, de seus encontros com outras pessoas." Solidão não é estar sozinho: é sentir que não tem conexões significativas.

Mas o que causou a mudança? Onde foi parar o significado? Mais especificamente: *o que diabos aconteceu nos anos 1800?* Não coloque toda a culpa no monstro de Frankenstein. Ele também é uma vítima. No século XIX, nossa história cultural coletiva mudou. Paralelamente à mudança no casamento no mesmo período, uma monção de novas ideias reformulou nossa narrativa social. Pode ser resumido em uma palavra: *individualismo.* Alberti escreve: "Não é coincidência que o termo 'individualismo' tenha sido usado pela primeira vez (e era um termo pejorativo) na década de 1830, ao mesmo tempo que a solidão estava em ascensão." Deixamos de ver a vida como um drama em conjunto e passamos a vê-la como um show de um homem só. Passamos de um padrão "alguém se importa" para "ninguém se importa".

É difícil subestimar a quantidade de profundas ideias e mudanças culturais, políticas, filosóficas, religiosas e econômicas que surgiram no século XIX, colocando o indivíduo em primeiro plano e a comunidade no banco de trás. Secularismo. Utilitarismo. Darwinismo. Freudismo. Capitalismo. E consumismo. O contrato social deu lugar à autonomia, e passamos do comunal ao competitivo. E isso só se acelerou no século XX com ainda mais ismos, como existencialismo e pós-modernismo.

Nós consideramos essas ideias tão fixas, que é difícil ver além delas. Internalizamos esses conceitos como o jeito que o mundo *é*. Não estou dizendo que essas ideias são necessariamente ruins, mas a mudança foi profunda, e podemos ter perdido algo durante a troca. Antes, o padrão era se ver como parte de uma comunidade. Você é um filho de Deus. Um membro do clã Barker. Guerreiro na Tribo de Los Angeles, Califórnia. Mas o foco mudou para o indivíduo como a unidade primária. A vantagem muito positiva disso é que você é livre, como nosso eremita Chris Knight.

Mas o que seu cérebro ouve é que você também está agora, fundamentalmente, sozinho. E é por isso que você pode estar sozinho em uma multidão. Pensamos muito sobre as grandes coisas que ganhamos com essa mudança na história, mas temos dificuldade em identificar o que perdemos. Há apenas uma vaga sensação de desconforto e um zumbido de ansiedade sempre presente. É incrível se sentir no controle e livre, sem estar vinculado a obrigações sociais, mas seu cérebro sabe que isso também significa que os *outros* também são livres e não são obrigados a cuidar de você. E milhões de anos de evolução ensinaram à nossa fisiologia que isso significa uma coisa. *A ajuda não virá. Você está por conta própria.*

Obviamente, eu gosto de ciência e de ideias modernas. As mudanças do século XIX produziram um mundo que nos dá liberdade e controle enormes, mas não é muito gratificante ou significativo emocionalmente. Os antigos estavam claramente errados sobre muitas coisas, mas muitas de suas ideias, embora não factualmente corretas, serviram a um propósito essencial, como nos unir. Não preenchemos essa lacuna. Na verdade, nós a expandimos drasticamente com o nosso hiperindividualismo. Mas nossa fisiologia não consegue acompanhar. A parte biológica em nós de milhões de anos ainda precisa de uma conexão significativa, e é por isso que essa nova história afeta nossa saúde e felicidade de forma tão drástica. A solidão é menos uma aflição pessoal e mais uma patologia cultural.

Não há necessidade de erguer essa sobrancelha para mim. Este capítulo não é um chamado ludista às armas ou um discurso anticapitalista.

O mundo moderno e uma maior ênfase na liberdade e controle individual nos deram benefícios quase incalculáveis. Não podemos e não devemos voltar. Mas isso não significa que não perdemos algo durante a mudança, algo de que precisamos desesperadamente. Essas novas ideias são racionais, mas as necessidades humanas nem sempre são tão racionais. Milênios de privação material produziram um desejo ardente de escapar da dependência, mas podemos ter ultrapassado o alvo e ido para a independência total quando o que realmente precisávamos era da interdependência comunal. Sentir que somos livres, mas, ainda assim, juntos.

Fora do mundo ocidental, muitas pessoas ainda estão conectadas a todos ao seu redor por histórias e significados comuns. Mas nossa nova história, com todos seus benefícios objetivos, está nos impondo custos pesados. Como Sebastian Junger escreve: "Vários estudos transculturais mostraram que a sociedade moderna, apesar de seus avanços quase milagrosos na medicina, ciência e tecnologia, é afligida por algumas das taxas de depressão, esquizofrenia, problemas de saúde, ansiedade e solidão crônica mais altas da história humana. À medida que a afluência e a urbanização aumentam em uma sociedade, as taxas de depressão e suicídio tendem a subir, em vez de cair." É irônico que os avanços modernos nos tenham dado vacinas que abordaram os desafios médicos do COVID-19, mas as mudanças em nossa cultura tornaram o distanciamento social muito mais doloroso do que teria sido séculos atrás.

Costumávamos ser forçados a ficar juntos por necessidade, mas ficamos ricos e não precisávamos mais estar conectados uns aos outros para sobreviver. Compreensivelmente, queríamos mais liberdade e controle. Como uma reação nuclear, quebramos laços e liberamos uma energia tremenda e útil para o mundo. Mas uma reação nuclear pode se tornar Chernobyl se não tomarmos cuidado. Precisamos de alguns desses laços. De acordo com Robert Putnam, de Harvard, 77% dos norte-americanos concordaram com a afirmação "posso confiar na maioria das pessoas" em 1964. Em 2012, apenas 24% das pessoas concordavam.

A questão importante é: como todos nós estamos enfrentando esse problema por agora?

Vou lhe dar uma pequena dica: não é uma solução muito boa...

17

NÃO FOI NADA MENOS DO QUE UM ROMANCE DE TIRAR OS PÉS DO CHÃO. NISAN trocou olhares com Nemutan pela primeira vez em uma convenção de quadrinhos em Tóquio. Não demorou muito para que viajassem à praia juntos. E, então, escapadelas de fim de semana para Kyoto ou Osaka, sorrindo e rindo enquanto tiravam fotos deles mesmos como um casal. Em um piscar de olhos, estavam juntos havia três anos. Como Nisan diria ao *New York Times*: "Eu experimentei muitas coisas incríveis por causa dela. Ela realmente mudou minha vida."

A propósito, Nemutan é um travesseiro. Mais precisamente, uma personagem 2D impressa em uma fronha. (Sim, eu sei, as coisas ficaram muito estranhas bem rápido.) Nemutan é uma personagem de anime de biquíni, sexy e de *Da Capo*, um videogame. Nisan na verdade tem sete fronhas dela. Ele mantém uma no escritório durante as noites quando precisa trabalhar até tarde. "É ótimo adormecer com ela em uma cadeira de escritório."

Me desculpem, moças, ele é comprometido...

Certo, isso foi cruel. E é facílimo demais ser cruel aqui. O problema é que ele não é o único. Apaixonar-se por personagens 2D está se tornando uma tendência. E não apenas por fronhas. *Love Plus* é um videogame popular no Japão em que os homens podem interagir com namoradas virtuais. Flertar e beijar beldades digitais que, hum... não existem de verdade. Os videogames românticos estão se tornando um grande negócio no Japão, com o líder de mercado faturando mais de US$100 milhões em 2016.

E nem tudo é 2D. Robôs sexuais já estão aqui e rápida e completamente se tornando *Westworld*. A Abyss Creations está adicionando vozes, software de IA e rostos animatrônicos às suas bonecas sexuais de silicone. Claro, você tem controle sobre a aparência delas. Escolha a cor do cabelo, o tamanho do busto e a forma do corpo que preferir.

Sim, a agulha do medidor de bizarrice acabou de ficar no vermelho, mas não ache que tudo isso é sobre sexo. Quanto a Nisan, ele possivelmente é um namorado melhor do que eu. Ele acompanha Nemutan até o karaokê nas noites de sexta-feira, e eles até tiram fotos adoráveis juntos em cabines de fotos. E a Konami, a empresa gigante que faz vários jogos de simulação de namoro, até organiza uma convenção de praia no verão, em que os jogadores podem se unir para uma escapadela de fim de semana com suas amadas digitais. O sociólogo Masahrio Yamada relata que 12% dos jovens adultos pesquisados disseram ter experimentado sentimentos românticos sérios por personagens fictícios de videogames ou outras mídias.

E o mercado de amor virtual não se limita a caras socialmente desajeitados; há uma igualdade de oportunidades com o equivalente aos "maridos de Stepford". Os Otome games para mulheres são basicamente romances interativos. Longe de namorarem o Mário, elas participam de um mundo digital composto de caras gostosos e dominantes; imagine algo meio Jane Austen combinado a *Cinquenta Tons de Cinza*. E, novamente, isso não é uma moda passageira. Em 2014, os jogos românticos da Voltage Inc. foram jogados por mais de 22 milhões de mulheres E isso também não é apenas uma "coisa do Japão". Em novembro de 2015, dois jogos da Voltage entraram no top 30 de aplicativos de maior bilheteria nos Estados Unidos. O que nos leva à maior questão que está em sua mente agora:

QUE PORRA É ESSA?

Um estudo acadêmico de 2020 intitulado apropriadamente "Quais Fatores Levam as Pessoas a Jogar Videogames Românticos?" descobriu que havia apenas um traço associado ao desejo de jogar: a solidão. Em entrevista após entrevista, quando questionados sobre seus amores digitais, os jogadores não falam sobre beleza ou corpos sensuais, apenas sobre temas de desejo por companheirismo e aceitação.

Entre 2002 e 2015, a porcentagem de mulheres japonesas solteiras e sem parceiros com idades entre 20 e 24 anos passou de 38,7% para 55,3%. Para os homens da mesma idade, cresceu de 48,8% para 67,5%. E a porcentagem dessa faixa etária que *nunca* teve uma experiência sexual atingiu cerca de 47% para homens e mulheres em 2015.

Tudo bem, então eles precisam sair e namorar mais? Mas aí é que está, esse não parece ser o problema. Uma pesquisa do governo japonês descobriu que 37,6% dos jovens não querem um parceiro romântico. Por quê? A maioria disse que era algo "incômodo". Relacionamentos reais parecem muito difíceis, muito arriscados. Os homens japoneses dizem que não querem o *mendokusai* ("estressante demais") das relações humanas. E suas contrapartes femininas concordam. Ao falar sobre o lado positivo dos jogos Otome, uma mulher disse: "É uma história de amor ideal, não há rivais femininas nem finais tristes."

Eles querem o controle sem atrito e a conveniência que apenas a tecnologia pode proporcionar, com alguém que não é humano. Os parceiros virtuais não têm expectativas irracionais. Eles não o rejeitam, não o ignoram ou causam ansiedade. E se houver problemas, você pode reiniciar o jogo sem conversas estranhas sobre término. Não há dor alguma com, bem, *algumas* das vantagens.

Não, não acho que a maioria de nós encontrará nossa futura alma gêmea no corredor de travesseiros de uma loja de cama, mesa e banho, mas isso está muito longe da distração inofensiva dos jogos Tamagotchi. Estamos lidando com uma epidemia de solidão, porém o que é ainda mais preocupante são as novas maneiras pelas quais estamos tentando lidar com isso, maneiras que não parecem direcionadas à satisfação e à felicidade em longo prazo.

Por que continuamos buscando a tecnologia, em vez de uns aos outros?

* * *

Ser solitário é uma merda. Enquanto isso, ser popular é bom. Tipo, *muito* bom. Ser popular quando criança fez uma enorme diferença na vida das pessoas décadas depois, e de maneiras bastante surpreendentes. Uma pesquisa de Mitch Prinstein, professor de psicologia e neurociência da Universidade da Carolina do Norte em Chapel Hill, mostra que crianças populares se saem melhor na escola e passam a ter casamentos mais estáveis e relacionamentos melhores, além de ganharem mais dinheiro quando adultas. Elas são mais felizes e vivem mais. A popularidade foi mais preditiva desses resultados positivos do que QI, antecedentes familiares ou problemas psicológicos. E os impopulares? Você adivinhou: um risco maior de doenças, depressão, abuso de substâncias e suicídio. Pois é.

Agora, antes de desencadear uma guerra de classes entre os atletas e os nerds, é importante notar outra coisa: existem *dois* tipos de popularidade. O primeiro é o status. Status é sobre poder e influência. Pense nas crianças descoladas do ensino médio. E você pode alcançar status por alguns meios muito desagradáveis, como o bullying. A "agressão proativa" não faz de você uma pessoa querida, mas, infelizmente, aumenta o status.

Gostando ou não, todos nós naturalmente temos algum desejo por status. Todos gostaríamos de ter mais sucesso em alcançar o que os psicólogos chamam de "objetivos extrínsecos": poder, influência e controle. Isso é programado profundamente dentro de nós. Os centros de recompensa de nosso cérebro se ilumina em estudos de ressonância magnética funcional quando simplesmente *pensamos* em pessoas de alto status. E esses centros de recompensa brilham ainda mais quando pensamos que as pessoas nos veem em um status elevado. E faz sentido. O status nos dá aquele controle que tanto desejamos sobre o mundo. Pesquise as pessoas e você verá que em mais da metade das vezes elas escolhem status, em vez de dinheiro. Elas preferem ter dois dólares quando todo mundo tem um a ter três dólares quando todo mundo tem quatro.

O problema do status é que ele não é satisfatório em longo prazo. (Ah, a vingança dos nerds.) Joe Allen, da Universidade da Virgínia, acompanhou os "adolescentes descolados" por uma década após o ensino médio e descobriu que eles tinham mais problemas com abuso de substâncias, relacionamentos ruins e comportamento criminoso. E esse efeito foi replicado em todo o mundo. Concentrar-se em status, poder e "objetivos extrínsecos" não levou a coisas boas.

Isso não é verdade apenas para crianças de 13 anos. Como é ter status supremo? Ser famoso? A pesquisa acadêmica confirma outra expressão: *é* realmente muito solitário estar no topo. Um estudo intitulado "Ser uma Celebridade: Uma Fenomenologia da Fama" mostrou que, embora a maioria de nós queira ser famoso para ser mais amado, ironicamente, ser famoso leva a mais solidão. Celebridades têm que erguer paredes para lidar com a enxurrada de atenção. Outras pessoas sempre querendo algo de você torna difícil confiar em alguém. Os amigos ficam com inveja. E assim, ser amado por todos muitas vezes acaba produzindo o que os autores chamam de "isolamento emocional". E isso tem efeitos semelhantes ao que vimos com os adolescentes descolados do ensino médio. Celebridades têm quase o dobro da taxa de problemas com álcool que a média das pessoas e mais de uma quadruplicação da taxa de suicídio. Reze para que você nunca tenha seus quinze minutos de Andy Warhol.

Por que o foco no status e nos objetivos extrínsecos muitas vezes leva a problemas? Porque geralmente é uma troca. Apenas 35% das pessoas de alto status também são bastante "amáveis". Quando dedicamos nosso tempo para adquirir poder e controle, o que não estamos fazendo é focar objetivos "intrínsecos" como amor e conexão. E manter o status pode exigir comportamentos que são totalmente contrários aos bons relacionamentos, como o bullying. Ser amado muitas vezes significa ceder poder.

E isso nos leva ao outro tipo de popularidade: ser simpático. O foco em objetivos intrínsecos. Pessoas simpáticas podem não ter a mesma

A SURPREENDENTE CIÊNCIA DOS RELACIONAMENTOS

influência que as pessoas de alto status, mas são aquelas em quem confiamos e com quem nos sentimos confortáveis. São cooperativas e gentis. E esse tipo de popularidade leva à felicidade. Edward Deci, professor da Universidade de Rochester, resume a pesquisa: "Mesmo que nossa cultura enfatize fortemente a obtenção de riqueza e fama, perseguir esses objetivos não contribui para uma vida satisfatória. As coisas que fazem sua vida feliz é crescer como indivíduo, ter relacionamentos amorosos e contribuir com sua comunidade." E essas estatísticas que mencionei sobre todos os benefícios da popularidade? Elas vêm da popularidade pela simpatia, e não pelo status. Um estudo de várias décadas com mais de 10 mil crianças na Suécia mostrou que, com mais frequência, era a simpatia que levava à felicidade e ao sucesso em longo prazo.

Isso é paralelo ao que estávamos discutindo anteriormente no nível cultural. Nosso desejo de controle individualista nos deu muito poder, assim como o status nos dá. Mas também gerou desconexão e não é tão gratificante quanto ser simpático e ter uma comunidade de pessoas que o amam. Dessa forma, estamos lidando com a disputa de status *versus* morte agradável no nível social. Adivinha? Amabilidade e os objetivos intrínsecos não estão ganhando.

O que você quer que sua filha seja quando crescer? CEO? Senadora? Reitora de uma universidade importante? Essas foram todas as opções em uma pesquisa realizada com 653 alunos do ensino médio. E todos elas perderam para "assistente pessoal de um cantor ou estrela de cinema muito famoso", que obteve 43,4% dos votos.

Os jovens de hoje querem ser famosos mais do que qualquer outra coisa. Um estudo de 2007 da Pew Research com jovens norte-americanos descobriu que "os principais objetivos de sua geração são fortuna e fama". Podemos ver isso na mídia. Entre 1983 e 2005, não houve programas de TV sobre crianças se tornando famosas. Depois de 2006, quase 50% dos programas do Disney Channel são sobre esse assunto.

Em nossa cultura individualista de hoje, o status está a caminho de se tornar sinônimo de amor próprio, e, como aponta Prinstein, essa não é uma ótima receita para a felicidade. É, no entanto, uma ótima receita para o narcisismo. Um estudo de 2010 com mais de 14 mil estudantes universitários observou um declínio de 40% na empatia nas últimas décadas, enquanto um estudo separado ("O Crescimento do Ego Com o Passar do Tempo") descobriu que as pontuações no Índice de Personalidade Narcisista aumentaram quase 50% entre 1990 e 2006 entre uma corte semelhante. No século XXI, o narcisismo tem aumentado tão rapidamente quanto a obesidade.

Quando nos sentimos conectados aos outros, o controle é menos importante porque sentimos que a ajuda está lá. Mas quando estamos sozinhos, nosso cérebro busca ameaças duas vezes mais rápido. Precisamos de controle sobre o ambiente para nos sentirmos seguros. E essa necessidade desesperada de controle em um mundo cada vez mais individualista está afetando nossos relacionamentos. Não apenas como lidamos com eles, mas o tipo que escolhemos e a forma que eles assumem. Queremos aqueles em que temos controle. Não queremos relações sociais; agora queremos o que os psicólogos chamam de relações *parassociais*.

O conceito foi criado em 1956 para descrever os pseudorelacionamentos que as pessoas desenvolviam com personagens de televisão. Os pesquisadores Cohen e Metzger escreveram que "a televisão representa o convidado perfeito, aquele que vem e vai quando desejarmos". Relacionamentos do nosso jeito. Risos e aconchego sem toda a dor de lidar com outras pessoas com necessidades próprias. Ela não o decepciona, não pede dinheiro emprestado, e você pode desligá-la quando se cansar. A professora do MIT, Sherry Turkle, diz que ela "oferece a ilusão de companheirismo sem as exigências da amizade".

E é chocante como essas relações parassociais podem ser poderosas. Em 2007, houve uma greve dos roteiristas de televisão e muitos programas pararam temporariamente de lançar novos episódios. Qual foi o efeito emocional sobre os espectadores que desenvolveram fortes laços parassociais com seus personagens fictícios favoritos? Um estudo de 2011 foi direto: foi como um *término*. Se você está começando a pensar que "os relacionamentos reais são para os relacionamentos parassociais o que o sexo é para a pornografia", você tem a ideia certa. Pornografia emocional.

E assim como o tempo gasto tentando adquirir status rouba o tempo em que você pode ser amável, adivinhe de onde vem o tempo para a TV? Exatamente: do tempo gasto com pessoas reais. Mas a TV não é tão gratificante quanto a socialização. Os telespectadores que mais consomem são menos felizes e têm ansiedade mais alta. É trocar um jantar suntuoso pelas calorias vazias e pelo baixo valor nutricional das guloseimas. Mas isso não é apenas um problema individual; ao longo do século XX, tornou-se um problema para a sociedade.

O livro *Bowling Alone* [Jogando Boliche Sozinho, em tradução livre], do professor Robert Putnam, de Harvard, é o melhor romance distópico de ficção científica que você lerá em toda a sua vida, exceto que não é ficção. Ele detalha meticulosamente o declínio do envolvimento da comunidade norte-americana nos últimos 25 anos do século XX. Entre 1985 e 1994, houve uma queda de 45% no envolvimento em organizações comunitárias. Não há mais tempo para ligas de boliche e escoteiros. O tempo gasto em jantares em família caiu 43%. Convidar amigos para irem até sua casa caiu em 35%. Putnam escreve: "Praticamente todas as formas de união familiar tornaram-se menos comuns no último quarto do século XX." E o principal culpado identificado por ele? A televisão.

Mas agora estamos no século XXI. Nossos desejos parassociais não mudaram, mas a tecnologia sim. Sabe aqueles estudos em que a falta de personagens da TV era como um término? Bem, adivinhe o que acontece quando você coloca as pessoas em uma ressonância magnética e reproduz os sons e as vibrações de um smartphone? Não, não mostra todos aqueles terríveis sinais de vício. Não é um cérebro gritando com desejo viciado em drogas, é amor. Você reage ao seu smartphone como se fosse um membro da família ou a pessoa amada.

A tecnologia não é tão inerentemente má como alguns fizeram parecer. O verdadeiro problema é que, assim como a televisão, muitas vezes usamos o tempo da tecnologia para substituir a interação presencial e as atividades comunitárias. Norman Nie, de Stanford, diz: "Para cada mensagem de e-mail pessoal enviada ou recebida, há uma queda de quase 1 minuto na quantidade de tempo gasto com a família. Com uma média de 13 e-mails pessoais enviados e recebidos, isso equivale a cerca de 13 minutos a menos do tempo da família por dia, ou cerca de 1,5 hora por semana." Bolo de chocolate não é ruim, mas se 50% de suas refeições fossem bolo de chocolate, não seria uma boa ideia. Use a tecnologia para organizar reuniões ao vivo e será um bem não adulterado. Mas quando ela substitui o presencial, não estamos ficando mais conectados, estamos ficando cada vez mais distantes. E agora passamos mais tempo usando dispositivos digitais do que dormindo.

E todo esse tempo focado em telas criou um efeito volante para nosso problema com status e valores extrínsecos. A ênfase das pessoas na fama, no dinheiro e nas realizações cresceu significativamente entre 1967 e 1997, mas explodiu positivamente depois de 1997. O que aconteceu em 1997? A ascensão da internet. E assim como Putnam observou o declínio na comunidade atribuída à televisão, Jake Halpern diz que essas tendências só aumentaram com o surgimento das tecnologias digitais. Entre 1980 e 2005, o número de vezes que os norte-americanos convidaram amigos para sua casa caiu pela metade. A participação em clubes caiu em dois terços nas três décadas após 1975. E estamos passando por uma severa privação de piqueniques. Sim, os piqueniques caíram 60% durante o mesmo período.

O famoso biólogo E. O. Wilson disse uma vez: "As pessoas devem pertencer a uma tribo." Mas onde muitos encontram suas tribos hoje em dia? Nos videogames. Quais são os preferidos das pessoas que sofrem do vício em internet? A psicoterapeuta Hilarie Cash disse a Johann Hari: "Os jogos altamente populares são os jogos *multiplayer*, em que você faz parte de uma guilda, que é uma equipe, e você ganha seu status nessa guilda... É tribalismo em essência." Mas as comunidades online e as ao vivo não são intercambiáveis. Quando Paula Klemm e Thomas Hardie estudaram grupos online de apoio ao câncer, descobriram que 92% dos participantes estavam deprimidos. Quantas pessoas em grupos presenciais estavam? Zero. Eles relatam: "Os grupos tradicionais de apoio ao câncer podem ajudar as pessoas a lidar com o câncer, mas a eficácia dos grupos de apoio ao câncer da internet... ainda deve ser provado." É extremamente fácil substituir o contato pessoal pela interação online, mas não cria as mesmas conexões. O psicólogo Thomas Pollet descobriu que "passar mais tempo em mensagens instantâneas ou sites de redes sociais não aumentou a proximidade emocional dos relacionamentos".

E é um golpe duplo. À medida que transferimos mais tempo e energia para conexões digitais menos satisfatórias, degradamos nossa capacidade de nos conectar com os outros. Lembra-se daquela redução de 40% na empatia entre os jovens? A que se deve? Edward O'Brien, que fez parte da equipe de pesquisa, disse: "A facilidade de ter 'amigos' online pode tornar as pessoas mais propensas a se desligar quando não têm vontade de responder aos problemas dos outros, um comportamento que pode continuar offline... Adicione a atmosfera hipercompetitiva e as expectativas infladas de sucesso, nascidas de 'reality shows' de celebridades, e você tem um ambiente social que funciona contra a ação de parar e ouvir alguém que precisa de um pouco de simpatia."

Você provavelmente está pensando que estamos todos quebrados para sempre e a única coisa com a qual qualquer um de nós poderá se conectar neste momento é um carregador de telefone. Não. Turkle aponta para outro estudo sobre a juventude: "Em apenas cinco dias em um acampamento sem seus telefones, os níveis de empatia voltaram a subir. Como isso acontece? Os campistas conversam entre si."

Não sei quanto a você, mas não posso permitir que minha capacidade de conectar se degrade ainda mais. Minhas habilidades sociais atingiram o auge na pré-escola. Esta manhã falhei no captcha três vezes, e o dia todo estive convencido de que sou um robô. A tecnologia nos trouxe tremendos aspectos positivos, mas também canibaliza o tempo que poderíamos passar com outras pessoas em comunidade. Konrad Zuse, que é considerado o pai do computador moderno, disse: "O perigo de que os computadores se tornem humanos não é tão grande quanto o perigo de que os humanos se tornem computadores."

Acabamos em um lugar onde não temos nem comunidade nem solitude, sempre conectados, mas nunca satisfeitos. A tecnologia e as redes sociais não são ruins, mas quando substituem a comunidade real, temos um problema, porque não obtemos os vínculos significativos de que precisamos. Não nos sentimos verdadeiramente "juntos" ou "parte de algo". Temos controle e autonomia demais para ter qualquer tipo de identidade coletiva.

Se fôssemos atingidos por uma explosão de radiação eletromagnética amanhã, isso destruiria nossos smartphones, mas não resolveria nosso problema cultural. Estamos preenchendo a lacuna com tecnologia, status e controle porque nos falta algo melhor. O psicólogo Scott Barry Kaufman disse: "A sede de poder é uma tentativa de escapar da solidão. No entanto, o poder nunca é tão satisfatório quanto o amor."

No fundo, ainda somos aqueles *Homo sapiens* nas savanas. E do que eles precisavam? Bem, há uma resposta. E chegaremos a isso explorando algo que soará totalmente louco vindo de mim, o cara escritor científico.

Precisamos analisar cristais de cura e auras e todas as coisas para as quais reviro os olhos. (Minha nossa, acabei de dizer algo positivo sobre a pseudociência. Se você prestar atenção, conseguirá me ouvir morrendo por dentro.) Não, essas coisas não funcionam. São uma besteira sem fim. Mas em toda essa bobagem, encontraremos o segredo de por que nosso mundo moderno se tornou tão problemático e onde encontraremos a tão necessária esperança para o futuro de que precisamos neste momento...

18

TUDO COMEÇOU COM UM TAPETE PERSA. A PACIENTE O LEVOU DE PRESENTE para Ted Kaptchuk porque ele a "curou". Ted aceitou graciosamente... apesar de não acreditar em uma palavra do que ela disse. Ele não era cirurgião ou oncologista, ele nem mesmo era médico. Ted trabalhava com ervas e acupuntura.

Ted era um cara justo e sincero. Ele acreditava que seu trabalho tinha *alguma* capacidade de fazer seus pacientes se sentirem melhor, por isso o fazia. Mas essa mulher dizia que ele havia curado um problema em seus ovários que necessitava de cirurgia. Como ele disse ao *New Yorker*: "De jeito nenhum que agulhas ou ervas fizeram algo pelos ovários daquela mulher. Provavelmente agiu como um tipo de placebo, mas eu nunca dei muita atenção à ideia de um efeito placebo."

Anos depois, foi convidado a visitar a Escola de Medicina de Harvard. Os pesquisadores estavam explorando novas terapias potenciais baseadas na medicina alternativa e pediram sua opinião. E foi aí que ele teve alguma exposição formal ao efeito placebo. Muitas vezes, o efeito era tão forte, que era mais poderoso do que a droga que estava sendo testada. Isso deixava os médicos irritados porque era incômodo. Ted estava confuso. *Estamos tentando aliviar a dor, e isso alivia a dor. Por que você o odiaria?*

E foi aí que Ted soube o que passaria o resto de sua carreira fazendo. Ele queria ajudar os pacientes entendendo esse "incômodo" que trazia alívio a tantas pessoas. Ted comentou: "Estávamos lutando

182

para aumentar os efeitos das drogas enquanto ninguém estava tentando aumentar o efeito placebo." Ele achava que estávamos ignorando uma das ferramentas mais poderosas da medicina. Então, se dedicou a mostrar aos médicos o erro que estavam cometendo.

E isso não seria fácil. Ele teria que provar isso cientificamente ou ninguém o ouviria. E sem qualquer formação em medicina, tampouco com um doutorado. Ele não sabia nada sobre a realização de estudos clínicos ou os métodos estatísticos necessários para a pesquisa. Portanto, ele teria que aprender...

CORTA PARA A MÚSICA-TEMA DE ROCKY.

Ted pediu aos principais estatísticos médicos de Harvard que o colocassem sob suas asas e o ensinassem. Era absurdamente difícil passar de ervas e agulhas de acupuntura para a matemática rigorosa, mas ele era dedicado. E se esforçou muito. O trabalho árduo valeu a pena quando ele pôde começar a liderar estudos, e especialmente quando começou a ver os resultados. Ele não era louco. O efeito placebo não podia matar vírus ou extirpar tumores, mas tinha um poder incrível de tornar a medicina "real" ainda melhor.

Ele dividiu os pacientes com enxaqueca em três grupos. O primeiro recebeu um placebo em um envelope rotulado "Maxalt" (um medicamento para enxaqueca aprovado pela FDA). O segundo recebeu Maxalt de verdade em um envelope rotulado como "placebo". O terceiro recebeu Maxalt em um envelope rotulado "Maxalt". Qual foi o resultado? Trinta por cento dos que receberam o placebo rotulado "Maxalt" se sentiram melhor. E 38% dos que receberam a droga real rotulada "placebo" obtiveram alívio. Estatisticamente, os resultados foram indistinguíveis. O placebo foi tão poderoso quanto a droga no alívio da dor. Mas esse não foi o insight mais importante. Aqueles que receberam o Maxalt rotulado "Maxalt" se sentiram melhor em 62% das vezes. *Isso é 24% melhor do que exatamente o mesmo medicamento quando rotulado de maneira diferente.* Para obter a máxima eficácia, você precisava maximizar o efeito placebo.

E ele até aprendeu como seu trabalho anterior ajudou as pessoas. Ted pegou dois grupos de pacientes e fez, em um, uma acupuntura real, e no outro, a acupuntura "simulada" (parece igual para os sujeitos, mas as agulhas não penetram o corpo). Ambos relataram melhorias semelhantes. Portanto, a acupuntura de Ted não forneceu nenhum alívio "de verdade", mas o efeito placebo sim.

Claro, houve resistência em relação à pesquisa de Ted. Mas agora seria possível revidar com pesquisas rigorosas. Ele deixou bem claro que não estava dizendo que o efeito placebo curaria o câncer ou consertaria ossos quebrados. Ted poderia provar que os placebos têm efeitos fisiológicos legítimos nos pacientes quando se trata de dor e ansiedade, e aumentam os resultados de tratamentos "reais".

Ted mostrou que não era mágica e não era falso. A naloxona é uma droga que bloqueia os receptores opiáceos, geralmente usada para neutralizar overdoses de heroína. Mas a naloxona também bloqueia os opiáceos naturais do corpo, as endorfinas. Adivinha o que mais acontece quando você dá naloxona às pessoas? *O efeito placebo para de funcionar.* Portanto, os placebos não são magia de cura de cristais quânticos multidimensionais: são um processo normal que impulsiona os analgésicos naturais do corpo de uma maneira que a medicina moderna ainda não compreendeu. E esse efeito pode ser profundo. Oito miligramas de morfina é muito. Mas os pacientes que os recebem e aqueles que apenas são informados de que os receberam experimentam a mesma quantidade de alívio. Você precisa aumentar a dosagem em 50% para que o efeito da droga supere o de um placebo.

Não demorou muito para que o cara sem uma formação tradicional e apenas com um diploma de um programa de medicina chinesa de Macau recebesse bolsas do Instituto Nacional de Saúde dos Estados Unidos para aprofundar sua pesquisa. Mas o que estava incomodando Ted agora era que, embora ele soubesse que o efeito placebo era real e útil, ele não tinha certeza de como e por que funcionava. E ele encontrou alguns resultados estranhos nos dados que lhe diziam que o buraco era muito mais embaixo...

Quatro comprimidos de placebo por dia funcionam melhor do que dois. As pílulas de placebo azuis são superiores em melhorar o sono; você vai querer pílulas placebo verdes para reduzir a ansiedade. Mas as cápsulas de placebo superaram as pílulas de placebo, e as injeções de placebo foram ainda melhores. Ah, placebos caros e de marca superam os genéricos baratos. *Hein?* Por que o método de administração faria tanta diferença quando a substância (inativa) fornecida era sempre a mesma? E o resultado mais louco de todos? Os placebos até funcionavam quando eram placebos "abertos"; sim, você poderia dizer às pessoas que a medicação falsa era falsa, e elas *ainda* se sentiriam melhor.

E foi aí que ele percebeu por que tinha sido um bom curandeiro, mesmo quando dispensava tratamentos de medicina alternativa. O efeito placebo era sobre o ritual. Era sobre a crença do paciente de que melhoraria. As injeções parecem mais sérias do que as pílulas, então elas aumentam o efeito placebo. Nomes de marcas e grandes etiquetas de preços gritam legitimidade, logo, mais efeito placebo. Mas nem tudo era engano. Mais empatia, mais atenção e mais preocupação de um médico transmitiam o mesmo poder. Um de seus estudos mostrou que 28% dos pacientes que não receberam tratamento tiveram alívio sintomático após três semanas. Eles melhoraram sozinhos. Mas 44% dos pacientes que receberam acupuntura simulada com um médico que aparentava ser "profissional" melhoraram. O ritual e a atenção tiveram um efeito positivo. E o que aconteceu quando a acupuntura simulada foi combinada com um médico que realmente demonstrou preocupação? Quando os médicos foram instruídos a ter uma conversa de 45 minutos com o paciente? Sessenta e dois por cento dos pacientes se sentiram melhor. A atenção teve um efeito dose-dependente.

Como dito antes, isso não matará o vírus Ebola ou substituirá a cirurgia de ponte de safena. Mas, de novo, com que frequência vamos ao médico para essas coisas sérias em comparação a pequenas coisas, quando apenas queremos menos desconforto? E a medicina "real" funciona ainda melhor com o efeito placebo. Mas o que isso significa é que a medicina "real" funciona melhor quando alguém nos mostra que se importa.

Ted Kaptchuk provou que, embora certamente tenhamos ganhado enormemente com as melhorias na tecnologia, também perdemos algo ao ignorar o poder da compaixão. Visitas médicas apressadas reduzem o efeito placebo e reduzem a recuperação do paciente. Falamos da boca para fora à beira do leito, mas isso tem efeitos reais nos pacientes. Claro, queremos drogas reais e cirurgias reais com efeitos "reais". Mas elas funcionam muito melhor, cientificamente melhor, *com* o elemento humano que produz esses efeitos placebo "falsos".

Ted Kaptchuk não pratica acupuntura há mais de vinte anos. Mas ele vem aplicando as lições que aprendeu naquela época em seu novo trabalho. Em 2013, foi nomeado professor titular de medicina na Escola de Medicina de Harvard. Ele ainda não tem um diploma médico ou um doutorado. Ele lidera o Programa de Estudos Placebo e o Encontro Terapêutico em Harvard. É o único programa existente dedicado ao efeito placebo, o lado humano da ciência médica.

Então, essa é a história de Ted...

Mas ainda não terminamos. Ainda não explicamos *por que* o efeito placebo funciona. Sim, sim, relacionamento médico que cura você e blá-blá-blá é legal e poético e bastante perfeito para meu livro, mas não estamos aqui apenas por histórias agradáveis. Se nosso corpo pode simplesmente desligar a dor, por que ele não o faz? Qual é a lógica evolutiva por trás do motivo pelo qual esses sentimentos calorosos às vezes podem ser tão importantes quanto o tratamento "real"?

Pense na dor não como um efeito direto da lesão, porém, mais como a luz "PRECISA DE REPAROS" no painel do carro. Ela diz que algo está errado e precisa ser resolvido. Seu corpo está dizendo: *você precisa parar o que está fazendo e cuidar disso.* Cuidado. Como vimos, é central para o efeito placebo. É por isso que os placebos funcionam mesmo quando sabemos que são placebos. Quando alguém cuida de nós, quanto mais atenção nos dá, quanto mais competente parece, quanto melhor as ferramentas que usa e quanto mais tempo passa conosco, mais nosso corpo percebe. E então seu corpo pode lhe contar uma nova história: *Alguém está cuidando de nós. Não preciso mais gritar com você para avisar sobre a dor. Estamos seguros agora.* E desliga a luz "PRECISA DE REPAROS".

A solidão aumenta nossa atenção às emoções negativas porque você não está seguro, não tem ninguém cuidando de você, e seu corpo sabe que historicamente isso tem sido muito ruim para os *Homo sapiens*. O efeito placebo é o inverso. Ele diz: *Alguém está cuidando de nós. O apoio chegou. Estamos seguros agora.* Até 66% dos clientes de terapia dizem que se sentiram melhor antes mesmo de terem sua primeira consulta, apenas como resultado de uma entrevista de admissão. *A ajuda está a caminho. Eu posso desligar a luz.* Cuidar pode curar você. Normalmente, quando ouço frases fofas como essa, meus olhos começam a revirar incontrolavelmente, mas é verdade, cientificamente.

No fim, parece que os placebos têm um ingrediente ativo: seres humanos cuidando uns dos outros.

* * *

Sendo assim, o que acontece em um mundo tão focado no status e no extrínseco e tão pouco no cuidado e no intrínseco? Ficamos deprimidos. Os níveis de felicidade diminuíram no mundo ocidental nos últimos cinquenta anos e a incidência de grandes depressões aumentou, apesar de nosso enorme sucesso material. Em 2011, o Centro Nacional de Estatísticas de Saúde anunciou que quase 25% das mulheres de meia-idade nos EUA estão tomando antidepressivos atualmente.

Mas hoje entendemos todas as causas da depressão de forma errada. Somos rápidos em pensar que é devido a um desequilíbrio químico ou a algum outro motivo endógeno. Isso definitivamente faz parte, mas longe de ser a maior causa. Os psicólogos George Brown e Tirril Harris fizeram uma série de estudos mostrando que 20% das mulheres que *não* tinham depressão tiveram grandes problemas na vida. Para as mulheres que se tonaram deprimidas, o número foi de 68%. Sim, eu sei, a única surpresa sobre essa estatística é coisa alguma. Os problemas da vida o deixam triste. Mas aqui está a reviravolta: não foi apenas a quantidade de coisas ruins que levou à depressão; era a proporção entre os problemas e os estabilizadores em sua vida, a quantidade de apoio que você recebeu das pessoas ao seu redor. Grandes problemas e sem suporte? A chance de depressão atingiu

75%. Johann Hari cobriu os resultados da pesquisa em seu livro *Lost Connections* [Conexões Perdidas, em tradução livre]: "A depressão não era apenas um problema causado pelo cérebro dando errado. Era causado pela vida dando errado." E esses efeitos foram replicados em todo o mundo.

Um estudo de 2012 sobre depressão concluiu que "características gerais e específicas da modernização se correlacionam com maior risco de desenvolvê-la". Outro estudo, "Depressão e Modernização: Um Estudo Intercultural das Mulheres", descobriu que as mulheres rurais nigerianas, que estão no pior ranking material, eram as menos propensas a estarem deprimidas, enquanto as mulheres norte-americanas nas cidades eram as mais propensas a estar. O mundo ocidental está mais rico do que nunca, no entanto, mais deprimido do que nunca. Como os problemas na vida são inevitáveis, é claramente uma questão de apoio. Não estamos recebendo-o devido ao modo como vivemos.

Então, o que fizemos a respeito disso? Ah, usamos um placebo. Sim, estou falando de antidepressivos como o Prozac. Um artigo de 2014 concluiu: "As análises de dados publicados — e dos não publicados que foram ocultados pelas empresas farmacêuticas — revelam que a maioria (se não todos) dos benefícios se deve ao efeito placebo." E outro estudo, intitulado "Escutando o Prozac, mas Ouvindo o Placebo", analisou mais de 2.300 indivíduos e descobriu que "aproximadamente 25% das respostas ao medicamento são devidos à administração de um medicamento ativo, 50% são um efeito placebo, e os 25% restantes são devidos a outros fatores inespecíficos". Você acha que esses artigos resultaram em uma torrente de resistência da comunidade científica em geral? Não.

Não estou dizendo que todo mundo deveria jogar seus remédios no lixo. Eles ajudam as pessoas. Mas para muitos, não é por causa das razões que pensamos. A maior explicação para seus efeitos é que simulam o cuidado. Cuidados que nos faltam no mundo moderno. Mas o que acontece quando alguém não recebe o placebo? Ou quando o efeito placebo não é suficiente? Bem, a pessoa aborda a falta de um sentimento de cuidado de forma mais direta. Com drogas ilegais.

Todos nós conhecemos a história do rato de laboratório pressionando febrilmente a alavanca para obter mais drogas. Bruce Alexander, professor de psicologia da Universidade Simon Fraser, questionou se o vício era a única causa. Ele percebeu que, em todos esses experimentos, o roedor viciado estava *sozinho*. O que acontece quando você coloca ratos em uma gaiola com amigos e brinquedos e cria uma "ratopia"? Eles não querem a droga. Quando sozinhos, os ratos usaram 25mg de morfina. Na ratopia, os animais utilizaram menos de 5mg. Claro que os ratos originais usavam drogas, eles estavam em confinamento solitário.

No artigo "A Dependência Social é Um Vício?", a conclusão do neurocientista Thomas Insel foi: sim, nosso cérebro é viciado em outras pessoas. E o abuso de substâncias imita os resultados em nossa massa cinzenta, alavancando as mesmas vias dopaminérgicas. Lembra-se de como a naloxona, o bloqueador de opiáceos, matou o efeito placebo? Ela também elimina os efeitos de ligação dos rituais religiosos. Quando estamos em uma comunidade, ficamos chapados com nosso próprio suprimento, mas quando não há comunidade, devemos obter nosso suprimento em outro lugar.

Entre 1980 e 2011, o uso de morfina aumentou por um fator de trinta. Mas não aumentou em todos os lugares. Sam Quinones observa: "O uso não aumentou no mundo em desenvolvimento, que pode ser razoavelmente visto como a região com dor mais aguda. Em vez disso, os países mais ricos, com 20% da população mundial, passaram a consumir quase toda — mais de 90% — a morfina do mundo." Em uma terra de individualismo, focados em status e controle, mas com pouco cuidado, vemos uma explosão de problemas relacionados à saúde mental e vícios.

Portanto, consideremos o contrário. O que acontece em um mundo onde o individualismo não está em primeiro plano? Onde o status e os valores extrínsecos não são apenas secundários, eles desapareceram temporariamente? Caramba, vou agravar a situação. O que acontece quando vivenciamos a guerra e o desastre? Quando as coisas são tão objetivamente terríveis quanto podem ser?

A resposta é que voltamos à natureza humana. Talvez você pense que isso é uma coisa ruim, especialmente depois de todo o horror que descrevi sobre nossa situação atual. Talvez você pense que a natureza humana seja totalmente composta da crueldade darwiniana. Para ser justo, até agora eu às vezes dei uma má reputação a Darwin. Sobrevivência do mais forte e competição implacável, individualismo moderno e a história do pobre George Price. Mas essa não é a história completa da nossa evolução.

Por que você acha que somos o auge das espécies neste planeta? Porque éramos os mais inteligentes? Nós não éramos. Os neandertais eram. Seu cérebro é 15% menor que o deles. Descobertas recentes mostram que eles tinham fogo, música, cultura e pinturas rupestres. Caramba, parece que nós *Homo sapiens* aprendemos algumas coisas com eles, como usar ferramentas. Então por que ganhamos?

Nós nos tornamos o "Grand Poobah" da vida na Terra porque éramos os mais cooperativos. Essa é a história do sucesso de nossa espécie. Rutger Bregman diz: "Se os neandertais eram um computador super-rápido, nós éramos um PC antiquado, mas com Wi-Fi. Éramos mais lentos, contudo, mais conectados."

Como discuti na primeira seção, somos péssimos em detectar mentiras. Mas nossa fraqueza na detecção de mentiras é nossa força coletiva. Nosso padrão é confiar um no outro. Trabalhar juntos. Quando os neandertais individuais disseram "Que se dane, estou caindo fora", nós ficamos juntos. Nossa capacidade de colaborar, de ajudar, mesmo quando as coisas estivessem na pior, significou, com o tempo, que ganhamos e eles perderam. Apesar de terem um cérebro maior, os neandertais só podiam trabalhar juntos em tribos de dez a quinze, mas nossos superpoderes colaborativos nos permitiram escalar para grupos de mais de cem. Você pode imaginar como foram essas batalhas. E uma leitura mais atenta de Darwin mostra que ele não ignorava isso: "Essas comunidades, que incluíam o maior número de membros mais simpáticos, cresciam de uma forma melhor e criavam o maior número de descendentes."

Nós tendemos a acreditar que, quando as coisas estão objetivamente na pior, como durante a guerra e o desastre, os humanos decidem seguir "cada um por si", mas esse não é o caso. O sociólogo Charles

Fritz fez um estudo em 1959 entrevistando mais de 9 mil sobreviventes de desastres e descobriu que, quando a sociedade moderna vai para o inferno, voltamos ao nosso estado natural de cooperação. O status é temporariamente colocado de lado. Ignoramos disputas políticas, de classe e religiosas. Não há tempo para essas coisas agora, mãos à obra. Obtemos clareza sobre o que é realmente importante, uma clareza que parece impossível no dia a dia. Quando as apostas são a vida ou a morte, o significativo fica gritante.

Quando você tem um problema, o problema é seu. Mas quando todos temos um problema, como devastação por tsunami ou invasão inimiga, o problema é *nosso*. Estamos nisso juntos. Fritz escreveu: "O amplo compartilhamento de perigo, perda e privação produz uma solidariedade íntima, principalmente coletiva, entre os sobreviventes... Essa fusão de necessidades individuais e sociais fornece um sentimento de pertencimento e um senso de unidade raramente alcançado em circunstâncias normais." E assim, voltamos à nossa natureza. A necessidade de conexão é mais profunda do que o desejo de conforto. E quando as coisas estão objetivamente na pior, os humanos fazem o seu melhor.

Em 2005, o furacão Katrina atingiu Nova Orleans. Oitenta por cento da cidade foi inundada, mais de 1.800 pessoas morreram. Como os humanos reagiram? Bem, as notícias estavam cheias de relatos de ilegalidade. Assassinatos, estupros, roubos e domínio de gangues encheram as manchetes. Mas simplesmente não era verdade. No mês seguinte, uma análise mais profunda revelou que "a grande maioria das atrocidades relatadas cometidas por evacuados — assassinatos em massa, estupros e espancamentos — revelou-se falsa, ou pelo menos não apoiada por qualquer evidência, de acordo com as principais autoridades militares e policiais, médicos e funcionários civis em posições de conhecimento". Rebecca Solnit conversou com Denise Moore, que estava lá no meio de tudo, e ela disse: "Ficamos presos como animais, mas presenciei a maior humanidade que já vi, vinda dos lugares mais improváveis."

O Centro de Pesquisa de Desastres da Universidade de Delaware revisou mais de setecentos estudos sobre incidentes semelhantes e descobriu que esse tipo de resposta é verdadeira, em geral. Nós não abusamos, nós nos unimos. Bregman cita um pesquisador dizendo: "Seja qual for a extensão dos roubos, eles sempre perdem importância para o altruísmo generalizado que leva à doação e ao compartilhamento gratuito e maciço de bens e serviços."

Quando o grupo é ameaçado, nos sacrificamos de bom grado porque não é um sacrifício. Ficamos felizes em sermos necessários e poder contribuir. Quando ocorre um desastre, mais pessoas se dirigem ao local do que se afastam. Fritz escreveu: "O movimento em direção à área do desastre geralmente é quantitativa e qualitativamente mais significativo do que a fuga ou a evacuação da área da destruição." E essa é a norma. Adam Mayblum contou sua experiência no 11 de Setembro para Rebecca Solnit: "Eles não conseguiram nos aterrorizar. Estávamos tranquilos. Se você quer nos matar, deixe-nos em paz, porque faremos isso por nós mesmos. Se você quer nos tornar mais fortes, ataque, e nos uniremos."

Quando somos um, não precisamos de placebos. Cuidamos e somos cuidados. Durante a guerra, as internações psiquiátricas diminuem. Esse fenômeno tem sido documentado vez após vez. Quando Belfast experimentou tumultos na década de 1960, a depressão despencou nos distritos com mais violência e subiu onde não havia. O psicólogo H. A. Lyons escreveu: "Seria irresponsável sugerir a violência como meio de melhorar a saúde mental, mas as descobertas de Belfast sugerem que as pessoas se sentirão melhor psicologicamente se tiverem mais envolvimento com sua comunidade."

E, talvez o mais chocante, muitas vezes somos felizes. A famosa humanitária Dorothy Day escreveu sobre o terremoto de 1906 em São Francisco, dizendo: "O que me lembro mais claramente sobre o terremoto foi o calor humano e a bondade de todos depois... Durante a crise, as pessoas se amavam."

E quando a ameaça é reprimida, ironicamente, nós sentimos falta dela. Não da dor ou da miséria, mas da comunidade. Sebastian Junger conversou com a jornalista Nidzara Ahmetasevic, vinte anos após a guerra de Sarajevo, perguntando se eles eram mais felizes naquela época. Ela respondeu: "Estávamos no *auge* da felicidade. E ríamos mais." Ela acrescentou: "Sinto um pouco de saudade da guerra. Mas também acredito que o mundo em que vivemos, e a paz que temos, está muito fodido se alguém está sentindo saudade da guerra. E muitas pessoas estão."

Não, não estou sugerindo para irmos para a guerra ou vivermos em cabanas de grama sem eletricidade. Obviamente, há muitas, muitas, *muitas* coisas boas sobre o mundo moderno, e não quero parecer um alquimista da melancolia fazendo a modernidade parecer um pesadelo com ar-condicionado. Mas James Branch Cabell escreveu: "Um otimista acredita que vivemos no melhor dos mundos possíveis. Um pessimista teme que isso seja verdade." Há pouca dúvida de que, quando se trata de comunidade e felicidade, somos, de certa forma, vítimas de nosso próprio sucesso. É fácil perceber os benefícios da vida moderna, mas muito mais difícil calcular a perda de significado e comunidade.

A vida humana primitiva era rotineiramente um desastre, e não podíamos sobreviver sem ajuda. O individualismo nem era uma opção. Há um número quase infinito de razões para querermos deixar isso para trás. Não precisamos mais depender uns dos outros, mas ainda estamos conectados. Precisamos uns dos outros, mesmo quando não *precisamos* uns dos outros. Se todas as necessidades de seu filho fossem atendidas, você ainda gostaria de fazer coisas por ele, protegê-lo, apesar do fato de que ele está seguro, alimentá-lo, embora exista comida em abundância. Se seu filho tivesse tudo o que poderia querer, você ainda desejaria realizar o processo de tomar conta dele. Culturalmente, parecemos acreditar que podemos "resolver" todas as necessidades e chegar a zero, mas ainda precisamos ser necessários. Junger escreveu: "Os humanos não se importam com as dificuldades, na verdade, eles prosperam com elas; o que os incomoda é não se sentirem necessários. A sociedade moderna aperfeiçoou a arte de fazer com que as pessoas não se sintam necessárias." Foi preciso uma pandemia global para muitos de nós sermos lembrados da importância de nossos relacionamentos.

Nós nos tornamos mais inteligentes, mas menos sábios. E isso não é apenas um chavão cordial, é ciência. A sabedoria não é apenas

QI bruto; envolve compreender os outros. E quando os pesquisadores entrevistaram 2 mil norte-americanos de diferentes níveis de renda, descobriram que, quanto mais rico, menos sábio. Não, dinheiro não é ruim. Mas os pobres dependem mais uns dos outros, como fizemos no passado, como fazemos durante desastres. E foi isso que os cientistas descobriram: "O efeito da classe social no raciocínio sábio foi, pelo menos em parte, explicado por um maior senso de interdependência expresso por participantes com menor status socioeconômico."

Lembra-se de como os amigos eram "outro eu"? As comunidades são a mesma coisa. A pesquisa de autoexpansão encontrou o mesmo efeito em grupos. Nós os incluímos como parte de nós mesmos quando pertencemos. As comunidades são outro eu, outro amigo. Na verdade, o efeito é mais forte em alguns aspectos: um estudo de 2020 descobriu que sentimos mais apoio dos amigos quando eles estão conectados uns aos outros. Sentir-se amado por cinco amigos separados é menos amoroso do que cinco amigos mútuos. Amigos são ótimos. As comunidades podem ser ainda melhores.

Podemos rir dos Amish, mas eles sabem disso melhor do que nós. Eles não evitam a tecnologia porque são ludistas. Eles adotam algumas, como tratores. Como eles decidem o que é aprovado ou não? Pelo efeito que tem na proximidade da comunidade. Os tratores ajudam você a cultivar. Soa bom. Mas os carros permitem que as pessoas morem mais distantes. Nada bom.

Quando os jovens Amish atingem a maioridade, eles participam do que é chamado de "Rumspringa". Eles não precisam seguir as regras e podem viver no mundo moderno por um tempo. Eles têm a chance de ver o outro lado. Depois de alguns anos, eles têm que escolher: mundo moderno ou mundo Amish? Mais de 80% escolhem retornar e se tornar Amish. E desde a década de 1950, a porcentagem que escolhe a vida Amish só tem aumentado.

Não basta apenas ter contato presencial. Precisamos de uma comunidade. Lembra-se daqueles benefícios que o contato humano traz para a saúde? A psicóloga Julianne Holt-Lunstad revisou 148 estudos longitudinais e descobriu que as pessoas que estavam enredadas em uma comunidade tinham uma chance 50% menor de morte em um período de sete anos. Mas esse aspecto comunitário é primordial. Funcionários e conexões digitais não tiveram efeito. Você vive mais apenas passando tempo com aqueles que realmente conhece e de quem se sente próximo.

Com a comunidade vem a obrigação. Mas precisamos do fardo, assim como precisamos das responsabilidades da maternidade e da paternidade. Fomos um pouco longe demais no caminho da liberdade. Queremos uma via de mão dupla porque controle demais é insatisfatório. Precisamos compartilhar e ser cuidados, assim como precisamos cuidar dos outros. Veja uma lista das carreiras mais felizes e ela será dominada por aquelas que ajudam: clero, bombeiros, fisioterapeutas, professores. (Os autores também estão lá, para sua surpresa.)

Não levanto todos esses pontos deprimentes sobre a vida moderna para deixá-lo triste. Eu quero que você seja mais feliz. Mas Johann Hari aponta para pesquisas que mostram que, se você tentar ser mais feliz, provavelmente fracassará. Por quê? Porque a definição ocidental de felicidade é individualista. E, como Brett Ford da Universidade da Califórnia em Berkeley descobriu, isso não funciona. Seus esforços serão todos eu, eu, eu, e vimos que isso não combina com milhões de anos de natureza humana. Você estará fazendo tudo errado porque está mirando no alvo errado. Mais status, mais dinheiro, mais controle, menos obrigações não resolverão seu problema... Ah, a propósito, se você mora na Ásia, ignore o que acabei de dizer. Lá, a definição de felicidade é mais coletivista. Para ser mais feliz, você tentará ajudar os outros e seus esforços serão mais bem-sucedidos. Como Ford disse a Hari: "Quanto mais você pensa que a felicidade é uma coisa social, melhor você fica." Você pode se tornar mais feliz. Mas para subir, você deve primeiro pensar em como elevar os outros.

Felizmente, tudo está começando a se encaixar feito Voltron. Está quase na hora de encerrarmos. Precisamos dar a palavra final sobre sermos ilhas ou não. Mas antes de fazermos isso, talvez devêssemos analisar uma ilha real e ver o que ela pode nos dizer sobre a história de nossa espécie...

19

LEGALMENTE, ELES JÁ ESTAVAM MORTOS. TUDO O QUE TINHAM LHES FOI tirado. Seus casamentos haviam sido anulados. Mas eles haviam se acostumado a um tratamento horrível. Eram leprosos. Literalmente.

Era 1866, e o território do Havaí estava "consertando" seu dilema envolvendo a lepra. Assustadas com a doença, as autoridades decidiram exilar os leprosos na ilha de Molokai. Havia dezesseis; apenas quatro estavam relativamente saudáveis. Dois estavam muito doentes. Logo mais três estariam gravemente doentes também.

Não haveria hospital, nem pessoal para cuidar deles em Molokai. Eles não receberam quase nada. Alguns cobertores e algumas ferramentas agrícolas que nem sabiam usar. Comida suficiente para durar apenas alguns dias. As cabanas da ilha estavam em ruínas. Dizer que foram deixados para sobreviver por conta própria seria generoso demais; eles haviam sido deixados para morrer.

E eram estranhos, não uma família ou um grupo de amigos. Simplesmente não havia razão para os saudáveis ajudarem os doentes. Na verdade, muito pelo contrário. Se os aptos guardassem toda a comida para si e não perdessem tempo cuidando dos fracos, aumentariam muito suas chances de sobrevivência. A carne de porco salgada e as bolachas-do-mar durariam semanas se as dividissem entre os quatro mais saudáveis.

Somente a triagem lhes permitiria criar uma existência habitável. Era hora de abandonar os fracos. Eles eram estranhos penosos que fariam com que todos morressem. Era a única coisa racional a fazer... O navio voltou duas semanas depois, não para levar ajuda, mas para deixar mais leprosos. E a tripulação ficou chocada com o que viu.

As cabanas foram consertadas. As colheitas haviam sido semeadas. Fogueiras queimavam constantemente, para manter os doentes aquecidos. Água fresca havia sido encontrada. Os mais saudáveis não tinham tomado a comida para si; passavam todo o tempo cuidando dos fracos. Os outros cozinhavam e cuidavam da vida sustentável que começaram a construir. E cada um do grupo inicial estava vivo.

Os fortes não fizeram a coisa "racional" e escolheram a sobrevivência egoísta. Eles operaram por instinto. Natureza humana. Eles fizeram a escolha aparentemente irracional de se importar.

Uma história "especial"? Dificilmente. Conforme detalhado em *Pirates, Prisoners, and Lepers: Lessons from Life Outside the Law* [Piratas, Prisioneiros e Leprosos: Lições da Vida Fora da Lei, em tradução livre], os professores da Universidade da Pensilvânia Paul Robinson e Sarah Robinson explicam que essa resposta tem sido vista repetidamente em grupos que se encontram nas situações mais terríveis, em todo o mundo, ao longo de toda a história. Nem sempre, mas com muita frequência. Porque a cooperação "irracional" é o que levou ao nosso sucesso como espécie.

Esquecemo-nos de que nossa supremacia neste planeta estava longe de ser predestinada. Vivemos à beira da extinção durante a maior parte das 125 mil gerações do *Homo sapiens*. A prova final é que, se não cooperássemos frequentemente, se não arriscássemos e escolhêssemos ajudar quando não fosse o preferível, devo ser claro: *você não estaria aqui lendo isso.*

A colônia de leprosos de Molokai era, na verdade, uma ilha. Mas o ponto é que você e eu não somos.

* * *

Sendo assim, o que aprendemos?

A solidão é uma merda e estamos mais solitários do que nunca, mas é menos sobre a falta de pessoas e mais sobre a falta de comunidade. E a solidão é nova, nascida da nossa história relativamente recente do individualismo. Também poderíamos usar um pouco mais de solidão deliberada para sermos mais criativos, encontrar sabedoria e entrar em contato com nós mesmos. Mas, não, não precisamos disso tanto quanto nosso eremita Chris Knight. (A psicóloga de Harvard Jill Hooley na verdade acredita que ele tem transtorno de personalidade esquizoide. Se você não tiver, precisará de mais tempo das pessoas do que ele.) Precisamos de um equilíbrio entre comunidade e solitude, como tínhamos antes do século XIX, mas agora não temos o suficiente de nenhum dos dois.

A popularidade é uma coisa boa, mas, culturalmente, estamos escolhendo o tipo errado, optando por status, poder e fama, em vez de sermos amáveis. Isso geralmente não leva a coisas boas, e é por isso que sua filha quer ser uma assistente de celebridade, em vez de uma CEO. A falta de comunidade faz com que nossa massa cinzenta se sinta insegura, levando-nos a uma maior necessidade de controle em nossa vida e em nossos relacionamentos. Isso levou à escolha de relações parassociais com a tecnologia, que são insatisfatórias. As redes sociais não são maléficas, mas como muitas vezes as usamos para substituir relacionamentos e comunidades reais, seus danos frequentemente superam seus aspectos positivos. Maquiavel disse que, se você tiver que escolher entre ser amado ou temido, escolha ser temido. Mas você não é um príncipe, sinto muito, todos nós precisamos de um pouco mais de amor. Como o professor de psicologia da Universidade Pepperdine, Louis Cozolino, coloca: "O problema é que, quando você depende de um substituto para o amor, nunca terá o suficiente." E, por favor, não se apaixone por um travesseiro.

A felicidade está em baixa e a depressão está em alta, resultado de nossa sociedade hiperindividualista. Tentamos lidar com os efeitos placebo dos antidepressivos e os pseudoabraços dos opiáceos, mas isso não vai funcionar. O que precisamos é de mais comunidade. É o nosso estado natural, e quando o desastre desfaz brevemente a modernidade, podemos ver como somos naturalmente bons e cooperativos. Quando a vida está na pior, atingimos nosso potencial, como mostramos várias vezes, de Katrina ao Molokai. Quando a necessidade de status é deixada de lado, quando estamos "juntos", enfrentando nossos problemas coletivos, descobrimos que o conforto pessoal pouco importa, não precisamos do controle obsessivo, nos sacrificamos uns pelos outros e, surpreendentemente, nos sentimos melhor. Não vamos esperar por catástrofes ou guerras. Podemos aprender uma lição com os Amish e priorizar melhor a comunidade. Como a pesquisa do placebo nos mostra, todos nós precisamos saber que alguém está cuidando de nós. Que não estamos sozinhos. Que, apesar do que nos aflige, a ajuda está a caminho.

Qual é o veredito sobre a expressão desta seção? Eu preciso mesmo dizer isso? Bom, para constar:

"Ninguém é uma ilha" = Verdadeiro.

O século XIX trouxe novas ideias revolucionárias que levaram a muitas coisas boas, mas também a algumas não tão boas. O individualismo foi um pouco longe demais, e acabamos ficando nutricionalmente deficientes de comunidade, resultando em escorbuto emocional. E é aí que nosso adorável tema de "história" volta. Que papéis as histórias têm na comunidade? Lee Marvin disse uma vez: "A morte só é o fim se você supuser que a história é sobre você."

Você não é o único personagem na história.

A história não é um "show de um homem só". Talvez seja um drama de uma hora (ou em dias ruins, uma comédia), mas se essa coisa não tiver um elenco completo de personagens, será uma tragédia. Caramba, se você tem filhos, talvez nem seja mais o personagem principal da história, mas o mentor sábio que ajuda o protagonista na jornada à frente. (Eu? Sou apenas o alívio cômico.)

Conscientemente, sempre nos esforçamos para termos mais autonomia e controle, mas, no fundo, um "show de um homem só" não é como fomos programados. Se fôssemos, o efeito placebo não funcionaria. Você precisa de alguém para lhe dizer "vai ficar tudo bem". O herói precisa salvar os outros e ocasionalmente ser salvo também.

Uau! Conseguimos chegar até o último capítulo. Você e eu. *Nós* conseguimos.

Agora é hora de resolver o maior mistério de todos: o sentido da vida. Temos um punhado de páginas restantes. Não deve ser tão difícil, certo?

Vamos começar nosso fim com uma última história...

ALGO VAGAMENTE
PARECIDO COM UMA CONCLUSÃO

O DR. GIOVANNI BORROMEO SÓ QUERIA QUE AS MORTES PARASSEM. EM 1943, uma nova doença letal varreu o seu distrito em Roma. Os médicos chamaram de "Síndrome K", porque não tinham ideia do que era. Extremamente contagiosos, os infectados tinham que ser mantidos em uma enfermaria separada e trancada.

Os estágios iniciais da doença se assemelhavam à tuberculose, mas sua progressão era muito mais diabólica, causando sintomas neurológicos como paralisia e demência. Por fim, os pacientes morreriam por não conseguirem respirar. As crianças sofreram mais. Você sempre sabia quando estava perto da ala da Síndrome K porque a tosse áspera e implacável dos pequeninos perfurava o ar e ecoava pelos corredores.

Ninguém nunca tinha visto nada parecido antes. O patógeno subjacente não havia sido identificado, e não existia tratamento. A epidemiologia ainda era algo recente e a guerra ainda estava acontecendo na Europa, então não havia ajuda. O maior medo de Giovanni era o de que aquilo se espalhasse, não apenas dentro dos limites de seu amado hospital, mas para o resto de Roma. Apenas 25 anos antes, a gripe de 1918 havia infectado 500 milhões de pessoas e eliminado quase 5% da população mundial.

A situação era ruim e piorava rapidamente, mas, pelo menos, ele estava no lugar perfeito. O Hospital Fatebenefratelli fica em uma

A SURPREENDENTE CIÊNCIA DOS RELACIONAMENTOS

pequena ilha no rio Tibre e tinha a tradição de batalhar contra epidemias crescentes. Em 1656, havia lutado contra a peste; em 1832, a cólera fora seu inimigo. Era um santuário, e seus médicos fariam o que sempre fizeram: lutar para salvar vidas, custe o que custar.

Mas a doença não era a única ameaça. Se a Síndrome K não matasse Giovanni, os nazistas talvez o fizessem. Eles faziam inspeções no hospital e não apreciavam sua interferência. Alguns dos funcionários murmuravam que ele deveria deixá-los verificar a ala da Síndrome K como desejavam. Mas Giovanni estava comprometido em salvar vidas. Ele odiava os nazistas, mas não os deixaria morrer. Ele repetidamente recusou-lhes a entrada na ala da Síndrome K.

Certa vez, a situação escalou. Giovanni ficou imaginando se eles não o prenderiam por insolência. Mas quando os nazistas ouviram a tosse selvagem das crianças, mudaram de ideia e foram embora.

Foi uma época terrível. Ele fazia o que podia. Giovanni só queria que as mortes parassem. Por fim, a guerra acabou. Os nazistas nunca o mataram. E como um bom médico, ele nunca os deixou arriscar a vida entrando na ala da Síndrome K. Outro milagre: ele nunca foi infectado...

Mas, novamente, o judaísmo não é contagioso.

Veja, meu caro leitor, a Síndrome K não existia. Era uma história. Uma mentira. Como eu disse, Giovanni Borromeo *só queria que as mortes parassem*. Isto é, a morte de judeus inocentes, isto é. Fatebenefratelli era um refúgio.

Em outubro, os nazistas reuniram 10 mil judeus de Roma e os enviaram para os campos. A comunidade judaica ficava em frente ao Fatebenefratelli. Os poucos que escaparam da captura buscaram refúgio no hospital. Giovanni e seus colegas médicos os acolheram. Mas havia muitos para esconder. E eles continuaram vindo. Sem um plano, os nazistas notariam, e todos morreriam. E assim, eles criaram uma história: "Síndrome K."

Como Adriano Ossicini, outro médico do hospital, disse mais tarde em uma entrevista: "Criamos esses papéis para os judeus como se fossem pacientes comuns, mas e no momento em que precisávamos dizer de qual doença eles sofriam? Era a Síndrome K, que significa 'Estou internando um judeu', como se ele ou ela estivesse doente, mas todos estavam saudáveis."

Os médicos estavam apavorados, mas isso não os impediu de se divertir um pouco para aliviar a tensão. Sabe o K na Síndrome K? Eles nomearam sua doença fictícia em homenagem ao comandante nazista local, Kesselring. E ao fazer a doença parecer tão horrível e trancar as "vítimas" em uma enfermaria particular, eles espantaram os nazistas de fazerem investigações mais sérias.

Sim, uma vez a situação chegou a um ponto assustador. Parecia que os nazistas prenderiam Giovanni, marchariam até a ala da Síndrome K e descobririam o ardil. Felizmente, um dos funcionários estava na enfermaria e, de brincadeira, incentivou as crianças a tossir o mais alto e horrivelmente possível. Isso resolveu. Os nazistas não queriam pegar o que estava causando aqueles sons terríveis.

Em 1961, Giovanni morreu no mesmo hospital em que salvou vidas. Ele não morreu da terrivelmente virulenta Síndrome K. Ninguém nunca morreu disso. Contudo, mais de cem pessoas viveram por causa dela. E em 2004, Yad Vashem, a organização israelense de memória do Holocausto, declarou Borromeo "justo entre as nações". Um herói.

A história era uma mentira. A síndrome K não era real. Mas, muito mais importante, as vidas que salvou eram.

* * *

Na introdução deste livro, prometi a você a resposta para o sentido da vida. E agora estamos quase no fim. Então, hum, hora de entregá-la, eu acho. (Nota pessoal: resolva isso com muito tato. Pessoas foram queimadas na fogueira por fazer isso errado.)

Quase por definição, significado é algo que deve conectar *tudo* na vida. O sentido da vida deve ser algo que, por trás de tudo, motive a maior parte do que fazemos, nos deixe felizes quando estamos alinhados com ele e infelizes quando não estamos.

Então, chega de enrolação: qual é o verdadeiro sentido da vida?

Quem dera eu soubesse. Olha, eu entendo que você estava esperando alguma sabedoria real no estilo Morgan Freeman aqui, mas eu não tenho licença para praticar metafísica no estado da Califórnia. Claro, eu tenho uma tonelada métrica de estudos e pesquisas, mas não tenho uma linha direta para a verdade eterna. Pergunte-me sobre algo tão profundo quanto o verdadeiro significado da vida, e eu estarei olhando ao redor feito um garoto no shopping que não consegue encontrar sua mãe.

Eu sei, eu sei, essa não é uma resposta muito satisfatória. Mas, na verdade, você não pode me culpar. Eu pesquisei, e a pergunta "Qual é o sentido da vida?" é realmente muito nova. Acredite ou não, apareceu pela primeira vez em inglês em 1843...

Ei, espere um momento. Século XIX. Assim como a solidão. Antes disso, o significado vinha pré-embalado e pronto. Tínhamos histórias que satisfaziam a necessidade de significado, então não nos preocupávamos em perguntar. Dessa forma, todas essas novas ideias individualistas começaram a tomar conta. A ciência floresceu. Deu-nos melhores respostas sobre o mundo material e mais controle sobre ele, o que foi muito bem-vindo. Mas não preencheu o vazio emocional que criou quando perdemos nossas histórias sobre o significado...

Hum. Talvez haja uma resposta. Vamos olhar a questão por outro lado. Perguntemos: *o que prediz o nível de significado pelo qual perceberemos a vida?* E um estudo de 2013 encontrou uma resposta muito robusta e clara para essa pergunta: um senso de pertencimento.

De fato, aquele artigo, "Pertencer é Importar: O Senso de Pertencimento Melhora o Significado da Vida", não encontrou apenas uma correlação. Pertencer causava um senso de significado na vida. E isso não foi um evento científico único. Outro artigo do mesmo autor, Roy Baumeister, professor da Universidade Estadual da Flórida, postulou a necessidade de pertencimento como o "motivo principal" de nossa espécie. E longe de encontrar resistência, esse estudo foi citado mais de 24 mil vezes.

Pertencimento. É por isso que o superpoder de nossa espécie é a cooperação. É o que vimos com o vício em drogas sequestrando os caminhos de recompensa social do cérebro humano. É o que vimos com o efeito placebo curando doenças dizendo ao seu corpo que alguém se importa.

Tudo bem, eu não estou mais procurando minha mãe. Sabedoria à la Morgan Freeman chegando. Eu humildemente lhe entrego: *pertencer é o sentido da vida.*

Antes do século XIX e do individualismo, todas nossas ideologias eram histórias de pertencimento e conexão, lembrando-nos de que não estamos sozinhos e que você não é o único personagem na história. Significado e pertencimento sempre vieram envoltos em histórias e ajudaram a formar as ideologias pelas quais vivemos.

Agora, alguns dirão: "Muitas dessas histórias não eram verdadeiras." E não nego isso. Como disse Neil Gaiman: "As histórias podem muito bem ser mentiras, mas são boas mentiras que dizem coisas verdadeiras." As histórias nem sempre são verdadeiras, mas, como a Síndrome K, as pessoas ao nosso redor *são*. A ciência constrói modelos para tentar entender o mundo, e eles nunca são perfeitos, mas nos dão insights. É por isso que o velho ditado é "todos os modelos estão errados, mas alguns modelos são úteis". Essa máxima é verdadeira para nossas histórias também. Seu objetivo principal, quer soubéssemos ou não, não era a verdade, mas a unidade. Elas nem sempre acertam os fatos, mas acertam o sentido da vida: pertencimento. Assim como seu corpo aceita uma história falsa no efeito placebo. A acupuntura não ajuda, mas o cuidado que ela oferece é um sinal claro de pertencimento, e é isso que importa.

A imprecisão de nossas histórias não tem sido o maior problema para os humanos. Ah, não! O que realmente estragou as coisas para nós foi quando a história do Grupo A não combina com a história do Grupo B. O poder de pertencer é tão forte, que colocamos nosso soco inglês quando nossas histórias são desafiadas. Você não precisa de um doutorado em história para ver que brigar por histórias causou muitos problemas para a humanidade. Falei muito sobre o vínculo que ocorre dentro de um grupo durante a guerra, mas convenientemente não mencionei o que causou a guerra em primeiro lugar. O superpoder de nossa espécie pode ser a cooperação dentro de um grupo que compartilha uma história, mas estamos dispostos a matar membros de um grupo com uma história diferente.

Sendo assim, qual é a resposta? Como preservamos o pertencimento quando nossas histórias são mutuamente exclusivas? A solução é simples: *mais histórias.* Sempre podemos criar outra história para nos unir de uma nova maneira. Nós fazemos isso agora. Você pode não ser minha família, mas é meu amigo. Você pode não ser da minha religião, mas fazemos parte da mesma nação. Podemos não ter nada disso em comum, mas podemos ser fãs de Star Wars. Novas histórias podem nos unir quando as antigas não conseguem. Podemos sempre fazer parte da mesma tribo e compartilhar uma história de pertencimento. Temos um número infinito de maneiras de nos conectar, se tentarmos. Não precisamos de guerra ou desastres para atualizar nossa configuração de cooperação de fábrica. No século XIX, nossa meta-história dominante mudou. Mas podemos alterá-la novamente, se quisermos.

Talvez seja hora de um pouco menos de ciência e de mais algumas histórias. Sim, isso é irônico vindo de mim. Eu sou o cara que vem empurrando estudos científicos em seus olhos por algumas centenas de páginas. Mas também incluí histórias neste livro, não é? E um estudo de 2020 concluiu: "Consideramos as evidências anedóticas mais persuasivas do que as evidências estatísticas quando o envolvimento emocional é alto, como quando os problemas envolvem uma ameaça grave, a saúde ou a si mesmo." Sim, eu sou um bastardo sorrateiro. No entanto, isso é mais uma prova de que *precisamos* de histórias.

Eu ainda gosto de fatos e estatísticas. Eles são incrivelmente valiosos e melhoraram drasticamente nossa vida. Dito isso, não encontraremos o sentido da vida por meio de teorias científicas. Precisamos de uma história unificadora que vá além do indivíduo e crie um senso de que pertencemos. Mark Twain escreveu: "Não se desfaça de suas ilusões. Quando elas se forem, você ainda poderá existir, mas deixou de viver."

Você precisa pertencer. E todos nós precisamos de uma história para nos unir. Este livro não é "escolha sua própria aventura", mas sua vida é. Então isso não é um final. É um começo.

Vimos micro-ondas alienígenas, cavalos geniais, eremitas ladrões, os perigos das memórias perfeitas, Casanova, colônias de leprosos, supersoldados, futebol de mentirosos, namoradas de travesseiro e placebos, amizades entre pregadores e pornógrafos, Sra. Sherlock Holmes, as brincadeiras de Edgar Allan Poe, negociadores de reféns, algemas na sala de parto, as pessoas mais amigáveis do mundo, veto de Viagra e enganação de nazistas por meio de doenças falsas. Quero agradecê-lo por ter vindo nessa jornada louca comigo.

Espero que você tenha aprendido algo. Eu com certeza aprendi. Senti um profundo arrependimento por aprender algumas dessas lições tarde demais. Espero ter lhe poupado um pouco disso. Eu sou o cara que marcou quatro de cem em Agradabilidade, mas os momentos mais memoráveis de minha vida, os que mais me emocionaram, não são aqueles em que eu estava sozinho. São sempre aqueles em que eu estava com um grupo em que me sentia aceito. Em que eu sentia que pertencia.

E se você não está sentindo que pertence por agora, não se esqueça dos poderes mágicos de cura do placebo deste livro. Sério, ele é tão analgésico quanto a acupuntura. Apenas por segurá-lo agora em suas mãos, os midi-chlorians embutidos na capa estão curando sua dor. A ciência diz que sim. Aqui está meu e-mail se você quiser escrever para mim: eb@bakadesuyo.com.

Agora percebo que precisava deste livro mais do que você. Durante toda minha vida, minha história foi solitária. Não é uma comédia entre amigos ou um romance ou um drama de conjunto. É um show de um homem só. Mas aprendi uma lição com a solidão do monstro de Frankenstein. Um livro como este não se compõe passando muito tempo com os amigos. Vem do tempo gasto sozinho. Talvez tempo demais sozinho.

Assim, preciso ir agora. Tenho que ver meus amigos. Preciso abraçá-los e dizer que os amo. Talvez diga a eles: "Eu gostaria de comer seus intestinos." Tenho muito o que consertar e compensar. Mas agora tenho uma ideia melhor de como começar.

Há um velho provérbio africano que diz: "Se você quer ir rápido, vá sozinho. Se você quer ir longe, vá junto." Eu tenho ido rápido por muitos e muitos anos. Mas a estrada é muito mais longa do que eu pensava. Rápido não será mais suficiente. Eu preciso ir longe.

Podemos ir juntos?

RECURSOS

COMO CONVERSAMOS ANTES, A SOLIDÃO É ALGO SÉRIO. SE VOCÊ ESTIVER com dificuldades, a ajuda está disponível. Eu montei uma página de recursos de alto nível em meu site. Você pode encontrá-lo aqui [conteúdo em inglês]:

https://www.bakadesuyo.com/resources

Obter assistência não é nada de que você deva se envergonhar. Depois do romance de ficção científica que foi 2020, muitos de nós se sentiram excluídos, inclusive eu. Durante o lockdown, meu anel do humor explodiu, e parecia que minha alma havia sido frita.

Se você estiver passando por um momento difícil, visite essa página. O problema da solidão é tão ignorado, que você pensaria que era uma página de "termos e condições". Deixar-se sofrer constitui um mau uso existencial. E essencialmente, lembre-se:

Você não está sozinho.

ANTES DE DIZER ADEUS

*Não importa o quão isolado você esteja, e o quão sozinho você se sinta,
se fizer o seu trabalho de forma verdadeira e consciente, amigos desconhecidos virão procurá-lo.*

— CARL JUNG

COMO EU DISSE NO LIVRO: ISSO NÃO É UM FIM, É UM COMEÇO. O COMEÇO DE
uma melhor compreensão de nós mesmos, entendendo os outros e
aprendendo mais maneiras de apenas "humanizar melhor".

Esta é uma jornada contínua. Mais de 500 mil pessoas se inscreveram na minha newsletter gratuita. Junte-se a nós [o conteúdo
está em inglês]:

https://www.bakadesuyo.com/newsletter

Vamos ir mais longe. Vamos juntos.

REFERÊNCIAS

Ciência é uma magia que funciona.

— KURT VONNEGUT

INTRODUÇÃO

Gottman, John M. *The Marriage Clinic: A Scientifically Based Marital Therapy*. Nova York: W. W. Norton, 1999.

Hahlweg, K. *et al.* "The Munich Marital Therapy Study". In *Marital Interaction: Analysis and Modification*, editado por K. Hahlweg e N. S. Jacobson. Nova York: Guilford, 1984.

Lieberman, Matthew D. *et al.* "Putting Feelings into Words: Affect Labeling Disrupts Amygdala Activity in Response to Affective Stimuli". *Psychological Sciences* 18, nº 5 (2007): 421-28. <https://pubmed.ncbi.nlm.nih.gov/17576282/>.

Shenk, Joshua Wolf. "What Makes Us Happy?" *Atlantic*, Junho 2009. <https://www.theatlantic.com/magazine/archive/2009/06/what-makes-ushappy/307439/>.

CAPÍTULO 1

Alison, Laurence, ed. *The Forensic Psychologist's Casebook: Psychological Profiling and Criminal Investigation*. Milton Park, UK: Taylor and Francis, 2005.

Case Western Reserve University. "The Lost Life of a Woman Who Searched for the Missing". The Daily, 26 de janeiro, 2017. <https://thedaily.case.edu/lost-lifewoman-searched-missing/>.

Douglas, John E. *et al. Crime Classification Manual: A Standard System for Investigating and Classifying Violent Crime*, 3ª edição. Hoboken, NJ: Wiley, 2013. Dutton, Denis. "The Cold Reading Technique". *Experientia* 44 (1988): 326-32. <http://www.denisdutton.com/cold_reading.htm>.

Forer, Bertram. "The Fallacy of Personal Validation: A Classroom Demonstration of Gullibility". *Journal of Abnormal Psychology,* 44, nº 1 (1949): 118-23.

Gilovich, Thomas. *How We Know What Isn't So: The Fallibility of Human Reason in Everyday Life*. Nova York: Free Press, 1993.

Gladwell, Malcolm. "Dangerous Minds: Criminal Profiling Made Easy". *New Yorker*, 12 de Novembro, 2007. <https://www.newyorker.com/magazine/2007/11/12/dangerous-minds>.

Hunter, Colin. "Cold Reading: Confessions of a 'Psychic'". Association for Science and Reason, 8 de agosto, 2007. <http://www.scienceandreason.ca/skepticism/cold-reading-confessions-of-a-psychic/>.

Hyman, Ray. "Cold Reading: How to Convince Strangers That You Know All About Them". *Skeptical Inquirer*, 1977. <https://www.deceptionary.com/ftp/Hyman.pdf>.

Konnikova, Maria. *The Confidence Game: Why We Fall for It... Every Time.* Nova York: Penguin, 2016.

Lilienfeld, Scott O. *et al. Fifty Great Myths of Popular Psychology: Shattering Widespread Misconceptions about Human Behavior*. Malden, MA: Wiley-Blackwell, 2010.

MacMillan, Thomas. "Can Criminal Profilers Really Get Inside the Head of a Killer?" Vulture, 20 de outubro, 2017. <https://www.vulture.com/2017/10/mind hunter-criminal-profiling-really-work-like-this.html>.

Matthews, Dylan. "Criminal Profiling Doesn't Work: TV Shows Should Maybe Stop Celebrating It". Vox, 12 de novembro, 2018. <https://www.vox.com/future-perfect/2018/11/12/18044688/criminal-profilers-mindhunter-hannibal-criminal-minds>.

McRaney, David. *You Are Not So Smart*. Nova York: Gotham, 2011.

REFERÊNCIAS

Picker, Lenny. "Before There Was Harry Bosch, There Was Grace Humiston: PW Talks with Brad Ricca". *Publisher's Weekly*, 11 de novembro, 2016. <https:// www.publishersweekly.com/pw/by-topic/authors/interviews/article/72002-before-there-was-harry-bosch-there-was-grace-humiston-pw-talks-with-brad-ricca.html>.

Ricca, Brad. *Mrs. Sherlock Holmes: The True Story of New York City's Greatest Female Detective and the 1917 Missing Girl Case That Captivated a Nation.* Nova York: St. Martin's, 2017.

Ricca, Brad. "Searching for Grace Humiston: Mrs. Sherlock Holmes". The History Reader, 13 de janeiro, 2012. <http://www.thehistoryreader.com/modern-history/grace-humiston/>.

Rowland, Ian. *The Full Facts Book of Cold Reading.* London: Ian Rowland Limited, 6ª edição, 2015.

Wikipédia. "Barnum Effect". <https://en.wikipedia.org/wiki/Barnum_effect>.

Wikipédia. "Confirmation Bias". <https://en.wikipedia.org/wiki/Confirmation_bias>.

Wikipédia. "Mary Grace Quackenbos". <https://en.wikipedia.org/wiki/Mary_Grace_Quackenbos>.

Wikipédia. "Offender Profiling". <https://en.wikipedia.org/wiki/Offender_pro filing>.

Witkowski, Tomasz. "Are Criminal Profilers 'Any Better Than a Bartender?' Not Necessarily, Suggests Review of Forty Years of Relevant Research". *Research Digest* (blog), 30 de janeiro, 2019. <https://digest.bps.org.uk/2019/01/30/better-than-a-bartender-not-necessarily-suggests-review-of-40-years-of-research-on-criminal-profiling/>.

CAPÍTULO 2

Bellows, Alan. "Clever Hans the Math Horse". Damn Interesting, fevereiro de 2007. <https://www.damninteresting.com/clever-hans-the-math-horse/>.

Brown, Erik. "Clever Hans—the Horse That Could Count". Medium, 12 de abril, 2019. <https://medium.com/lessons-from-history/clever-hans-the-horse-thatcould-count-561cdd5a1eab>.

Dare, Tim. "Clever Hans: Cueing and the Observer Effect". Future Learn, sem data. <https://www.futurelearn.com/courses/logical-and-critical-thinking/0/steps/9163>.

Epley, Nicholas. *Mindwise: Why We Misunderstand What Others Think, Believe, Feel, and Want.* Nova York: Knopf Doubleday, 2014.

Eyal, Tal e Nicholas Epley. "How to Seem Telepathic: Enabling Mind Reading by Matching Construal". *Psychological Science,* 21, nº 5 (2010): 700-705. <https://journals.sagepub.com/doi/pdf/10.1177/0956797610367754>.

Eyal, T., M. Steffel e N. Epley. "Perspective Mistaking: Accurately Understanding the Mind of Another Requires Getting Perspective, Not Taking Perspective". *Journal of Personality and Social Psychology,* 114, nº 4 (2018): 547-71. <http://psycnet.apa.org/record/2018-13651-004>.

Galinsky, Adam D., Cynthia S. Wang e Gillian Ku. "Perspective-Takers Behave More Stereotypically". *Journal of Personality and Social Psychology,* 95, nº 2 (2008): 404-19. <https://pubmed.ncbi.nlm.nih.gov/18665710/>.

Goman, Carol Kinsey. *The Silent Language of Leaders: How Body Language Can Help — or Hurt — How You Lead.* San Francisco: Jossey-Bass, 2011.

Hall, Judith A., Marianne Schmid Mast e Tessa V. West. *The Social Psychology of Perceiving Others Accurately.* Cambridge: Cambridge University Press, 2016.

Hooper, Rowan. *Superhuman: Life at the Extremes of Our Capacity.* Nova York: Simon & Schuster, 2018.

Knapp, Mark L., Judith Hall e Terrence G. Horgan. *Nonverbal Communication in Human Interaction.* 8ª edição. Boston: Wadsworth, Cengage Textbook, 2014.

Konnikova, Maria. *The Confidence Game: Why We Fall for It... Every Time.* Nova York: Penguin, 2016.

Murphy, Heather. "Why It Seems as If Everyone Is Always Angry with You". *New York Times,* 24 de abril, 2018. <https://www.nytimes.com/2018/04/24/science/ reading-neutral-faces.html>.

New York Times. "Berlin's Wonderful Horse". 5 de setembro, 1904. <https://timesmachine.nytimes.com/timesmachine/1904/09/04/101396572.pdf>.

New York Times. "'Clever Hans' Again". 2 de outubro, 1904. <https://times-machine.nytimes.com/timesmachine/1904/10/02/120289067.pdf>.

New York Times. "Expert Commission Decides That the Horse Actually Reasons". 1904.

New York Times. "A Horse — and the Wise Men". 23 de julho, 1911. <https://timesmachine.nytimes.com/timesmachine/1911/07/23/104872007.pdf>.

Pfungst, Oskar. *Clever Hans (The Horse of Mr. Von Osten): A Contribution to Experimental Animal and Human Psychology*. Traduzido por Carl L. Rahn. 1911. <https://www.gutenberg.org/files/33936/33936-h/33936-h.htm>.

Samhita, Laasya e Hans J. Gross. "The 'Clever Hans Phenomenon' Revisited". *Communicative and Integrative Biology*, 6, nº 6 (2013). <https://www.ncbi.nlm.nih.gov/pmc/articles/PMC3921203/>.

Swann, William B., Jr. e Michael J. Gill. "Beliefs, Confidence, and the Widows Ademoski: On Knowing What We Know About Others". 107-25. <https://labs.la.utexas.edu/swann/files/2017/05/Ademoski.pdf>.

Swann, William B., Jr. e Michael J. Gill. "Confidence and Accuracy in Person Perception: Do We Know What We Think We Know About Our Relationship Partners?" *Journal of Personality and Social Psychology*, 73, nº 4 (1997): 747-57. <https://labs.la.utexas.edu/swann/files/2016/03/swann_gill97.pdf>.

Todorov, Alexander. *Face Value: The Irresistible Influence of First Impressions*. Princeton, NJ: Princeton University Press, 2017.

Wikipédia. "Clever Hans". <https://en.wikipedia.org/wiki/Clever_Hans>.

Wikipédia. "Observer-Expectancy Effect". <https://en.wikipedia.org/wiki/Observer-expectancy_effect>.

CAPÍTULO 3

11gouveia. "Hyperthymesia: Gift or Curse?" Do Good, 4 de novembro, 2013. <https://11gouveia.wordpress.com/2013/11/04/hyperthymesia-gift-or--curse/>.

American Association for the Advancement of Science. "First Impressions Count When Making Personality Judgments, New Research Shows". *EurekAlert!*, 3 de novembro, 2009. <https://www.eurekalert.org/news--releases/759765>.

American Association for the Advancement of Science. "Personalities Judged by Physical Appearance Alone". *EurekAlert!*, 10 de dezembro, 2009. <https://www.eurekalert.org/news-releases/678601>.

Biesanz, Jeremy C. *et al.* "Do We Know When Our Impressions of Others Are Valid? Evidence for Realistic Accuracy Awareness in First Impressions of Personality". *Social Psychological and Personality Science, 2*, nº 5 (2011): 452-59. <https://journals.sagepub.com/doi/pdf/10.1177/1948550610397211>.

"The Boy Who Can't Forget (Superhuman Genius Documentary)". Real Stories, 12 de outubro, 2016. <https://www.youtube.com/watch?v=9B-nu0UrgxBg>.

Brandon, A. Ally, Erin P. Hussey e Manus J. Donahue. "A Case of Hyperthymesia: Rethinking the Role of the Amygdala in Autobiographical Memory". *Neurocase,* 19, nº 2 (2012): 166-81. <https://www.ncbi.nlm.nih.gov/pmc/articles/ PMC3432421/>.

Cooperman, Jeannette. "The Boy Who Can't Forget". *St. Louis*, 22 de agosto, 2014. <https://www.stlmag.com/news/the-boy-who-can%27t-forget/>.

"Endless Memory, Part 1". *CBS News*, 19 de dezembro, 2010. <https://www.youtube.com/watch?v=2zTkBgHNsWM>.

"Endless Memory, Part 2". *CBS News*, 19 de junho, 2011. <https://www.youtube.com/watch?v=en23bCvp-Fw>.

Epley, Nicholas. *Mindwise: Why We Misunderstand What Others Think, Believe, Feel, and Want.* Nova York: Knopf Doubleday, 2014.

"Extraordinary Variations of the Human Mind: James McGaugh: Highly Superior Autobiographical Memory". University of California Television, 12 de julho, 2017. <https://www.youtube.com/watch?v=YDbFSiMg_nQ>.

Fetchenhauer, Detlef, Ton Groothuis e Julia Pradel. "Not Only States but Traits — Humans Can Identify Permanent Altruistic Dispositions in 20's". *Evolution and Human Behavior,* 31, nº 2 (2010): 80-86. <https://psycnet.apa.org/record/2009-16070-001>.

Fowler, Katherine A., Scott O. Lilienfeld e Christopher J. Patrick. "Detecting Psychopathy from Thin Slices of Behavior". *Psychological Assessment,* 21, nº 1 (2009): 68-78. <https://pubmed.ncbi.nlm.nih.gov/19290767/>.

REFERÊNCIAS

"The Gift of Endless Memory". *60 Minutes*, 16 de dezembro, 2010. <https://www.cbsnews.com/news/the-gift-of-endless-memory/>.

Gilovich, Thomas. *How We Know What Isn't So: The Fallibility of Human Reason in Everyday Life*. Nova York: Free Press, 1993.

Gosling, Sam. *Snoop: What Your Stuff Says About You*. Nova York: Basic Books, 2009.

Gray, Keturah e Katie Escherich. "Woman Who Can't Forget Amazes Doctors". *ABC News*, 9 de maio, 2008. <https://abcnews.go.com/Health/story?id=4813052&page=1>.

Hall, Judith A., Marianne Schmid Mast e Tessa V. West. *The Social Psychology of Perceiving Others Accurately*. Cambridge: Cambridge University Press, 2016.

Himmelfarb, Samuel. "Studies in the Perception of Ethnic Group Members: I. Accuracy, Response Bias, and Anti-Semitism". *Journal of Personality and Social Psychology,* 4, nº 4 (1966): 347–55. <https://psycnet.apa.org/record/1966-13126-001>.

"Holding Grudges When You Remember Everything". *60 Minutos*, 12 de janeiro, 2014. <https://www.youtube.com/watch?v=HLotU3_taUc>.

Hooper, Rowan. *Superhuman: Life at the Extremes of Our Capacity*. Nova York: Simon & Schuster, 2018.

"In Defense of Ignorance". *This American Life*, 22 de abril, 2016. <https://www.thisamericanlife.org/585/transcript>.

Israel, David K. "Four People with Super Memory". *Mental Floss*, 21 de setembro, 2009. <http://mentalfloss.com/article/30543/4-people-super-memory>.

Knapp, Hall e Horgan. *Nonverbal Communication in Human Interaction*.

Ko, Young Jin e Jin Nam Choi. "Overtime Work as the Antecedent of Employee Satisfaction, Firm Productivity, and Innovation". *Journal of Organizational Behavior,* 40, nº 3 (2019): 282–95. <https://onlinelibrary.wiley.com/doi/full/10.1002/job.2328>.

Konnikova, Maria. *The Confidence Game: Why We Fall for It… Every Time*. Nova York: Penguin, 2016.

Konnikova, Maria. *Mastermind: How to Think Like Sherlock Holmes*. Nova York: Penguin, 2013.

Kraus, Michael W. e Dracher Keltner. "Signs of Socioeconomic Status: A Thin-Slicing Approach". *Psychological Science,* 20, nº 1 (2009): 99–106. <https://pubmed.ncbi.nlm.nih.gov/19076316/>.

LePort, Aurora K. R., Shauna M. Stark e James L. Mcgaugh. "Highly Superior Autobiographical Memory: Quality and Quantity of Retention over Time". *Frontiers in Psychology,* 6 (janeiro de 2016). <https://www.researchgate.net/publication/291391487_Highly_Superior_Autobiographical_Memory_Quality_and_Quantity_of_Retention_Over_Time>.

LePort, Aurora K. R. *et al.* "Behavioral and Neuroanatomical Investigation of Highly Superior Autobiographical Memory (HSAM)". *Neurobiology of Learning and Memory,* 98, nº 1 (2012): 78–92. <https://www.sciencedirect.com/science/article/pii/S1074742712000706>.

LePort, Aurora K. R. *et al.* "A Cognitive Assessment of Highly Superior Autobiographical Memory". *Memory,* 25, nº 2 (2017). <https://www.tandfonline.com/doi/abs/10.1080/09658211.2016.1160126?scroll=top&needAccess=true&journalCode=pmem20>.

LePort, Aurora K. R. *et al.* "Highly Superior Autobiographical Memory: Quality and Quantity of Retention over Time". *Frontiers in Psychology*, 21 de janeiro, 2016. <https://www.frontiersin.org/articles/10.3389/fpsyg.2015.02017/full>.

Little, Anthony C. e David I. Perrett. "Using Composite Images to Assess Accuracy in Personality Attribution to Faces". *British Journal of Psychology,* 98, parte 1 (fevereiro de 2007): 111–26. <https://pubmed.ncbi.nlm.nih.gov/17319053/>.

Lorenzo, Genevieve L., Jeremy C. Biesanz e Lauren J. Human. "What Is Beautiful Is Good and More Accurately Understood: Physical Attractiveness and Accuracy in First Impressions of Personality". *Psychological Science,* 21, nº 12 (2010): 1777–82. <https://pubmed.ncbi.nlm.nih.gov/21051521/>.

Lount, Robert B., Jr. *et al.* "Getting Off on the Wrong Foot: The Timing of a Breach and the Restoration of Trust". *Personality and Social Psychology Bulletin,* 34, nº 12 (2008): 1601–12. <https://journals.sagepub.com/doi/10.1177/0146167208324512>.

Macmillan, Amanda. "The Downside of Having an Almost Perfect Memory". *Time*, 8 de dezembro , 2017. <http://time.com/5045521/highly-superior-autobiographical-memory-hsam/>.

REFERÊNCIAS

Marcus, Gary. "Total Recall: The Woman Who Can't Forget". *Wired*, 23 de março, 2009. <https://www.wired.com/2009/03/ff-perfectmemory/?currentPage=all>.

McRobbie, Linda Rodriquez. "Total Recall: The People Who Never Forget". *Guardian*, 8 de fevereiro, 2017. <https://www.theguardian.com/science/2017/feb/08/total-recall-the-people-who-never-forget>.

Naumann, Laura P., Simine Vazire e Peter J. Rentfrow. "Personality Judgments Based on Physical Appearance". *Personality and Social Psychology Bulletin,* 35, nº 12 (2009): 1661-71. <https://journals.sagepub.com/doi/10.1177/0146167209346309>.

Patihis, Lawrence. "Individual Differences and Correlates of Highly Superior Autobiographical Memory". *Memory,* 24, nº 7 (2016): 961-78. <https://www.tandf online.com/doi/abs/10.1080/09658211.2015.1061011>.

Pentland, Alex. *Honest Signals: How They Shape Our World*. Cambridge, MA: MIT Press, 2010.

Price, Jill. *The Woman Who Can't Forget: The Extraordinary Story of Living with the Most Remarkable Memory Known to Science — a Memoir*. Nova York: Free Press, 2008.

Roberts, Amber. "The People Who Can Remember Every Single Day of Their Life". Vice, 28 de julho, 2015. <https://www.vice.com/en_us/article/xd7wxk/we-spoke-to-a-guy-who-remembers-almost-everything--about-his-life>.

"Scientific Reports on Highly Superior Autobiographical Memory". Center for the Neurobiology of Learning and Memory, UC Irvine. <http://cnlm.uci.edu/hsa/scientific-reports/>.

Shafy, Samiha. "An Infinite Loop in the Brain". Traduzido por Christopher Sultan.

Spiegel International, 21 de novembro, 2008. <http://www.spiegel.de/international/world/the-science-of-memory-an-infinite-loop-in-the--brain-a-591972.html>. Spiegel, Alix.

"When Memories Never Fade, the Past Can Poison the Present". *All Things Considered*, NPR, 27 de dezembro, 2013. <https://www.npr.org/sections/health-shots/2013/12/18/255285479/when-memories-never-fade-the--past-can-poison-the-present>.

Thomson, Helen. "People Who Never Forget Their Past Could Have a Unique Kind of OCD". *New Scientist*, 1º de abril, 2016. <https://www.

newscientist.com/article/2082771-people-who-never-forget-their-past-could-have-unique-kind-of-ocd/>.

Thomson, Helen. *Unthinkable: An Extraordinary Journey Through the World's Strangest Brains.* Nova York: HarperCollins, 2019.

Thompson, Victoria. "He Never Forgets: Meet the Super-Memory Man". *ABC News*, 13 de março, 2009. <https://abcnews.go.com/Nightline/story?id=7075443&page=1>.

Todorov, Alexander. *Face Value: The Irresistible Influence of First Impressions*. Princeton, NJ: Princeton University Press, 2017.

Tsoulis-Reay, Alexa. "What It's Like to Remember Almost Everything That Has Ever Happened to You". *The Cut*, 13 de novembro, 2014. <http://nymag.com/sci enceofus/2014/11/what-its-like-to-remember-almost--everything.html>.

Wheeler, Sarah, Angela Book e Kimberly Costello. "Psychopathic Traits and Perceptions of Victim Vulnerability". *Criminal Justice and Behavior,* 36, nº 6 (2009): 635-48. <https://journals.sagepub.com/doi/10.1177/0093854809333958>.

Wikipédia. "Confirmation Bias". <https://en.wikipedia.org/wiki/Confirmation_bias>.

Wikipédia. "Eidetic Memory". <https://en.wikipedia.org/wiki/Eidetic_memory>.

Wikipédia. "Hyperthymesia". <https://en.wikipedia.org/wiki/Hyperthymesia>.

Willis, Janine e Alexander Todorov. "First Impressions: Making Up Your Mind After a 100-Ms Exposure to a Face". *Psychological Science,* 17, nº 7 (2006): 592-98. <https://journals.sagepub.com/doi/10.1111/j.1467-9280.2006.01750.x>.

Wyer, Natalie A. "You Never Get a Second Chance to Make a First (Implicit) Impression: The Role of Elaboration in the Formation and Revision of ImplicitImpressions". *Social Cognition,* 28, nº 1 (2010): 1-19. <https://psycnet.apa.org/record/2010-04279-001>.

Zander-Schellenberg, Thea, *et al.* "It Was Intuitive, and It Felt Good: A Daily Diary Study on How People Feel When Making Decisions". *Cognition and Emotion,* 33, nº 7 (2019): 1505-13. <https://www.tandfonline.com/doi/full/10.1080/02699931.2019.1570914>.

CAPÍTULO 4

Alison, Laurence, editora. *The Forensic Psychologist's Casebook: Psychological Profiling and Criminal Investigation*. Milton Park, UK: Taylor and Francis, 2005.

"Beyond Good Cop / Bad Cop: A Look at Real-Life Interrogations". *Fresh Air*, NPR, 5 de dezembro, 2013. <https://www.npr.org/2013/12/05/248968150/beyond-good-cop-bad-cop-a-look-at-real-life-interrogations>.

Bogira, Steve. *Courtroom 302: A Year Behind the Scenes in an American Criminal Courthouse*. Nova York: Knopf Doubleday, 2005.

Boon, Jon. "Carlos Kaiser: Fake Footballer Who Cheated a Living out of the Game but Never Played in a Professional Match". *Sun*, 19 de julho, 2018. <https://www.thesun.co.uk/sport/football/6798246/carlos-kaiser-farce-footballer-documentary-brazil/>.

Cole, Tim. "Lying to the One You Love: The Use of Deception in Romantic Relationships". *Journal of Social and Personal Relationships,* 18, nº 1 (2001): 107-29. <https://journals.sagepub.com/doi/10.1177/0265407501181005>.

DePaulo, B. M. e D. A. Kashy. "Everyday Lies in Close and Casual Relationships". *Journal of Personality and Social Psychology,* 74, nº 1 (1998): 63-79. <https://psycnet.apa.org/record/1997-38342-005>.

Etcoff, Nancy, *et al.* "Lie Detection and Language Comprehension". *Nature*, junho de 2000. <https://www.researchgate.net/publication/12497273_Lie_detection_and_language_comprehension>.

Hall, Judith A., Marianne Schmid Mast e Tessa V. West. *The Social Psychology of Perceiving Others Accurately*. Cambridge: Cambridge University Press, 2016. High-Value Detainee Interrogation Group. *Interrogation Best Practices*. Washing-ton, DC: FBI, 26 de agosto, 2016. <https://www.fbi.gov/file-repository/hig-report-august-2016.pdf/view>.

High-Value Detainee Interrogation Group. *Interrogation: A Review of the Science*. Washington, DC: FBI, setembro de 2016. <https://www.fbi.gov/file-repository/hig-report-interrogation-a-review-of-the-science-september-2016.pdf/view>.

Hirsch, Alan. "Going to the Source: The 'New' Reid Method and False Confes-sions". 2014. <https://pdfs.semanticscholar.org/9f3f/d52ecc-20cb9c988818403 d66664278e97352.pdf>.

Jordan, Sarah, *et al.* "A Test of the Micro-expressions Training Tool: Does It Improve Lie Detection?" *Journal of Investigative Psychology and Offender Profiling,* 16, nº 3 (2019): 222-35. <https://onlinelibrary.wiley.com/doi/10.1002/jip.1532>.

Kassin, Saul M. *et al.* "Police-Induced Confessions: Risk Factors and Recommendations". *Law and Human Behavior,* 15 de julho, 2009. <https://papers.ssrn.com/sol3/papers.cfm?abstract_id=1483878>.

Katwala, Amit. "The Race to Create a Perfect Lie Detector — and the Dangers of Succeeding". *Guardian*, 5 de setembro, 2019. <https://www.theguardian.com/technology/2019/sep/05/the-race-to-create-a-perfect-lie-detector-and-the-dangers-of-succeeding>.

Kolker, Robert. "Nothing but the Truth". Marshall Project, 24 de maio, 2016. <https://www.themarshallproject.org/2016/05/24/nothing-but-the-truth>.

Lilienfeld, Scott O. *et al. Fifty Great Myths of Popular Psychology: Shattering Widespread Misconceptions about Human Behavior.* Malden, MA: Wiley-Blackwell, 2010.

Leighty-Phillips, Tucker. "Superstar Who Couldn't Play the Game". Atlas Obscura, 19 de agosto, 2016. <https://www.atlasobscura.com/articles/soccers-ultimate-con-man-was-a-superstar-who-couldnt-play-the-game>.

Meissner, C. A. *et al.* "Developing an Evidence-Based Perspective on Interrogation: A Review of the U.S. Government's High-Value Detainee Interrogation Group Research Program". *Psychology, Public Policy, and Law,* 23, nº 4 (2017): 438-57. <https://psycnet.apa.org/record/2017-49224-003>.

Nuwer, Rachel. "What If We Knew When People Were Lying?" BBC, 25 de março, 2019. <https://www.bbc.com/future/article/20190324-what-if-we-knew-when-people-were-lying>.

Phillips, Dom. "Confessions of Carlos Kaiser: Football's Biggest Conman". Yahoo Sport, 23 de julho, 2018. <https://uk.sports.yahoo.com/news/confessions-carlos-kaiser-football-biggest-110947116.html?guccounter=1>.

Rollings, Grant. "Brazilian Footballer Enjoyed a Twenty-Six Year Run of Sex, Money, and Fame — Without Kicking a Ball". *Sun*, 31 de julho, 2018.

<https://www.thesun.co.uk/sport/6900946/brazil-carlos-henrique-raposo/>.

Rollings, Grant. "Inside the Life of Football Con Artist Carlos Henrique Raposo". news.com.au, 2 de agosto, 2018. <https://www.news.com.au/sport/sports-life/inside-the-life-of-football-con-artist-carlos-henrique-raposo/news-story/fc356e7613d66ee69fba482306f4f88c>.

Roy, Ayush. "Carlos Henrique 'Kaiser': The Story of Football's Greatest Conman". Sportskeeda, 7 de outubro, 2021. <http://www.sportskeeda.com/football/carlos-henrique-kaiser-the-story-of-footballs-greatest--conman>.

Schollum, Mary. *Investigative Interviewing: The Literature*. Office of the Commissioner of Police, Wellington, NZ, 2005. <https://books.google.com/books/about/Investigative_Interviewing.html?id=7pPcMgAACAAJ>.

Shea, Christopher. "The Liar's 'Tell': Is Paul Ekman Stretching the Truth?"

Chronicle Review, 10 de outubro, 2014. <https://www.chronicle.com/article/The-Liars-Tell/149261>.

Smyth, Rob. "The Forgotten Story of... Carlos Kaiser, Football's Greatest Conman". *Guardian*, 25 de abril, 2019. <https://www.theguardian.com/football/blog/2017/apr/26/the-forgotten-story-of-carlos-kaiser-footballs-greatest-conman>.

Starr, Douglas. "Do Police Interrogation Techniques Produce False Confes-sions?" *New Yorker*, 1º de dezembro, 2013. <https://www.newyorker.com/magazine/2013/12/09/the-interview-7>.

Starr, Douglas. "Police Interrogation Techniques Are Bogus and Inaccu-rate".

Aeon, 9 de fevereiro, 2016. <https://aeon.co/ideas/standard-interrogation--techniques-lead-to-false-confessions/>.

"Toddlers Who Lie 'Will Do Better.'" BBC, 17 de maio, 2010. <https://www.bbc.co.uk/news/10119297>.

Tyers, Alan. "Kaiser! The Greatest Footballer to Never Play Football: Meet the Legendary Brazilian Con-Man and Womanizer". *Telegraph*, 25 de julho, 2018. <https://www.telegraph.co.uk/football/2018/07/25/kaiser--greatest-footballer-never-play-football-meet-legendary/>.

Vrij, Aldert. "Deception and Truth Detection When Analyzing Nonverbal and Verbal Cues". *Applied Cognitive Psychology* 33, nº 2 (2019): 160–67. <https:// onlinelibrary.wiley.com/doi/abs/10.1002/acp.3457>.

Vrij, Aldert, Pär Anders Granhag e Stephen Porter. "Pitfalls and Opportunities in Nonverbal and Verbal Lie Detection".

Psychological Science in the Public Interest, 11, nº 3 (2010): 89–121. <https:// www.psychologicalscience.org/journals/pspi/pspi_10_6.pdf>.

Wikipédia. "Carlos Kaiser (Footballer)". <https://en.wikipedia.org/wiki/ Carlos_Kaiser_(footballer)>.

Wikipédia. "William Mouton Marston". <https://en.wikipedia.org/wiki/ William_Moulton_Marston>.

Wray, Herbert. "When Thoughts Weigh Heavy: Outsmarting the Liars". 4 de abril, 2011. Association for Psychological Science. <https://www. psychologicalscience.org/news/full-frontal-psychology/when-thought- -weigh-heavy-outsmarting-the-liars.html>.

CAPÍTULO 5

BEC Crew. "Harvard Physicists Just Proposed That Mystery Radio Bursts Are Powering Alien Spaceships". *ScienceAlert*, 11 de maio, 2017. <https:// www.science alert.com/harvard-physicists-just-proposed-that-mys- terious-cosmic-radio-bursts-are-powering-alien-spaceships>.

BEC Crew. "Scientists Are at a Loss to Explain This Mysterious Cosmic Radio Signal". *ScienceAlert*, 11 de maio, 2017. <https://www.sciencealert. com/scientists-are-at-a-complete-loss-to-explain-this-mysterious- -cosmic-radio-signal>.

Bushwick, Sophie. "Mysterious Radio Bursts Are Indeed Coming from a Galaxy Far, Far Away". *Popular Science*, 22 de abril, 2015. <https://www. popsci.com/cosmic-whodunnit-culprit-ismicrowave-ovens>.

Butler, Jeffrey, Paola Giuliano e Luigi Guiso. "The Right Amount of Trust". Discussion Paper Nº 4416. Institute for the Study of Labor, setembro de 2009. <https://ftp.iza.org/dp4416.pdf>.

Cole, Tim. "Lying to the One You Love: The Use of Deception in Romantic Relationships". *Journal of Social and Personal Relationships* 18, nº 1 (2001): 107–29. <https://journals.sagepub.com/ doi/10.1177/0265407501181005>.

REFERÊNCIAS

Drake, Nadia. "Rogue Microwave Ovens Are the Culprits Behind Mysterious Radio Signals". *National Geographic*, 9 de abril, 2015. <https://www.national geographic.com/science/phenomena/2015/04/10/rogue-microwave-ovens-are-the-culprits-behind-mysterious-radio-signals/>.

Gibney, Elizabeth. "Why Ultra-Powerful Radio Bursts Are the Most Perplexing Mystery in Astronomy". *Nature*, 28 de junho, 2016, 610-12. <https://www.nature.com/news/why-ultra-powerful-radio-bursts-are-the-most-perplexing-mystery-in-astronomy-1.20175>.

Golub, Sarit A., Daniel T. Gilbert e Timothy D. Wilson. "Anticipating One's Troubles: The Costs and Benefits of Negative Expectations". *Emotion,* 9, nº 2 (2009): 277-81. <https://pubmed.ncbi.nlm.nih.gov/19348540/>.

Hall, Judith A., Marianne Schmid Mast e Tessa V. West. *The Social Psychology of Perceiving Others Accurately.* Cambridge: Cambridge University Press, 2016.

HEASARC. "GR/FRB?" Picture of the Week. Modificado em 5 de dezembro, 2016. <https://heasarc.gsfc.nasa.gov/docs/objects/heapow/archive/transients/frbgrb_swift.html>.

Kaplan, Sarah. "Stumped for Years, Astronomers Find Source of Mysterious Signals—in Their Kitchen". *Washington Post*, 6 de maio, 2015. <https://www.washingtonpost.com/news/morning-mix/wp/2015/05/06/stumped-for-years-astronomers-find-source-of-mysterious-signals-in-their-kitchen/>.

Knapton, Sarah. "Mystery 'Alien' Radio Signal Picked Up in Space". *Telegraph*, 20 de janeiro, 2015. <https://www.telegraph.co.uk/news/science/space/11357176/Mystery-alien-radio-signal-picked-up-in-space.html>.

Konnikova, Maria. *The Confidence Game: Why We Fall for It... Every Time.* Nova York: Penguin, 2016.

Li, Jamy e Mark Chignell. "Birds of a Feather: How Personality Influences Blog Writing and Reading". *International Journal of Human-Computer Studies,* 68, nº 9 (2010): 589-602. <https://www.sciencedirect.com/science/article/abs/pii/S1071581910000522>.

Lingam, Manasvi e Abraham Loeb. "Fast Radio Bursts from Extragalactic Light Sails". Draft, 28 de fevereiro, 2017. <https://arxiv.org/pdf/1701.01109.pdf>.

MacDonald, Fiona. "NASA Researchers Are Working on a Laser Propulsion System That Could Get to Mars in Three Days". *ScienceAlert*, 22 de fevereiro, 2016. <https://www.sciencealert.com/nasa-scientists-are-investigating-a-propulsion-system-that-could-reach-mars-in-3-days>.

Mandelbaum, Ryan F. "Mysterious 'Alien' Radio Signal: Here's What You Need to Know". Gizmodo, 9 de agosto, 2018. <https://www.gizmodo.com.au/2018/08/mysterious-alien-radio-signal-heres-what-you-need-to-know/>.

"Mysterious Cosmic Radio Burst Caught in Real Time". IFLScience. <https://www.iflscience.com/space/world-first-cosmic-radio-burst-caught-real-time/>.

Nuwer, Rachel. "What If We Knew When People Were Lying?" BBC, 25 de março, 2019. <https://www.bbc.com/future/article/20190324-what-if-we-knew-when-people-were-lying>.

"Origins of Mysterious Radio Wave Bursts Discovered". IFLScience. <https:// www.iflscience.com/space/astronomical-quest-leads-ovens/>.

Pennebaker, James W. *The Secret Life of Pronouns: What Our Words Say About Us*. Nova York: Bloomsbury, 2013.

Pennebaker, James W. "Your Use of Pronouns Reveals Your Personality". *Harvard*

Business Review, dezembro de 2011. <https://hbr.org/2011/12/your-use-of-pronouns-reveals-your-personality>.

Pennebaker, James W. e Anna Graybeal. "Patterns of Natural Language Use: Disclosure, Personality, and Social Integration". *Current Directions in Psychological Science,* 10, nº 3 (2001): 90-93. <https://c3po.media.mit.edu/wp-content/uploads/sites/45/2016/01/Pennebaker-1999-Patterns-of-language-use-and-personality.pdf>.

Petroff, Emily. "How We Found the Source of the Mystery Signals at The Dish". The Conversation, 24 de maio, 2015. <http://theconversation.com/how-we-found-the-source-of-the-mystery-signals-at-the-dish-41523>.

Petroff, E. *et al.* "Identifying the Source of Perytons at the Parkes Radio Telescope". *Monthly Notices of the Royal Astronomical Society*, 10 de abril, 2015. <https://arxiv.org/pdf/1504.02165.pdf>.

The Phrase Finder. "The Meaning and Origin of the Expression: A Friend in Need Is a Friend Indeed". <https://www.phrases.org.uk/meanings/a-friend-in-need.html>.

REFERÊNCIAS

Seaburn, Paul. "Lasers May Propel Craft to Mars in Three Days". Mysterious Universe, 25 de fevereiro, 2016. <https://mysteriousuniverse.org/2016/02/lasers-may-propel-craft-to-mars-in-three-days/>.

Seaburn, Paul. "Scientists Say Fast Radio Bursts May Power Alien Spaceships". Mysterious Universe, 11 de março, 2017. <https://mysteriousuniverse.org/2017/03/scientists-say-fast-radio-bursts-may-power-alien-spaceships/>.

Starr, Michelle. "Parkes Observatory: Extraterrestrial Messages or Microwave Noodles". CNET, 12 de abril, 2015. <https://www.cnet.com/news/parkes-observatory-extraterrestrial-messages-or-microwave-noodles/>.

Strom, Marcus. "PhD Student Emily Petroff Solves Astronomy Mystery". Daily Life, 5 de maio, 2015. <http://www.dailylife.com.au/dl-people/dl-entertainment/phd-student-emily-petroff-solves-astronomy-mystery-20150504-ggu3mu. html>.

Stromberg, Joseph. "Radio Signals Puzzled Astrophysicists for Seventeen Years: They Were Coming from a Microwave Oven". Vox, 5 de maio, 2015. <https://www.vox.com/2015/5/5/8553609/microwave-oven-perytons>.

Wikipédia. "Fast Radio Burst". <https://en.wikipedia.org/wiki/Fast_radio_burst>.

Wikipédia. "Parkes Observatory". <https://en.wikipedia.org/wiki/Parkes_Observatory>.

Wikipédia. "Solar Sail". <https://en.wikipedia.org/wiki/Solar_sail>.

Wilson, David. "The Cosmic Microwave Oven Background". Planetary Society, 17 de abril, 2015. <http://www.planetary.org/blogs/guest-blogs/2015/0417-the-cosmic-microwave-oven-background.html>.

CAPÍTULO 6

Angier, Natalie. "Friendship's Dark Side: 'We Need a Common Enemy.'" *New York Times*, 16 de abril, 2018. <https://www.nytimes.com/2018/04/16/science/friendship-discrimination.html>.

Beck, Julie. "How Friends Become Closer". *Atlantic*, 29 de agosto, 2017. <https:// www.theatlantic.com/health/archive/2017/08/how-friends-become-closer/538092/>.

Beck, Julie. "How Friendships Change in Adulthood". *Atlantic*, 22 de outubro, 2015. <https://www.theatlantic.com/health/archive/2015/10/how--friendships-change-over-time-in-adulthood/411466/>.

Christakis, Nicholas A. *Blueprint: The Evolutionary Origins of a Good Society.* Nova York: Little, Brown, 2019.

Clark, Taylor. *Nerve: Poise Under Pressure, Serenity Under Stress, and the Brave New Science of Fear and Cool.* Nova York: Little, Brown, 2011.

Collier, Peter. *Medal of Honor: Portraits of Valor Beyond the Call of Duty.* Nova York: Artisan, 2001.

Demır, Melıkşah e Lesley A. Weitekamp. "I Am So Happy 'Cause Today I Found My Friend: Friendship and Personality as Predictors of Happiness". *Journal of Happiness Studies,* 8 (2007): 181–211. <https://link.springer.com/article/10.1007/s10902-006-9012-7>.

Denworth, Lydia. *Friendship: The Evolution, Biology, and Extraordinary Power of Life's Fundamental Bond.* Nova York: W. W. Norton, 2020.

Feeney, Brooke C. e Nancy L. Collins. "New Look at Social Support: A Theoretical Perspective on Thriving Through Relationships". *Personality and Social Psychology Review,* 19, nº 2 (2015): 113–47. <https://www.ncbi.nlm.nih.gov/pmc/articles/PMC5480897/>.

Flora, Carlin. *Friendfluence: The Surprising Ways Friends Make Us Who We Are.* Nova York: Knopf Doubleday, 2013.

Greif, Geoffrey L. *Buddy System: Understanding Male Friendships.* Nova York: Oxford University Press, 2008.

"Hector A. Cafferata, Eighty-Six, Dies; Given a Medal of Honor for Korean Heroics". *New York Times*, 15 de abril, 2016. <https://www.nytimes.com/2016/04/15/us/hector-a-cafferata-a-medal-of-honor-recipient--dies-at-86.html>.

Holt-Lunstad, Julianne. "Fostering Social Connection in the Workplace". *American Journal of Health Promotion,* 32, nº 5 (2018): 1307–12. <https://journals.sagepub.com/doi/full/10.1177/0890117118776735a>.

Hruschka, Daniel J. *Friendship: Development, Ecology, and Evolution of a Relationship.* Berkeley: University of California Press, 2010.

Lewis, C. S. *The Four Loves.* Nova York: HarperOne, 2017.

Mashek, Debra J. e Arthur Aron. *Handbook of Closeness and Intimacy.* Hove, UK: Psychology Press, 2004.

REFERÊNCIAS

McKay, Brett. "Podcast #567: Understanding the Wonderful, Frustrating Dynamic of Friendship". *Art of Manliness*, atualizado em 30 de setembro, 2021. <https://www.artofmanliness.com/articles/podcast-567-understanding-the-wonderful-frustrating-dynamic-of-friendship/>.

Misurelli, Frank. "Marine Corps Medal of Honor Recipient Hector A. Cafferata Remembered as Humble Hero". U.S. Army, 26 de maio, 2016. <https://www.army.mil/article/168707/marine_corps_medal_of_honor_recipient_hector_a_cafferata_remembered_as_humble_hero>.

Pahl, Ray. *On Friendship*. Nova York: Polity, 2000.

Pakaluk, Michael, editor. *Other Selves: Philosophers on Friendship*. Cambridge, MA: Hackett, 1991.

Parker-Pope, Tara. "How to Be a Better Friend". *New York Times*, sem data. <https://www.nytimes.com/guides/smarterliving/how-to-be-a-better-friend>.

Powdthavee, Nattavudh. "Putting a Price Tag on Friends, Relative, and Neighbours: Using Surveys of Life Satisfaction to Value Social Relationships". *Journal of Socio-Economics*, 37, nº 4 (2008): 1459-80. <https://www.sciencedirect.com/science/article/abs/pii/S1053535707001205>.

Radiolab. "An Equation for Good". New York Public Radio, 14 de dezembro, 2010. <https://www.wnycstudios.org/podcasts/radiolab/segments/103983-equation-good>.

Rath, Tom. *Vital Friends: The People You Can't Afford to Live Without*. Nova York: Gallup, 2006.

Rawlins, William K. *Friendship Matters: Communication, Dialectics, and the Life Course*. Nova York: Aldine de Gruyter, 1992.

Rawlins, William K. *The Compass of Friendship: Narratives, Identities, and Dialogues*. Los Angeles: Sage.

Ruiz, Rebecca. "World's Friendliest Countries". *Forbes*, 1º de dezembro, 2009. <https://www.forbes.com/2009/11/30/worlds-friendliest-countries-lifestyle-travel-canada-bahrain-hsbc-chart.html?sh=c35dff465730>.

Russ, Martin. *Breakout: The Chosin Reservoir Campaign, Korea 1950*. Nova York: Penguin, 2001.

Schudel, Matt. "Hector Cafferata, Medal of Honor Recipient in Korean War, Dies at Eighty-Six". *Washington Post*, 14 de abril, 2016. <https://www.

washingtonpost.com/national/hector-cafferata-medal-of-honor-recipient-in-korean-war-dies-at-86/2016/04/14/9c7711a6-0259-11e6-b-823-707c79ce3504_story.html>.

Smith, Larry. *Beyond Glory: Medal of Honor Heroes in Their Own Words.* Nova York: W. W. Norton, 2004.

Tashiro, Ty. *Awkward: The Science of Why We're Socially Awkward and Why That's Awesome.* Nova York: HarperCollins, 2018.

Vernon, Mark. *The Meaning of Friendship.* Londres: Palgrave Macmillan, 2010.

Wikipédia. "Audie Murphy". <https://en.wikipedia.org/wiki/Audie_Murphy#Decorations>.

Wikipédia. "Hector A. Cafferata Jr". <https://en.wikipedia.org/wiki/Hector_A._Cafferata_Jr>.

Wikipédia. "List of Medal of Honor Recipients". <https://en.wikipedia.org/wiki/List_of_Medal_of_Honor_recipients>.

CAPÍTULO 7

Aron, Arthur e Barbara Fraley. "Relationship Closeness as Including Other in the Self: Cognitive Underpinnings and Measures". *Social Cognition,* 17, nº 2 (1999): 140-60. <https://psycnet.apa.org/record/1999-03814-003>.

Aron, Arthur, Elaine N. Aron e Danny Smollan. "Inclusion of Other in the-Self Scale and the Structure of Interpersonal Closeness". *Journal of Personality and Social Psychology,* 63, nº 4 (1992): 596-612. <https://psycnet.apa.org/record/1993-03996-001>.

Aron, Arthur, *et al.* "The Self-Expansion Model of Motivation and Cognition in Close Relationships". In *The Oxford Handbook of Close Relationships*, editado por Jeffry Simpson e Lorne Campbell. Oxford: Oxford University Press, 2013. <https://www.oxfordhandbooks.com/view/10.1093/oxfordhb/9780195398694.001.0001/oxfordhb--9780195398694-e-005>.

Christakis, Nicholas A. *Blueprint: The Evolutionary Origins of a Good Society.* Nova York: Little, Brown, 2019.

Denworth, Lydia. *Friendship: The Evolution, Biology, and Extraordinary Power of Life's Fundamental Bond.* Nova York: W. W. Norton, 2020.

REFERÊNCIAS

Harman, Oren. *The Price of Altruism: George Price and the Search for the Origins of Kindness.* Nova York: W. W. Norton, 2011.

Hruschka, Daniel J. *Friendship: Development, Ecology, and Evolution of a Relationship.* Berkeley: University of California Press, 2010.

Jarrett, Christian. "Close Friends Become Absorbed into Our Self-Concept, Affecting Our Ability to Distinguish Their Faces from Our Own". *Research Digest* (blog), 8 de agosto, 2018. <https://digest.bps.org.uk/2018/08/08/close-friends-become-absorbed-into-our-self-concept-affecting-our-ability-to-distinguish-their-faces-from-our-own/>.

Mashek, Debra J. e Arthur Aron. *Handbook of Closeness and Intimacy.* Hove, UK: Psychology Press, 2004.

Mashek, Debra J., Arthur Aron e Maria Boncimino. "Confusions of Self with Close Others". *Personality and Social Psychology Bulletin* 29, nº 3 (2003): 382–92. <https://pubmed.ncbi.nlm.nih.gov/15273015/>.

Nehamas, Alexander. *On Friendship.* Nova York: Basic Books, 2016.

Pahl, Ray. *On Friendship.* Nova York: Polity, 2000.

Pakaluk, Michael, editor. *Other Selves: Philosophers on Friendship.* Cambridge, MA: Hackett, 1991.

Radiolab. "An Equation for Good". New York Public Radio, 14 de dezembro, 2010. <https://www.wnycstudios.org/podcasts/radiolab/segments/103983-equation-good>.

Vernon, Mark. *The Meaning of Friendship.* London: Palgrave Macmillan, 2010.

Wikipédia. "Altruism". <https://en.wikipedia.org/wiki/Altruism>.

Wikipédia. "George R. Price". <https://en.wikipedia.org/wiki/George_R._Price>.

Wikipédia. "Self-Expansion Model". <https://en.wikipedia.org/wiki/Self--expansion_model>.

CAPÍTULO 8

American Associates. "New Study Debunks Dale Carnegie Advice to 'Put Yourself in Their Shoes.'" ScienceDaily, 21 de junho, 2018. <https://www.sciencedaily.com/releases/2018/06/180621000339.htm>.

Anwar, Yasmin. "Easily Embarrassed? Study Finds People Will Trust You More".

Berkeley News, 28 de setembro, 2011. <https://news.berkeley.edu/2011/09/28/easily-embarrassed/>.

Arnold, Carrie. "Why Are Dogs So Friendly? Science Finally Has an Answer". *National Geographic*, 19 de julho, 2017. <https://news.nationalgeographic.com/2017/07/dogs-breeds-pets-wolves-evolution/>.

Beck, Julie. "How Friends Become Closer". *Atlantic*, 29 de agosto, 2017. <https:// www.theatlantic.com/health/archive/2017/08/how-friends-become-closer/538092/>.

Beck, Julie. "How Friendships Change in Adulthood". *Atlantic*, 22 de outubro, 2015. <https://www.theatlantic.com/health/archive/2015/10/how--friendships-change-over-time-in-adulthood/411466/>.

Biography. "Dale Carnegie". <https://www.biography.com/writer/dale-carnegie>.

Brafman, Ori. *Click: The Forces Behind How We Fully Engage with People, Work, andEverything We Do.* Nova York: Currency, 2011.

Bruk, Anna, Sabine G. Scholl e Herbert Bless. "Beautiful Mess Effect: SelfOther Differences in Evaluation of Showing Vulnerability". *Journal of Personality and Social Psychology,* 115, nº 2 (2018): 192–205. <https:// psycnet.apa.org/record/2018-34832-002>.

Carnegie, Dale. *How to Win Friends and Influence People.* Nova York: Simon & Schuster, 2009.

Crespi, Bernard J. e Peter L. Hurd. "Cognitive-Behavioral Phenotypes of Williams Syndrome Are Associated with Genetic Variation in the GTF2I Gene, in a Healthy Population". *BMC Neuroscience* 15, nº 127 (2014). <https://bmcneurosci.biomedcentral.com/articles/10.1186/s12868-014-0127-1>.

Denworth, Lydia. *Friendship: The Evolution, Biology, and Extraordinary Power of Life's Fundamental Bond.* Nova York: W. W. Norton, 2020.

Dobbs, David. "The Gregarious Brian". *New York Times*, 8 de julho, 2007. <https://www.nytimes.com/2007/07/08/magazine/08sociability-t.html>.

Egg, Easter. Você ganhou outro bilhete dourado, Charlie. Visite: <https:// www.bakadesuyo.com/easteregg> [conteúdo em inglês].

REFERÊNCIAS

Epley, Nicholas. *Mindwise: Why We Misunderstand What Others Think, Believe, Feel, and Want*. Nova York: Knopf Doubleday, 2015.

Feinberg, Matthew, Robb Willer e Dacher Keltner. "Flustered and Faithful: Embarrassment as a Signal of Prosociality". *Journal of Personality and Social Psychology* 102, nº 1 (2012): 81–97. <https://pdfs.semanticscholar.org/a75f/af6748 be54be79a667ca803e23fe3c67b2a2.pdf>.

Flora, Carlin. *Friendfluence: The Surprising Ways Friends Make Us Who We Are*. Nova York: Knopf Doubleday, 2013.

Frank, Robert H. *Under the Influence: Putting Peer Pressure to Work*. Princeton, NJ: Princeton University Press, 2020.

Gambetta, Diego. "Can We Trust Trust?" In *Trust: Making and Breaking Cooperative Relations*, 213–37. Nova York: Blackwell, 1988. <https://philpapers.org/rec/GAMCWT>.

Garfield, Robert. *Breaking the Male Code: Unlocking the Power of Friendship*. Nova York: Avery, 2016.

Gosling, Sam. *Snoop: What Your Stuff Says About You*. Nova York: Basic Books, 2009.

Greif, Geoffrey L. *Buddy System: Understanding Male Friendships*. Nova York: Oxford University Press, 2008.

Hall, Jeffrey A. "How Many Hours Does It Take to Make a Friend?" *Journal of Social and Personal Relationships,* 36, nº 4 (2018): 1278–96. <https://journals.sagepub.com/doi/full/10.1177/0265407518761225>.

Hruschka, Daniel J. *Friendship: Development, Ecology, and Evolution of a Relationship*. Berkeley: University of California Press, 2010.

Huang, Karen, *et al.* "Mitigating Malicious Envy: Why Successful Individuals Should Reveal Their Failures". Working Paper 18-080. Harvard Business School, 2018. <https://www.hbs.edu/faculty/Publication%20 Files/18-080_56688b05-34cd-47ef-adeb-aa7050b93452.pdf>.

Jarrett, Christian. "The 'Beautiful Mess' Effect: Other People View Our Vulnerability More Positively Than We Do". *Research Digest* (blog), 2 de agosto, 2018. <https://digest.bps.org.uk/2018/08/02/the-beautiful--mess-effect-other-people-view-our-vulnerability-more-positively--than-we-do/>.

Latson, Jennifer. *The Boy Who Loved Too Much: A True Story of Pathological Friendliness*. Nova York: Simon & Schuster, 2017.

Latson, Jennifer. "How a Real Genetic Disorder Could Have Inspired Fairy Tales". *Time*, 20 de junho, 2017. <https://time.com/4823574/mythology--williams-syndrome/>.

Latson, Jennifer. "The Secret to Small Talk". *The Cut*, 20 de junho, 2017. <https://www.thecut.com/2017/06/the-secret-to-small-talk.html>.

Levine, Emma e Taya R. Cohen. "You Can Handle the Truth: Mispredicting the Consequences of Honest Communication". *Journal of Experimental Psychology General* 147, nº 9 (2018): 1400–1429. <https://www.research-gate.net/publication/327371514_You_can_handle_the_truth_Mispredic-ting_the_consequences_of_honest_communication>.

Lukianoff, Greg e Jonathan Haidt. *The Coddling of the American Mind: How Good Intentions and Bad Ideas Are Setting Up a Generation for Failure.* Nova York: Penguin, 2018.

Mashek, Debra J. e Arthur Aron. *Handbook of Closeness and Intimacy.* Hove, UK: Psychology Press, 2004.

McKay, Brett. "Podcast #567: Understanding the Wonderful, Frustrating Dynamic of Friendship". *Art of Manliness*, atualizado em 30 de setembro, 2021. <https://www.artofmanliness.com/articles/podcast-567-un-derstanding-the-wonderful-frustrating-dynamic-of-friendship/>.

MedLine Plus. "Williams Syndrome". <https://ghr.nlm.nih.gov/condition/williams-syndrome>.

Morris, Colleen A. "Introduction: Williams Syndrome". *American Journal of Medical Genetics: Part C, Seminars in Medical Genetics* 154C, nº 2 (2010): 203–8. <https://www.ncbi.nlm.nih.gov/pmc/articles/PMC2946897/>.

Moseley, Tolly. "What Happens When You Trust Too Much". *Atlantic*, 12 de maio, 2014. <https://www.theatlantic.com/health/archive/2014/05/going-to-work-with-williams-syndrome/361374/>.

Nizza, Mike. "A Simple B.F.F. Strategy, Confirmed by Scientists". *New York Times*, 22 de abril, 2008. <https://thelede.blogs.nytimes.com/2008/04/22/a-simple-bff-strategy-confirmed-by-scientists/>.

"Oliver Sacks: The Mind Traveller — "'Don't Be Shy, Mr Sacks.'" YouTube, 19 de setembro, 2016. <https://www.youtube.com/watch?v=-2J8YNyHIT64>.

Pahl, Ray. *On Friendship.* Nova York: Polity, 2000.

Pakaluk, Michael, editor. *Other Selves: Philosophers on Friendship*. Cambridge, MA: Hackett, 1991.

Pattee, Emma. "How to Have Closer Friendships (and Why You Need Them)".

New York Times, 20 de novembro, 2019. <https://www.nytimes.com/2019/11/20/smarter-living/how-to-have-closer-friendships.html>.

Pennebaker, James W. e Joshua M. Smyth. *Opening Up by Writing It Down: How Expressive Writing Improves Health and Eases Emotional Pain*, 3ª edição. Nova York: Guilford, 2016.

Riby, Deborah. "What Is Williams Syndrome?" The Conversation, 13 de maio, 2014. <https://theconversation.com/explainer-what-is-williams-syndrome-26142>.

Robson, David. "What the World's Most Sociable People Reveal About Friendliness". *Atlantic*, 3 de junho, 2019. <https://www.theatlantic.com/health/archive/2019/06/williams-syndrome-and-human-evolution/590797/>.

Rogers, Nala. "Rare Human Syndrome May Explain Why Dogs Are So Friendly". Inside Science, 19 de julho, 2017. <https://www.insidescience.org/news/rare-human-syndrome-may-explain-why-dogs-are-so-friendly>.

Rouillard, Teresa. "Why My Daughter's Dreams Make My Heart Ache". The Mighty, 22 de abril, 2015. <https://themighty.com/2015/04/the-dreams-of-my-child-with-williams-syndrome/>.

Santos, Andreia, Andreas Meyer-Lindenberg, and Christine Deruelle. "Absence of Racial, but Not Gender, Stereotyping in Williams Syndrome Children". *Current Biology,* 20, nº 7 (2010): PR307–8. <https://www.cell.com/current-biology/supplemental/S0960-9822(10)00144-2>.

Smith, Emily Esfahani. "Your Flaws Are Probably More Attractive Than You Think They Are". *Atlantic*, 9 de janeiro, 2019. <https://www.theatlantic.com/health/archive/2019/01/beautiful-mess-vulnerability/579892/>.

Society for Personality and Social Psychology. "Forget the Bling: High StatusSignaling Deters New Friendships". ScienceDaily, 15 de agosto, 2018. <https:// www.sciencedaily.com/releases/2018/08/180815105259.htm>.

Spiegel, Alix. "A Genetic Drive to Love, yet Distanced by Differences". *Morning Edition*, 3 de maio, 2010. <https://www.npr.org/templates/story/story.php?storyId=126396171>.

Spiegel, Alix. "A Life Without Fear". *Morning Edition*, 26 de abril, 2010. <https://www.npr.org/templates/story/story.php?storyId=126224885>.

Spiegel, Alix. "When the 'Trust Hormone' Is out of Balance". *All Things Considered*, 22 de abril, 2010. <https://www.npr.org/templates/story/story.php?storyId=126141922>.

Srivastava, Sanjay, et al. "The Social Costs of Emotional Suppression: A Prospective Study of the Author". *Journal of Personality and Social Psychology,* 96, nº 4 (2009): 883–97. <https://pdfs.semanticscholar.org/dea0/93ae5ebc11baff7e4c cff83939f2034b25c0.pdf>.

Universidade da Califórnia, São Diego. "Neurodevelopmental Model of Williams Syndrome Offers Insight into Human Social Brain". Science-Daily, 10 de agosto, 2016. <https://www.sciencedaily.com/releases/2016/08/160810141922.htm>.

Wikipédia. "How to Win Friends and Influence People". <https://en.wikipedia.org/wiki/How_to_Win_Friends_and_Influence_People>.

Wikipédia. "Williams Syndrome". <https://en.wikipedia.org/wiki/Williams_syndrome>.

Williams Syndrome Association. "What Is Williams Syndrome?" <https://williams-syndrome.org/what-is-williams-syndrome>.

Worrall, Simon. "This Rare Medical Condition Makes You Love Everyone". *National Geographic*, 15 de julho, 2017. <https://www.nationalgeographic.com/news/2017/07/williams-health-love-genetics-books/>.

Wikipédia. "Pratfall Effect". <https://en.wikipedia.org/wiki/Pratfall_effect>.

Wikipédia. "Signalling Theory". <https://en.wikipedia.org/wiki/Signalling_theory>.

Yale University. "Robots That Admit Mistakes Foster Better Conversation in Humans". ScienceDaily, 9 de março, 2020. <https://www.sciencedaily.com/releases/2020/03/200309152047.htm>.

Young, Emma. "The 'Liking Gap' — We Tend to Underestimate the Positive First Impression We Make on Strangers". *Research Digest* (blog), 24 de setembro, 2018. <https://digest.bps.org.uk/2018/09/24/the-liking-gap-we-tend-to-underestimate-the-positive-first-impression-we-make-on-strangers/>.

CAPÍTULO 9

Barker, Eric. "Are Ethical People Happier?" *Barking Up the Wrong Tree* (blog), novembro de 2011. <https://www.bakadesuyo.com/2011/11/are-ethical-people-happier/>.

Bernstein, Albert J. *Am I The Only Sane One Working Here? 101 Solutions for Surviving Office Insanity.* Nova York: McGraw-Hill Education, 2009.

Bernstein, Albert J. *Emotional Vampires: Dealing with People Who Drain You Dry.* Nova York: McGraw-Hill Education, 2012.

Brunell, Amy B. e Mark S. Davis. "Grandiose Narcissism and Fairness in Social Exchanges". *Current Psychology,* 35 (2016): 220–33. <https://link.springer.com/article/10.1007/s12144-016-9415-5>.

Bushman, Briahna Bigelow e Julianne Holt-Lunstad. "Understanding Social Relationship Maintenance Among Friends: Why Don't We End Those Frustrating Friendships". *Journal of Social and Clinical Psychology,* 28, nº 6 (2009): 749–78. <https://psycnet.apa.org/record/2009-10225-005>.

BYU University Communications. "BYU Study Shows Why 'Frenemies' Make Blood Pressure Rise". News, 18 de junho, 2007. <https://news.byu.edu/news/byu-study-shows-why-frenemies-make-blood-pressure-rise>.

Caligor, Eve, Kenneth N. Levy e Frank E. Yeomans. "Narcissistic Person-ality Disorder: Diagnostic and Clinical Challenges". *American Journal of Psychiatry*, 30 de abril, 2015. <https://ajp.psychiatryonline.org/doi/10.1176/appi.ajp.2014.14060723>.

Chester, David S., C. Nathan DeWall e Brian Enjaian. "Sadism and Aggressive Behavior: Inflicting Pain to Feel Pleasure". *Personality and Social Psychology Bulletin*, 5 de novembro, 2018. <https://psyarxiv.com/cvgkb/>.

Chopik, William J. e Kevin J. Grimm. "Longitudinal Changes and Historic Differences in Narcissism from Adolescence to Older Adulthood". *Psychology and Aging,* 34, nº 8 (2019): 1109–23. <https://psyarxiv.com/bf7qv/>.

Christakis, Nicholas A. *Blueprint: The Evolutionary Origins of a Good Society.* Nova York: Little, Brown, 2019.

Christina L. Patton, Sarah Francis Smith e Scott O. Lilienfeld. "Psychopathy and Heroism in First Responders: Traits Cut from the Same Cloth?"

Personality Disorders: Theory, Research, and Treatment, 9, nº 4 (2018): 354-68. <https://psycnet.apa.org/record/2017-50493-001>.

"Daniel Kahneman: Biographical". The Nobel Prize. Accessed . <https://www.nobelprize.org/prizes/economic-sciences/2002/kahneman/biographical/>.

Dobbs, David. "The Gregarious Brain". *New York Times*, 8 de julho, 2007. <https:// www.nytimes.com/2007/07/08/magazine/08sociability-t.html>.

Finkel, Eli J. *et al.* "The Metamorphosis of Narcissus: Communal Activation Promotes Relationship Commitment Among Narcissists". *Personality and Social Psychology Bulletin,* 35, nº 10 (2009): 1271-84. <https://journals.sagepub.com/doi/10.1177/0146167209340904>.

Flora, Carlin. *Friendfluence: The Surprising Ways Friends Make Us Who We Are*. Nova York: Knopf Doubleday, 2013.

Forbes, Steve. "Kahneman: Lessons from Hitler's SS and the Danger in Trusting Your Gut". *Forbes*, 24 de junho, 2013. <https://www.forbes.com/sites/steve forbes/2013/01/24/nobel-prize-winner-daniel-kahneman--lessons-from-hitlers-ss-and-the-danger-in-trusting-your-gut/#8bf03cc156e7>.

Garrett, Neil, *et al.* "The Brain Adapts to Dishonesty". *Nature Neuroscience* 19 (2016). <https://www.nature.com/articles/nn.4426>.

Gerven A. Van Kleef e Paul A. M. Van Lange. "What Other's Disappointment May Do to Selfish People: Emotion and Social Value Orientation in a Negotiation Context". *Personality and Social Psychology Bulletin,* 34, nº 8 (2008): 1084-95. <https://psycnet.apa.org/record/2008-09895-006>.

Giacomin, Miranda e Christian H. Jordan. "Down-Regulating Narcissistic Tendencies: Communal Focus Reduces State Narcissism". *Personality and Social Psychology Bulletin,* 40, nº 4 (2014): 488-500. <https://journals.sagepub.com/doi/10.1177/0146167213516635>.

Glass, Ira. "389: Frenemies". *This American Life*, 11 de setembro, 2009. <https:// www.thisamericanlife.org/389/transcript>.

Hepper, Erica G., Claire M. Hart e Constantine Sedikides. "Moving Narcissus: Can Narcissists Be Empathic?" *Personality and Social Psychology Bulletin,* 40, nº 9 (2014): 1079-91. <https://journals.sagepub.com/doi/abs/10.1177/0146167214535812>.

Hill, Patrick L. e Brent W. Roberts. "Narcissism, Well-Being, and Obser-verRated Personality Across the Lifespan". *Social Psychological and Personality Science,* 3, nº 2 (2012): 216–23. <https://journals.sagepub.com/doi/10.1177/1948550611415867>.

Holt-Lunstad, Julianne, *et al.* "On the Importance of Relationship Quality: The Impact of Ambivalence in Friendships on Cardiovascular Functioning". *Annals of Behavioral Medicine,* 33, nº 3 (2007): 278–90. <https://www.ncbi.nlm.nih.gov/pubmed/17600455>.

Kajonius, Petri J. e Therese Björkman. "Individuals with Dark Traits Have the Ability but Not the Disposition to Empathize". *Personality and Individual Differences* 155 (2020). <https://www.sciencedirect.com/science/article/abs/pii/S0191886919306567>.

Kalemi, Georgia, *et al.* "Narcissism but Not Criminality Is Associated with Aggression in Women: A Study Among Female Prisoners and Women Without a Criminal Record". *Frontiers in Psychiatry* 10 (fevereiro de 2019). <https://www.ncbi.nlm.nih.gov/pmc/articles/PMC6375288/>.

Kaufman, Scott Barry. "Do Narcissists Know They Are Narcissists?" *HuffPost*, 3 de abril, 2011. <https://www.huffpost.com/entry/do-narcissists-know-they-_b_840894>.

Konrath, Sara, Brad J. Bushman e W. Keith Campbell. "Attenuating the Link Between Threatened Egotism and Aggression". *Psychological Science,* 17, nº 11 (2006): 995–1001. <https://pubmed.ncbi.nlm.nih.gov/17176433/>.

Kupferschmidt, Kai. "She's the World's Top Empathy Researcher: But Colleagues Say She Bullied and Intimidated Them". *Science*, 8 de agosto, 2018. <https:// www.sciencemag.org/news/2018/08/she-s-world-s-top--empathy-researcher-colleagues-say-she-bullied-and-intimidated--them>.

Lewis, Michael. *The Undoing Project: A Friendship That Changed Our Minds.* Nova York: W. W. Norton, 2016.

Malkin, Craig. *Rethinking Narcissism: The Secret to Recognizing and Coping with Narcissists.* Nova York: Harper Perennial, 2016.

McLean, Jamie. "Psychotherapy with a Narcissistic Patient Using Kohut's Self Psychology Model". *Psychiatry (Edgmont)* 4, nº 10 (2007): 40–47. <https://www.ncbi.nlm.nih.gov/pmc/articles/PMC2860525/>.

Michigan State University. "Me, Me, Me! How Narcissism Changes Throughout Life". ScienceDaily, 10 de dezembro, 2019. <https://www.sciencedaily.com/releases/2019/12/191210111655.htm>.

Murphy, Ryan. "Psychopathy by U.S. State". SSRN, 26 de Maio, 2018. <https://papers.ssrn.com/sol3/papers.cfm?abstract_id=3185182>.

Ronningstam, Elsa. "Internal Processing in Patients with Pathological Narcissism or Narcissistic Personality Disorder: Implications for Alliance Building and Therapeutic Strategies". *Journal of Personality Disorders* 34 (suplemento) (março de 2020): 80-103. <https://pubmed.ncbi.nlm.nih.gov/32186980/>.

Ronningstam, Elsa. "Narcissistic Personality Disorder: A Current Review". *Current Psychiatry Reports,* 12, nº 1 (2010): 68-75. <https://pubmed.ncbi.nlm.nih.gov/20425313/>.

Ronningstam, Elsa. "Pathological Narcissism and Narcissistic Personality Disorder: Recent Research and Clinical Implications". *Current Behavioral Neuroscience Reports,* 3 (2016): 34-42. <https://link.springer.com/article/10.1007/s40473-016-0060-y>.

Ronningstam, Elsa e Igor Weinberg. "Narcissistic Personality Disorder: Progress in Recognition and Treatment". *Focus: The Journal of Lifelong Learning in Psychiatry,* 11, nº 2 (2013): 167-77. <https://focus.psychiatryonline.org/doi/10.1176/appi.focus.11.2.167>.

Rubens, Jim. *OverSuccess: Healing the American Obsession with Wealth, Fame, Power, and Perfection.* Austin, TX: Greenleaf Book Group, 2008.

Takru, Radhika. "Friends with Negatives". BrainBlogger, 28 de setembro, 2011. <https://brainblogger.com/2011/09/28/friends-with-negatives/>.

Tortoriello, Gregory K. William Hart e Christopher J. Breeden. "Of Malevolence and Morality: Psychopathy Dimensions Are Conducive to Helping in Highly-Distressing Moral Dilemmas". *Personality and Individual Differences,* 155 (2020). <https://www.sciencedirect.com/science/article/abs/pii/S0191886919306981>.

Universidade do Colorado, Denver. "Top Reasons for Facebook Unfriending". ScienceDaily, 5 de outubro, 2010. <https://www.sciencedaily.com/releases/2010/10/101005121822.htm>.

Universidade de Copenhagen. "Psychologists Define the 'Dark Core of Personality.'" ScienceDaily, 26 de setembro, 2018. <https://www.sciencedaily.com/releases/2018/09/180926110841.htm>.

Vedantam, Shankar. "Daniel Kahneman on Misery, Memory, and Our Understanding of the Mind". *Hidden Brain*, 12 de março, 2018. <https://www.npr.org/transcripts/592986190>.

Weaver, Jonathan e Jennifer K. Bosson. "I Feel Like I Know You: Sharing Negative Attitudes of Others Promotes Feelings of Familiarity". *Personality and Social Psychology Bulletin,* 37, nº 4 (2011): 481–91. <https://pubmed.ncbi.nlm.nih.gov/21296970/>.

Weinberg, Igor e Elsa Ronningstam. "Dos and Don'ts in Treatments of Patients with Narcissistic Personality Disorder". *Journal of Personality Disorders,* 34 (suplemento) (março de 2020): 122–42. <https://pubmed.ncbi.nlm.nih.gov/32186986/>.

Weir, Kirsten. "Fickle Friends: How to Deal with Frenemies". *Scientific American*, 1º de maio, 2011.<https://www.scientificamerican.com/article/fickle-friends/>.

Wikipédia. "Frenemy". <https://en.wikipedia.org/wiki/Frenemy>.

CAPÍTULO 10

"About the Supreme Court". United States Courts. <https://www.us courts.gov/about-federal-courts/educational-resources/about-educational--outreach/activity-resources/about>.

Adams, Mason. "The Thirty-Fifth Anniversary of Falwell v. Flynt". *Roanoker*, 29 de outubro, 2019. <https://theroanoker.com/magazine/features/the-35th-anniversary-of-falwell-v-flynt/>.

Applebome, Peter. "Jerry Falwell, Moral Majority Founder, Dies at 73". *NewYork Times*, 16 de maio, 2016. <https://www.nytimes.com/2007/05/16/obituaries/16falwell.html>.

Denworth, Lydia. *Friendship: The Evolution, Biology, and Extraordinary Power of Life's Fundamental Bond.* Nova York: W. W. Norton, 2020.

"Excerpts from the Testimony of Jerry Falwell". Famous Trials, 4 de dezembro, 1984. <https://famous-trials.com/falwell/1770-falwelltestimony>.

"Falwell v. Flynt: 1984". <https://law.jrank.org/pages/3390/Falwell-v--Flynt-1984.html>.

Flora, Carlin. *Friendfluence: The Surprising Ways Friends Make Us Who We Are.* Nova York: Knopf Doubleday, 2013.

Flynt, Larry. "The Porn King and the Preacher". *Los Angeles Times*, 20 de maio, 2007. <https://www.latimes.com/archives/la-xpm-2007-may--20-op-flynt20-story.html>.

Flynt, Larry. *An Unseemly Man: My Life as a Pornographer, Pundit, and Social Outcast*. Beverly Hills, CA: Phoenix Books, 1996.

Forgas, Joseph P. e Roy F. Baumeister, editores. *The Social Psychology of Living Well*. Nova York: Taylor and Francis, 2018.

Forman, Milos, diretor. *The People vs. Larry Flynt*. Columbia Pictures, 1997.

"A Friend in Need Is a Friend Indeed". The Phrase Finder. <https://www.phrases.org.uk/meanings/a-friend-in-need.html>.

Galloway, Stephen. "Larry Flynt's Wild Life: Porn, Politics, and Penile Implants".

Hollywood Reporter, 27 de fevereiro, 2013. <https://www.hollywoodreporter.com/news/larry-flynts-wild-life-porn-424687>.

Hoglund, Andy. "Flashback: Hustler Magazine Score First Amendment Victory Against Jerry Falwell". *Rolling Stone*, novembro de 2017. <https://www.rollingstone.com/culture/culture-news/flashback-hustler-magazine-scores-first-amendment-victory-against-jerry-falwell-128956/>.

Horn, Dan. "How 1968 Helped Larry Flynt Build a Pornography Empire". *USA Today*, 13 de julho, 2018. <https://www.usatoday.com/story/news/nation-now/1968-project/2018/07/13/larry-flynt-and-1968-making-pornography-empire/771604002/>.

Hudson Union. "Larry Flynt & U.S. Supreme Court, & the Resignation of the Speaker of the House". YouTube, 5 de maio, 2011. <https://www.youtube.com/watch?v=payPtEiACF8>.

Hustler Casino. "Larry Flynt on Jerry Falwell (Larry King 05/16/07) Part 2". YouTube. <https://www.youtube.com/watch?v=WgC12NzGiu4>.

Hustler Magazine e Larry C. Flynt, Petitioners v. Jerry Falwell. Legal Information Institute. <https://www.law.cornell.edu/supremecourt/text/485/46>.

Khadjavi, Menusch e Andreas Lange. "Prisoners and Their Dilemma". *Journal of Economic Behavior and Organization,* 92 (agosto de 2013): 163–75. <https:// www.sciencedirect.com/science/article/abs/pii/S0167268113001522>.

REFERÊNCIAS

"Larry Flynt and Jerry Falwell". *Larry King Live*, CNN, 10 de janeiro, 1997. <https://web.archive.org/web/20160817103157/http://www.cnn.com/SHOW BIZ/9701/11/falwell.v.flynt/lkl.00.html>.

Linder, Douglas O. "Ad Appearing in the November 1983 Issue of Hustler". Famous Trials. <https://famous-trials.com/falwell/1775-parodyad>.

Linder, Douglas O. "Excerpts from the Deposition Testimony of Larry Flynt". Famous Trials, 5-6 de dezembro, 1984. <https://famous-trials.com/falwell/1771-flynt deposition>.

Linder, Douglas O. "Excerpts from the Testimony of Larry Flynt". Famous Trials, 6 de dezembro, 1984. <https://famous-trials.com/falwell/1772-flynttestimony>.

Linder, Douglas O. "The Falwell vs. Flynt Trial: A Chronology". Famous Trials, 31 de outubro, 1983. <https://famous-trials.com/falwell/1768-falwellchronology>.

Linder, Douglas O. "The Jerry Falwell v Larry Flynt Trial: An Account". Famous Trials. <https://famous-trials.com/falwell/1779-account>.

Millard, Drew. "The Pervert Who Changed America: How Larry Flynt Fought the Law and Won". Vice, 11 de dezembro, 2016. <https://www.vice.com/en_us/article/qkbzjx/larry-flynt-profile-2016>.

Perry Como. "Larry Flynt vs Jerry Falwell Funny Deposition Footage from 06-151984". YouTube. <https://www.youtube.com/watch?v=-bi6CycM-3mE>.

Smolla, Rodney. *Jerry Falwell v. Larry Flynt: The First Amendment on Trial*. Nova York: St. Martin's, 1988.

Thomas Jefferson Center for the Protection of Free Expression. "1997 Larry Flynt & Jerry Falwell Debate". <https://www.youtube.com/watch?v=tLAOzn9x9Go>.

United Press International. "Flynt Cleared of Libel but Must Pay $200,000". *New York Times*, 9 de dezembro, 1984. <https://www.nytimes.com/1984/12/09/us/flynt-cleared-of-libel-but-must-pay-200000.html>.

Wikipédia. "Hustler Magazine v. Falwell". <https://en.wikipedia.org/wiki/Hustler_Magazine_v._Falwell>.

Wikipédia. "Jerry Falwell Sr". <https://en.wikipedia.org/wiki/Jerry_Falwell_Sr>.

Wikipédia. "Larry Flynt". <https://en.wikipedia.org/wiki/Larry_Flynt>.

Wikipédia. "The People vs. Larry Flynt". <https://en.wikipedia.org/wiki/The_People_vs._Larry_Flynt>.

Wiktionary. "A Friend in Need Is a Friend Indeed". <https://en.wiktionary.org/wiki/a_friend_in_need_is_a_friend_indeed>.

CAPÍTULO 11

Ansari, Aziz. *Modern Romance: An Investigation*. Nova York: Penguin, 2016.

Baumeister, Roy, Jessica A. Maxwell, and Geoffrey P. Thomas. "The Mask of Love and Sexual Gullibility". <http://www.sydneysymposium.unsw.edu.au/2018/chapters/BaumeisterSSSP2018.pdf>.

Botton, Alain de. "Why You Will Marry the Wrong Person". *New York Times*, 28 de maio, 2016. <https://www.nytimes.com/2016/05/29/opinion/sunday/why-you-will-marry-the-wrong-person.html>.

Brooks, David. "The Nuclear Family Was a Mistake". *Atlantic*, março de 2020. <https://www.theatlantic.com/magazine/archive/2020/03/the--nuclear-family-was-a-mistake/605536/>.

Brooks, David. *The Second Mountain: The Quest for a Moral Life*. Nova York: Random House, 2019.

Buss, David M. *The Dangerous Passion: Why Jealousy Is as Necessary as Love and Sex*. Nova York: Free Press, 2000.

Buss, David M. *The Evolution of Desire*. Nova York: Basic Books, 2016.

Chapman, Bruce, and Cahit Guven. "Marital Status Is Misunderstood in Happiness Models". Deakin University Australia, Faculty of Business and Law, School Working Paper, janeiro de 2010. <https://www.researchgate.net/pub lication/46459850_Marital_Status_is_Misunderstood_in_Happiness_Models>.

Christakis, Nicholas A. *Connected: The Surprising Power of Our Social Networks and How They Shape Our Lives*. Nova York: Little, Brown, 2011.

Coontz, Stephanie. *Marriage, a History: How Love Conquered Marriage*. Nova York: Penguin, 2006.

Denworth, Lydia. *Friendship: The Evolution, Biology, and Extraordinary Power of Life's Fundamental Bond*. Nova York: W. W. Norton, 2020.

DePaulo, Bella. *Singled Out: How Singles Are Stereotyped, Stigmatized, and Ignored, and Still Live Happily Ever After*. Nova York: St. Martin's, 2007.

REFERÊNCIAS

Druckerman, Pamela. *Lust in Translation: Infidelity from Tokyo to Tennessee.* Nova York: Penguin, 2008.

Finkel, Eli J. *The All-or-Nothing Marriage: How the Best Marriages Work.* Nova York: Penguin 2017.

Fisher, Helen. *Anatomy of Love: A Natural History of Mating, Marriage, and Why We Stray.* Nova York: W. W. Norton, 2016.

Fromm, Erich. *The Art of Loving.* Nova York: Open Road Media, 2013.

Gottman, John, *The Marriage Clinic: A Scientifically Based Marital Therapy.* Nova York: W. W. Norton, 1999.

Gottman, John e Nan Silver. *The Seven Principles for Making Marriage Work.* Nova York: Harmony, 2015.

Gross-Loh, Christine. "The First Lesson of Marriage 101: There Are No Soul Mates". Pocket Worthy. <https://getpocket.com/explore/item/the--first-lesson-of-marriage-101-there-are-no-soul-mates>.

Hruschka, Daniel J. *Friendship: Development, Ecology, and Evolution of a Relationship.* Berkeley: University of California Press, 2010.

Human Relations Area Files. "Romantic or Disgusting? Passionate Kissing Is Not a Human Universal". <https://hraf.yale.edu/romantic-or-disgusting-passionate-kissing-is-not-a-human-universal/>.

Jones, Daniel. *Love Illuminated: Exploring Life's Most Mystifying Subject (with the Help of Fifty Thousand Strangers).* Nova York: HarperCollins, 2014.

Kushner, David. "How Viagra Went from a Medical Mistake to a $3-BillionDollar-a-Year Industry". Esquire, 21 de agosto, 2018. <https://www.esquire.com/lifestyle/health/a22627822/viagra-erectile-dysfunction--pills-history/>.

Lawrence, Elizabeth M. et al. "Marital Happiness, Marital Status, Health, andLongevity". *Journal of Happiness Studies,* 20 (2019): 1539–61. <https://link.springer.com/article/10.1007/s10902-018-0009-9>.

Lucas, Richard E. "Time Does Not Heal All Wounds: A Longitudinal Study of Reaction and Adaptation to Divorce". *Psychological Science,* 16, n⁰ 12 (2005): 945–50. <https://journals.sagepub.com/doi/abs/10.1111/j.1467-9280.2005.01642.x>.

Michigan State University. "Health and Marriage: The Times They Are A Changin'". ScienceDaily, 11 de agosto, 2008. <https://www.sciencedaily.com/releases/2008/08/080811070626.htm>.

Niven, David. *One Hundred Simple Secrets of Great Relationships: What Scientists Have Learned and How You Can Use It*. Nova York: HarperCollins, 2009.

Ogas, Ogi e Sai Gaddam. *A Billion Wicked Thoughts: What the Internet Tells Us About Sexual Relationships*. Nova York: Penguin, 2012.

Parker-Pope, Tara. *For Better: How the Surprising Science of Happy Couples Can Help Your Marriage Succeed*. Nova York: Penguin, 2011.

Perel, Esther. *The State of Affairs: Rethinking Infidelity*. Nova York: Harper, 2017. Pinsker, Joe. "The Not-So-Great-Reason Divorce Rates Are Decreasing". *Atlantic*, setembro de 2018. <https://www.theatlantic.com/family/archive/2018/09/millennials-divorce-baby-boomers/571282/>.

Rusting, Ricki. "Can Marriage Make You Sick?" *Washington Post*, 15 de abril, 2018. <https://www.washingtonpost.com/national/health-science/can-marriage-make-you-sick/2018/04/13/df3599e6-1bdd-11e8-9de1-147dd2df3829_story.html>.

Sample, Ian. "The Price of Love? Losing Two of Your Close Friends". *Guardian*, 15 de setembro, 2010. <https://www.theguardian.com/science/2010/sep/15/price-love-close-friends-relationship>.

Sternberg, Robert e Karin Sternberg, eds. *The New Psychology of Love*, 2ª edição. Cambridge: Cambridge University Press, 2019.

Stutzer, Alois e Bruno S. Frey. *Journal of Socio-Economics,* 35, nº 2 (2006): 326-47. <https://www.sciencedirect.com/science/article/abs/pii/S1053535705001745>.

Tallis, Frank. *The Incurable Romantic and Other Tales of Madness and Desire*. Nova York: Basic Books, 2018.

Tallis, Frank. *Love Sick: Love as a Mental Illness*. Nova York: Da Capo Lifelong Books, 2005.

Tashiro, Ty. *The Science of Happily Ever After: What Really Matters in the Quest for Enduring Love*. Nova York: Harlequin Nonfiction, 2014.

Tennov, Dorothy. *Love and Limerence: The Experience of Being in Love*. Lanham, MD: Scarborough House, 1999.

REFERÊNCIAS

Waite, Linda J. *et al.* "Does Divorce Make People Happy? Findings from a Study of Unhappy Marriages". Institute for American Values, janeiro de 2002. <https://www.researchgate.net/publication/237233376_Does_Divorce_Make_People_Happy_Findings_From_a_Study_of_Unhappy_Marriages>.

Wargo, Eric. "Life's Ups and Downs May Stick". *Observer*, 1º de Maio, 2007. <https:// www.psychologicalscience.org/observer/lifes-ups-and-downs--may-stick>.

Wikipédia. "Chinese Ghost Marriage". <https://en.wikipedia.org/wiki/Chinese_ghost_marriage>.

Wikipédia. "Sildenafil". <https://en.wikipedia.org/wiki/Sildenafil>.

CAPÍTULO 12

Apostolou, Menelaos e Yan Wang. "The Challenges of Keeping an Intimate Relationship: An Evolutionary Examination". *Evolutionary Psychology*, julho de 2020. <https://journals.sagepub.com/doi/full/10.1177/1474704920953526>.

Barelds, Dick P. H. e Pieternel Dijkstra. "Positive Illusions About a Partner's Physical Attractiveness and Relationship Quality". *Personal Relationships*, 5 de junho, 2009. <https://onlinelibrary.wiley.com/doi/abs/10.1111/j.1475-6811.2009.01222.x>.

Barker, Eric. "How to Have a Great Relationship—Five New Secrets from Research". *Barking Up the Wrong Tree* (blog), outubro de 2014. <https://www.bakadesuyo.com/2014/10/how-to-have-a-great-relationship-2/>.

Bergreen, Laurence. *Casanova: The World of a Seductive Genius*. Nova York: Simon & Schuster, 2016.

Buss, David M. *The Dangerous Passion: Why Jealousy Is as Necessary as Love and Sex*. Nova York: Free Press, 2000.

Buss, David M. *The Evolution of Desire*. Nova York: Basic Books, 2016. Childs, J. Rives. *Casanova: A New Perspective*. Londres: Constable, 1989.

Coontz, Stephanie. *Marriage, a History: How Love Conquered Marriage*. Nova York: Penguin, 2006.

Crockett, Zachary. "What Death Row Inmates Say in Their Last Words". Priceonomics, 4 de março, 2016. <https://priceonomics.com/what-death-row-inmates-say-in-their-last-words/>.

Diener, Ed. *Happiness: Unlocking the Mysteries of Psychological Wealth.* Malden, MA: Wiley-Blackwell, 2008.

Eisenberg, Michael L. *et al.* "Socioeconomic, Anthropomorphic, and Demographic Predictors of Adult Sexual Activity in the United States: Data from the National Survey of Family Growth". *Journal of Sexual Medicine,* 7, nº 1, parte 1 (2010): 50–58. <https://www.ncbi.nlm.nih.gov/pmc/articles/PMC4081028/>.

Felmlee, Diane. "From Appealing to Appalling: Disenchantment with a Romantic Partner". *Sociological Perspectives,* 44, nº 3 (2001): 263–80. <https://www.researchgate.net/publication/240760673_From_Appealing_to_Appalling_Disenchantment_with_a_Romantic_Partner>.

Finkel, Eli J. *The All-or-Nothing Marriage: How the Best Marriages Work.* Nova York: Penguin, 2017.

Fisher, Helen. *Anatomy of Love: A Natural History of Mating, Marriage, and Why We Stray.* Nova York: W. W. Norton, 2016.

Fisher, Helen E. *Why We Love.* Nova York: Henry Holt, 2004.

Fisher, Helen E. *et al.* "Intense, Passionate, Romantic Love: A Natural Addiction? How the Fields That Investigate Romance and Substance Abuse Can Inform Each Other". *Frontiers in Psychology* 10, nº 7 (2016). <https://pubmed.ncbi.nlm.nih.gov/27242601/>.

Fisher, Helen, Arthur Aron e Lucy L. Brown. "Romantic Love: An fMRI Study of a Neural Mechanism for Mate Choice". *Journal of Comparative Neurology, 493, nº 1* (2005): 58–62. <https://pubmed.ncbi.nlm.nih.gov/16255001/>.

Fradera, Alex. "While Your Deliberate 'Monogamy Maintenance Strategies' Probably Won't Keep You Faithful, Your Automatic Psychological Biases Just Might". *Research Digest* (blog), 31 de agosto, 2018. <https://digest.bps.org.uk/2018/08/31/while-your-deliberate-monogamy-maintenance-strategies-probably-wont-keep-you-faithful-your-automatic--psychological-biases-just-might/>.

Gottman, John M. *The Marriage Clinic: A Scientifically Based Marital Therapy.* Nova York: W. W. Norton, 1999.

Gottman, John e Nan Silver. *The Seven Principles for Making Marriage Work.* Nova York: Harmony, 2015.

Gottman, John Mordechai com Nan Silver. *Why Marriages Succeed or Fail: And How You Can Make Yours Last.* Nova York: Simon & Schuster, 1994.

REFERÊNCIAS

Hruschka, Daniel J. *Friendship: Development, Ecology, and Evolution of a Relationship*. Berkeley: University of California Press, 2010.

Jones, Daniel. *Love Illuminated: Exploring Life's Most Mystifying Subject (with the Help of Fifty Thousand Strangers)*. Nova York: HarperCollins, 2014.

Lewis, Thomas H., Fari Amini e Richard Lannon. *A General Theory of Love*. Nova York: Vintage, 2001.

Maner, Jon K., David Aaron Rouby e Gian C. Gonzaga. "Automatic Inattention to Attractive Alternatives: The Evolved Psychology of Relationship Maintenance". *Evolution and Human Behavior,* 29, nº 5 (2008): 343–49.

Murray, Sandra L. e John G. Holmes. "A Leap of Faith? Positive Illusions in Romantic Relationships". *Personality and Social Psychology Bulletin,* 23, nº 6 (1997): 586–604. <https://journals.sagepub.com/doi/10.1177/0146167297236003>.

Murray, Sandra L. *et al.* "Tempting Fate or Inviting Happiness? Unrealistic Idealization Prevents the Decline of Marital Satisfaction". *Psychological Sciences,* 22, nº 5 (2011): 619–26. <https://www.ncbi.nlm.nih.gov/pmc/articles/PMC4094166/>.

Niven, David. *One Hundred Simple Secrets of Great Relationships: What ScientistsHave Learned and How You Can Use It*. Nova York: HarperCollins, 2009.

O'Leary, K. Daniel, *et al.* "Is Long-Term Love More Than a Rare Phenomenon? If So, What Are Its Correlates?" *Social and Psychological and Personality Science,* 3, nº 2 (2012): 241–49. <https://journals.sagepub.com/doi/abs/10.1177/1948550611417015>.

O'Neill, Tracy. "Podcast #152: Casanova: Seduction and Genius in Venice". Nova York Public Library, 21 de fevereiro, 2017. <https://www.nypl.org/blog/2017/02/20/podcast-152-casanova-seduction-and-genius-venice>.

Parker-Pope, Tara. *For Better: How the Surprising Science of Happy Couples Can Help Your Marriage Succeed*. Nova York: Penguin, 2011.

Perel, Esther. *The State of Affairs: Rethinking Infidelity*. Nova York: Harper, 2017. Regan, Pamela C. *The Mating Game: A Primer on Love, Sex, and Marriage*. Los Angeles: Sage, 2017.

Song, Hongwen, *et al.* "Improving Relationships by Elevating Positive Illusion and the Underlying Psychological and Neural Mechanisms".

Frontiers in Human Neuroscience, 12, nº 526 (2019). <https://www.ncbi.nlm.nih.gov/pmc/articles/PMC6336892/>.

Sternberg, Robert. *Cupid's Arrow: The Course of Love Through Time.* Cambridge: Cambridge University Press, 1998.

Sternberg, Robert e Karin Sternberg, eds. *The New Psychology of Love*, 2ª edição. Cambridge: Cambridge University Press, 2019.

Tallis, Frank. *The Incurable Romantic and Other Tales of Madness and Desire.* Nova York: Basic Books, 2018.

Tallis, Frank. *Love Sick: Love as a Mental Illness.* Nova York: Da Capo Lifelong Books, 2005.

Tennov, Dorothy. *Love and Limerence: The Experience of Being in Love.* Lanham, MD: Scarborough House.

Universidade da Califórnia, Los Angeles. "Should I Marry Him? If You're Having Doubts, Don't Ignore Them, Psychology Study Suggests". *ScienceDaily,* 13 de setembro, 2012. <https://www.sciencedaily.com/releases/2012/09/120913173324.htm>.

Wikipédia. "Giacomo Casanova". <https://en.wikipedia.org/wiki/Giacomo_Casanova>.

Wikipédia. "Lovesickness". <https://en.wikipedia.org/wiki/Lovesickness>.

Wikipédia. "Lovestruck". <https://en.wikipedia.org/wiki/Lovestruck>.

Wikipédia. "Sense and Sensibility". <https://en.wikipedia.org/wiki/Sense_and_Sensibility#Title>.

Yamada, Junko, Mie Kito e Masaki Yuki. "Passion, Relational Mobility, and Proof of Commitment: A Comparative Socio-Ecological Analysis of an Adaptive Emotion in a Sexual Market". *Evolutionary Psychology*, outubro de 2017. <https://journals.sagepub.com/doi/full/10.1177/1474704917746056>.

CAPÍTULO 13

Athitakis, Mark. "Edgar Allan Poe's Hatchet Jobs". *Humanities,* 38, nº 4 (2017). <https://www.neh.gov/humanities/2017/fall/feature/edgar-allan-poe%E2%80% 99s-hatchet-jobs>.

REFERÊNCIAS

Baker, Levi e James K. McNulty. "Shyness and Marriage: Does Shyness Shape Even Established Relationships?" *Personality and Social Psychology Bulletin,* 36, nº 5 (2010): 665–76. <https://www.ncbi.nlm.nih.gov/pmc/articles/PMC4112747/>.

Barker, Eric. "What Determines Whether a Marriage Succeeds or Fails?" *Barking Up the Wrong Tree* (blog), dezembro de 2011. <https://www.bakadesuyo.com/2011/12/what-determines-whether-a-marriage-succeeds-o/>.

Beck, Aaron T. *Love Is Never Enough: How Couples Can Overcome Misunderstandings, Resolve Conflicts, and Solve Relationship Problems Through Cognitive Therapy.* Nova York: HarperCollins, 1989.

Bernstein, Elizabeth. "Divorcé's Guide to Marriage: Study Reveals Five Common Themes Underlie Most Divorces". *Wall Street Journal*, 24 de julho, 2012. <https://www.wsj.com/articles/SB10000872396390444025204577544951717564114>.

Brooks, David. *The Second Mountain: The Quest for a Moral Life.* Nova York: Random House, 2019.

Botton, Alain de. *The Course of Love: A Novel.* Nova York: Simon & Schuster, 2017. Botton, Alain de. *On Love: A Novel.* Nova York: Grove/Atlantic, 2006.

Botton, Alain de. "Why You Will Marry the Wrong Person". *New York Times*, 28 de maio, 2016. <https://www.nytimes.com/2016/05/29/opinion/sunday/why-you-will-marry-the-wrong-person.html>.

Collins, Paul S. "Seven Things You Probably Didn't Know About Edgar Allan Poe". *HuffPost*, 26 de outubro, 2014. <https://www.huffpost.com/entry/edgar-allan-poe-facts_b_5698360>.

Diener, Edição. *Happiness: Unlocking the Mysteries of Psychological Wealth.* Malden, MA: Wiley-Blackwell, 2009.

Encyclopedia Virginia. "Poe, Edgar Allan (1809–1849)". <https://www.encyclopediavirginia.org/poe_edgar_allan_1809-1849#start_entry>.

Epstein, Robert. "Fall in Love and Stay That Way". *Scientific American*, janeiro de 2010. <https://www.scientificamerican.com/article/how-science-can-help-love/>.

Finkel, Eli J. *The All-or-Nothing Marriage: How the Best Marriages Work.* Nova York: Penguin, 2017.

Fromm, Erich. *The Art of Loving.* Nova York: Open Road Media, 2013.

Gilbert, Susan. "Married with Problems? Therapy May Not Help". *New York Times*, 19 de abril, 2005. <https://www.nytimes.com/2005/04/19/health/psychology/married-with-problems-therapy-may-not-help.html>.

Gilovich, Thomas. *How We Know What Isn't So: The Fallibility of Human Reason in Everyday Life.* Nova York: Free Press, 1993.

Gottman, John. *The Man's Guide to Women: Scientifically Proven Secrets from the Love Lab About What Women Really Want.* Nova York: Rodale, 2016.

Gottman, John M. *The Marriage Clinic: A Scientifically Based Marital Therapy.* Nova York: W. W. Norton, 1999.

Gottman, John M. *The Science of Trust: Emotional Attunement for Couples.* Nova York: W. W. Norton, 2011.

Gottman, John e Joan DeClaire. *The Relationship Cure: A Five Step Guide to Strengthening Your Marriage, Family, and Friendships.* Nova York: Harmony, 2002. Gottman, John e Nan Silver. *The Seven Principles for Making Marriage Work.* Nova York: Harmony, 2015.

Gottman, John M. e Nan Silver. *What Makes Love Last? How to Build Trust and Avoid Betrayal.* Nova York: Simon & Schuster, 2013.

Gottman, John Mordechai com Nan Silver. *Why Marriages Succeed or Fail: And How You Can Make Yours Last.* Nova York: Simon & Schuster, 1994.

Gottman, John M., Julie Schwartz Gottman e Joan DeClaire. *Ten Lessons to Transform Your Marriage: America's Love Lab Experts Share Their Strategies for Strengthening Your Relationship.* Nova York: Harmony, 2007.

Iyengar, Sheena. *The Art of Choosing.* Nova York: Twelve, 2011.

Jackson, Kevin. "The Great Bad Writer". *Prospect*, 22 de Fevereiro, 2012. <https://www.prospectmagazine.co.uk/magazine/the-great-bad-writer-edgar-allan-poe-raven-cusack>.

Jones, Daniel. *Love Illuminated: Exploring Life's Most Mystifying Subject (with the Help of Fifty Thousand Strangers).* Nova York: HarperCollins, 2014.

Lehrer, Jonah. *A Book About Love.* Nova York: Simon & Schuster, 2017.

REFERÊNCIAS

Markman, Howard, Scott Stanley e Susan L. Blumberg. *Fighting for Your Marriage: A Deluxe Revised Edition of the Classic Best-seller for Enhancing Marriage and Preventing Divorce*. São Francisco: Jossey-Bass, 2010.

Maxwell, Jessica A. e Andrea L. Meltzer. "Kiss and Make Up? Examining the Co-occurrence of Conflict and Sex". *Archives of Sexual Behavior* 49 (2020): 2883-92. <https://rd.springer.com/article/10.1007/s10508-020-01779-8>.

Mitchell, Stephen A. *Can Love Last? The Fate of Romance over Time*. Nova York: W. W. Norton, 2003.

Myers, Jane E., Jayamala Madathil e Lynne R. Tingle. "Marriage Satisfaction and Wellness in India and the United States: A Preliminary Comparison of Arranged Marriages and Marriages of Choice". *Journal of Counseling & Development,* 83, nº 2 (2005): 183-90. <https://onlinelibrary.wiley.com/doi/abs/10.1002/j.1556-6678.2005.tb00595.x>.

Niven, David. *The Simple Secrets for Becoming Healthy, Wealthy, and Wise: What Scientists Have Learned and How You Can Use It*. Nova York: HarperOne, 2009.

Niven, David. *One Hundred Simple Secrets of Great Relationships: What ScientistsHave Learned and How You Can Use It*. Nova York: HarperCollins, 2009.

Universidade Estadual de Ohio. "Conflict Levels Don't Change Much over Course of Marriage". ScienceDaily, 15 de agosto, 2011. <https://www.sciencedaily.com/releases/2011/08/110815101538.htm>.

Parker-Pope, Tara. *For Better: How the Surprising Science of Happy Couples Can Help Your Marriage Succeed*. Nova York: Penguin, 2011.

Parker-Pope, Tara. "The Happy Marriage Is the 'Me' Marriage". *New York Times*, 31 de dezembro, 2020. <https://www.nytimes.com/2011/01/02/weekinreview/02parkerpope.html>.

Perel, Esther. *Mating in Captivity: Unlocking Erotic Intelligence*. Nova York: HarperCollins e-books, 2009.

Perel, Esther. *The State of Affairs: Rethinking Infidelity*. Nova York: Harper, 2017. Poe, Edgar Allan. "The Philosophy of Composition". Atualizado em 5 de setembro,2011. <https://www.eapoe.org/works/essays/philcomp.htm>.

Poe, Edgar Allan. "The Philosophy of Composition". *Graham's Magazine,* 28, nº 4 (Abril 1846): 163-67.

Poe, Edgar Allan. "The Raven". Poetry Foundation. <https://www.poetryfoundation.org/poems/48860/the-raven>.

Pruette, Lorine. "A Psycho-Analytical Study of Edgar Allan Poe". *American Journal of Psychology* 31, nº 4 (1920): 370-402. https://www.jstor.org/stable/1413669?seq=1#metadata_info_tab_contents.

Regan, Pamela C. *The Mating Game: A Primer on Love, Sex, and Marriage.* Los Angeles: Sage, 2017.

Scheibehenne, Benjamin, Jutta Mata e Peter M. Todd. "Older but Not Wiser — Predicting a Partner's Preference Gets Worse with Age". *Journal of Consumer Psychology* 21, nº 2 (2011): 184-91. https://psycnet.apa.org/record/2011-17293-011.

Seligman, Martin E. P. *Flourish: A Visionary New Understanding of Happiness and Well-Being.* Nova York: Atria Books, 2012.

Simonton, Dean Keith. *Greatness: Who Makes History and Why.* Nova York: Guilford, 1994.

Sternberg, Robert. *Cupid's Arrow: The Course of Love Through Time.* Cambridge: Cambridge University Press, 1998.

Tallis, Frank. *The Incurable Romantic and Other Tales of Madness and Desire.* Nova York: Basic Books, 2018.

Tallis, Frank. *Love Sick: Love as a Mental Illness.* Nova York: Da Capo Lifelong Books, 2005.

Tierney, John. *The Power of Bad.* Nova York: Penguin, 2019.

Universidade de Rochester. "Do Open Relationships Really Work?" ScienceDaily, 29 de Outubro, 2019. https://www.sciencedaily.com/releases/2019/10/191029182513.htm.

Universidade do Tennessee em Knoxville. "How Happy Couples Argue: Focus on Solvable Issues First". ScienceDaily, 16 de Setembro, 2016. https://www.science daily.com/releases/2019/09/190916114014.htm.

Velella, Rob. "The Many Names of Poe". *American Literary Blog*, Janeiro 7, 2010. https://americanliteraryblog.blogspot.com/2010/01/many-names-of-poe.html.

Waite, Linda J. et al. "Does Divorce Make People Happy? Findings from a Study of Unhappy Marriages". Institute for American Values, Janeiro 2002. https://www.researchgate.net/publication/237233376_Does_Divorce_Make_People_Happy_Findings_From_a_Study_of_Unhappy_Marriages.

"War over Being Nice". *Seph* (blog), 19 de setembro, 2018. <https://josephg.com/blog/war-over-being-nice/>.

Wikipédia. "Age of Enlightenment". <https://en.wikipedia.org/wiki/Age_of_En lightenment>.

Wikipédia. "Couples Therapy". <https://en.wikipedia.org/wiki/Couples_therapy#History>.

Wikipédia. "Edgar Allan Poe". <https://en.wikipedia.org/wiki/Edgar_Allan_Poe>.

Wikipédia. "The Philosophy of Composition". <https://en.wikipedia.org/wiki/The_Philosophy_of_Composition>.

Wikipédia. "The Raven". <https://en.wikipedia.org/wiki/The_Raven>.

Wikipédia. "Romanticism". <https://en.wikipedia.org/wiki/Romanticism>.

CAPÍTULO 14

Acevedo, Bianca P., *et al.* "Neural Correlates of Long-Term Intense Romantic Love". *Social Cognitive and Affective Neuroscience,* 7, nº 2 (2012): 145–59. <https://pubmed.ncbi.nlm.nih.gov/21208991/>.

Aron, Arthur e Elaine Aron. *The Heart of Social Psychology: A Backstage View of a Passionate Science.* Lexington, MA: Lexington Books, 1986.

Aron, Arthur, *et al.* "The Self-Expansion Model of Motivation and Cognition in Close Relationships". Em *The Oxford Handbook of Close Relationships*, editado por Jeffry Simpson e Lorne Campbell. Oxford: Oxford University Press, 2013. <https://www.oxfordhandbooks.com/view/10.1093/oxfordhb/9780195398694.001.0001/oxfordhb--9780195398694-e-005>.

Barker, Eric. "Does Discussing Abortions and STD's Make for a Better First Date?"*Barking Up the Wrong Tree* (blog), fevereiro de 2012. <https://www.bakadesuyo.com/2012/02/does-discussing-abortions-and-stds--make-for-a/>.

Barker, Eric. "How to Have a Great Relationship — Five New Secrets from Research". *Barking Up the Wrong Tree* (blog), outubro de 2014. <https://www.bakadesuyo.com/2014/10/how-to-have-a-great-relationship-2/>.

Baumeister, Roy e Sara R. Wotman. *Breaking Hearts: The Two Sides of Unrequited Love.* Nova York: Guilford, 1992.

Baumeister, Roy F., *et al.* "The Mask of Love and Sexual Gullibility". Em *The Social Psychology of Gullibility*, editado por Joseph P. Forgas e Roy F. Baumeister. Nova York: Routledge, 2019. <https://www.taylorfrancis.com/chapters/edit/10.4324/9780429203787-2/mask-love-sexual-gullibility-roy-baumeister-jessica-maxwell-geoffrey-thomas-kathleen-vohs>.

Beck, Aaron. *Love Is Never Enough: How Couples Can Overcome Misunderstandings, Resolve Conflicts, and Solve Relationship Problems Through Cognitive Therapy*. Nova York: Harper Perennial, 1989.

Botton, Alain de. *The Course of Love: A Novel*. Nova York: Simon & Schuster, 2017.

Brooks, David. *The Second Mountain: The Quest for a Moral Life*. Nova York: Random House, 2019.

Bühler, Janina Larissa, *et al.* "Does Michelangelo Care About Age? An Adult LifeSpan Perspective on the Michelangelo Phenomenon". *Journal of Social and Personal Relationships,* 36, nº 4 (2019): 1392–1412. <https://journals.sagepub.com/doi/full/10.1177/0265407518766698>.

Busby, Dean M., Veronica Hanna-Walker e Chelom E. Leavitt. "A Kiss Is Not a Kiss: Kissing Frequency, Sexual Quality, Attachment, and Sexual and Relationship Satisfaction". *Sexual and Relationship Therapy*, janeiro de 31, 2020. <https://www.tandfonline.com/doi/abs/10.1080/14681994.2020.1717460>.

Buss, David M. *The Dangerous Passion: Why Jealousy Is as Necessary as Love and Sex*. Nova York: Free Press, 2000.

Cao, Chao, *et al.* "Trends in Sexual Activity and Associations with All-Cause and Cause-Specific Mortality Among US Adults". *Journal of Sexual Medicine,* 17, nº 10 (2020): 1903–13. <https://www.sciencedirect.com/science/article/abs/pii/S174360952030669X>.

Carrère, S. *et al.* "Predicting Marital Stability and Divorce in Newlywed Couples". *Journal of Family Psychology,* 14, nº 1 (2000): 42–58. <https://pubmed.ncbi.nlm.nih.gov/10740681/>.

Coontz, Stephanie. "For a Better Marriage, Act Like a Single Person". *Nova York Times*, 10 de fevereiro, 2018. <https://www.nytimes.com/2018/02/10/opinion/sunday/for-a-better-marriage-act-like-a-single-person.html>.

Drigotas, S. M. *et al.* "Close Partner as Sculptor of the Ideal Self: Behavioral Affirmation and the Michelangelo Phenomenon". *Journal of Personal*

REFERÊNCIAS

and Social Psychology, 77, nº 2 (1999): 293–323. <https://pubmed.ncbi.
nlm.nih.gov/10474210/>.

Druckerman, Pamela. *Lust in Translation: Infidelity from Tokyo to Tennessee.* Nova York: Penguin, 2008.

Dunn, Elizabeth W., *et al.* "Misunderstanding the Affective Consequences
of Everyday Social Interactions: The Hidden Benefits of Putting One's
Best Face Forward". *Journal of Personality and Social Psychology,* 92, nº
6 (2007): 990–1005. <https://pubmed.ncbi.nlm.nih.gov/17547484/>.

Finkel, Eli J. *The All-or-Nothing Marriage: How the Best Marriages Work.*
Nova York: Penguin, 2017.

Fisher, Helen E. *Why We Love.* Nova York: Henry Holt, 2004.

Forgas, Joseph P. e Roy F. Baumeister, editores. *The Social Psychology of
Living Well.* Nova York: Taylor and Francis, 2018.

Gottman, John M. *The Marriage Clinic: A Scientifically Based Marital Therapy.* Nova York: W. W. Norton, 1999.

Gottman, John M. *The Science of Trust: Emotional Attunement for Couples.*
Nova York: W. W. Norton, 2011.

Gottman, John e Joan DeClaire. *The Relationship Cure: A Five Step Guide
to Strengthening Your Marriage, Family, and Friendships.* Nova York:
Harmony, 2002.

Gottman, John e Nan Silver. *The Seven Principles for Making Marriage
Work.* Nova York: Harmony, 2015.

Gottman, John e Nan Silver. *What Makes Love Last? How to Build Trust
and Avoid Betrayal.* Nova York: Simon & Schuster, 2013.

Gottman, John Mordechai com Nan Silver. *Why Marriages Succeed or Fail:
And How You Can Make Yours Last.* Nova York: Simon & Schuster, 1994.

Gottman, John M., Julie Schwartz Gottman e Joan DeClaire. *Ten Lessons
to Transform Your Marriage: America's Love Lab Experts Share Their
Strategies for Strengthening Your Relationship.* Nova York: Harmony,
2007.

Hagspiel, Stefan. "The Man with a Thirty Second Memory". YouTube, 29
de dezembro, 2006. <https://www.youtube.com/watch?v=WmzU47i2x-
gw>.

Harris, Sam. *Lying.* Four Elephants, 2013.

Harvey-Jenner, Catriona. "The Woman with Amnesia Whose True Story May Have Inspired Fifty First Dates". *Cosmopolitan*, 19 de janeiro, 2017. <https://www.cosmopolitan.com/uk/reports/news/a48933/michelle--philpots-amnesia-true-story-50-first-dates/>.

Hazell, Ward. "Ten People with Amnesia Who Literally Lost Their Minds". Listverse, 17 de janeiro, 2019. <https://listverse.com/2019/01/17/10-people-with-amnesia-who-literally-lost-their-minds/>.

Hicks, Angela M. e Lisa M. Diamond. "How Was Your Day? Couples' Affect When Telling and Hearing Daily Events". *Personal Relationships,* 15, nº 2 (2008): 205–28. <https://onlinelibrary.wiley.com/doi/abs/10.1111/j.1475-6811.2008.00194.x>.

Hira, Shreena N. e Nickola C. Overall. "Improving Intimate Relationships: Targeting the Partner Versus Changing the Self". *Journal of Social and Personal Relationships,* 28, nº 5 (2011): 610–33. <https://journals.sagepub.com/doi/10.1177/0265407510388586>.

Inbar, Michael. "'Groundhog Day' for Real: Woman Is Stuck in 1994". Today, 16 de agosto, 2010. <https://www.today.com/news/groundhog-day-real--woman-stuck-1994-1C9017393>.

Jarrett, Christian. "Try Something New Together—Research Shows Engaging in 'Self-Expanding Activities' Rekindles the Sexual Desire of Long-Term Couples". *Research Digest* (blog), 14 de fevereiro, 2019. <https://digest.bps.org.uk/2019/02/14/try-something-new-together-research-shows-engaging-in-self-expanding-activities-rekindles-the-sexual--desire-of-long-term-couples/>.

Johnson, Matthew D. e Franz J. Neyer. "(Eventual) Stability and Change Across Partnerships". *Journal of Family Psychology,* 33, nº 6 (2019): 711–21. <https://psycnet.apa.org/record/2019-10172-001>.

Jones, Daniel. *Love Illuminated: Exploring Life's Most Mystifying Subject (with the Help of Fifty Thousand Strangers)*. Nova York: HarperCollins, 2014.

Kirshenbaum, Sheril. *The Science of Kissing: What Our Lips Are Telling Us*. Nova York: Grand Central, 2011.

Levy, Andrew. "The Woman Who Wakes Up Thinking Its 1994 Every Morning and Then Forgets Everything the Next Day Due to a Car Crash Injury". *Daily Mail*, 10 de junho, 2010. <https://www.dailymail.co.uk/health/article-1285535/Two-car-crashes-leave-Michelle-Philpots--24-hour-memory.html>.

Lewis, Thomas H., Fari Amini e Richard Lannon. *A General Theory of Love*. Nova York: Vintage, 2001.

Mashek, Debra J. e Arthur Aron. *Handbook of Closeness and Intimacy*. Hove, UK: Psychology Press, 2004.

McRaney, David. "Misattribution of Arousal". You Are Not So Smart, 7 de julho, 2011. <https://youarenotsosmart.com/2011/07/07/misattribution--of-arousal/>.

Mitchell, Stephen A. *Can Love Last? The Fate of Romance over Time*. Nova York: W. W. Norton, 2003.

Murray, Samuel e Peter Finocchiaro. "These Confabulations Are Guaranteed to Improve Your Marriage! Toward a Teleological Theory of Confabulation". PsyArXiv Preprints, 25 de maio, 2020. <https://psyarxiv.com/huywk/>.

Niven, David. *One Hundred Simple Secrets of Great Relationships: What Scientists Have Learned and How You Can Use It*. Nova York: HarperCollins, 2009.

Parker-Pope, Tara. *For Better: How the Surprising Science of Happy Couples Can Help Your Marriage Succeed*. Nova York: Penguin, 2011.

Parker-Pope, Tara. "The Happy Marriage Is the 'Me' Marriage". *New York Times*, 31 de dezembro, 2020. <https://www.nytimes.com/2011/01/02/weekinreview/02parkerpope.html>.

Pennebaker, James. *The Secret Life of Pronouns: What Our Words Say About Us*. Nova York: Bloomsbury, 2013.

Perel, Esther. *Mating in Captivity: Unlocking Erotic Intelligence*. Nova York: HarperCollins e-books, 2009.

Perel, Esther. *The State of Affairs: Rethinking Infidelity*. Nova York: Harper, 2017. Roper, Matt. "The Real Groundhog Day: Rare Disorder Wipes Women's Memory Clean Every Twenty-Four Hours". *Mirror*, 27 de janeiro, 2012. <https://www.mirror.co.uk/news/weird-news/the-real-groundhog-day-rare-disorder-227866>.

Rusbult, Caryl, Eli J. Finkel e Madoka Kumashiro. "The Michelangelo Phenomenon". *Current Directions in Psychological Science,* 18, nº 6 (2009): 305–9.

Sacks, Oliver. "The Abyss: Music and Amnesia". *New Yorker*, 24 de setembro, 2007. <https://www.newyorker.com/magazine/2007/09/24/the--abyss>.

Sagarin, Brad J. *et al.* "Hormonal Changes and Couple Bonding in Consensual Sadomasochistic Activity". *Archives of Sexual Behavior,* 38, nº 2 (2009): 186–200. <https://pubmed.ncbi.nlm.nih.gov/18563549/>.

Seider, Benjamin, *et al.* "We Can Work It Out: Age Differences in Relational Pronouns, Physiology, and Behavior in Marital Conflict". *Psychology and Aging,* 24, nº 3 (2009): 604–13. <https://pubmed.ncbi.nlm.nih.gov/19739916/>.

Sexton, James. *If You're in My Office, It's Already Too Late: A Divorce Lawyer's Guide to Staying Together.* Nova York: Macmillan, 2018.

Smith, Anthony, *et al.* "Sexual and Relationship Satisfaction Among Heterosexual Men and Women: The Importance of Desired Frequency of Sex". *Journal of Sex and Marital Therapy,* 37, nº 2 (2011): 104–15. <https://www.tandfonline.com/doi/abs/10.1080/0092623X.2011.560531>.

Sternberg, Robert. *Cupid's Arrow: The Course of Love Through Time.* Cambridge: Cambridge University Press, 1999.

Sternberg, Robert. *Love Is a Story: A New Theory of Relationships.* Chosen Books, Oxford: Oxford University Press, 1998.

Sternberg, Robert e Karin Sternberg, editores. *The New Psychology of Love*, 2ª edição. Cambridge: Cambridge University Press, 2019.

Tallis, Frank. *Love Sick: Love as a Mental Illness.* Nova York: Da Capo Lifelong Books, 2005.

Tierney, John. *The Power of Bad.* Nova York: Penguin, 2019.

Tsapelas, Irene, Arthur Aron e Terri Orbuch. "Marital Boredom Now Predicts Less Satisfaction Nine Years Later". *Psychological Science,* 20, nº 5 (2009): 543–45. <https://psycnet.apa.org/record/2009-06873-004.u/BlueOrange>.

"TIL I learned of Michelle Philpots, the real life inspiration behindthe movie 50 first dates. Her memory is wiped clean everyday, and she has been stuck in 1994 for 25 years". Reddit, 16 de agosto, 2019, 2:02:22. <https:// www.reddit.com/r/todayilearned/comments/crcfsj/til_i_learned_of_michelle_philpots_the_real_life/>.

Universidade de Alberta. "Changing Partners Doesn't Change Relationship Dynamics". ScienceDaily, 27 de agosto, 2019. <https://www.sciencedaily.com/releases/2019/08/190827123518.htm>.

Universidade da Califórnia, Riverside. "Research Affirms the Power of 'We'". ScienceDaily, 5 de outubro, 2018. <https://www.sciencedaily.com/releases/2018/10/181005111455.htm>.

Wikipédia. "Amnesia". <https://en.wikipedia.org/wiki/Amnesia>.

Wikipédia. "Anterograde Amnesia". <https://en.wikipedia.org/wiki/Anterograde_amnesia>.

Wikipédia. "Clive Wearing". <https://en.wikipedia.org/wiki/Clive_Wearing>.

Wikipédia. "*Memento* (film) — Scientific Response". <https://en.wikipedia.org/wiki/Memento_(film)#Scientific_response>.

Wikipédia. "Michelangelo Phenomenon". <https://en.wikipedia.org/wiki/Michel angelo_phenomenon>.

Wikipédia. "Procedural Memory". <https://en.wikipedia.org/wiki/Procedural_memory>.

Wikipédia. "Transient Global Amnesia". <https://en.wikipedia.org/wiki/Transient_global_amnesia>.

Wright, Robert. *The Moral Animal: Why We Are the Way We Are: The New Science of Evolutionary Psychology*. Nova York: Knopf Doubleday, Vintage Books, 1995.

Zachary. "This Woman's Rare Form of Amnesia Makes Her Forget Everything Before 1994". *Shared*, 22 de dezembro, 2017. <https://www.shared.com/woman-with-rare-form-of-amnesia/>.

CAPÍTULO 15

Bradley, Robert. *Husband-Coached Childbirth: The Bradley Method of Natural Childbirth*, 5ª edição. Nova York: Bantam, 2008.

Gottman, John. *The Man's Guide to Women: Scientifically Proven Secrets from the Love Lab About What Women Really Want*. Nova York: Rodale, 2016.

Rome News-Tribune. "50 Years Ago in Rome News-Tribune". 18 de setembro, 2010.

CAPÍTULO 16

Achor, Shawn. *The Happiness Advantage: The Seven Principles of Positive Psychology That Fuel Success and Performance at Work*. Nova York: Currency, 2010.

Alberti, Fay Bound. *A Biography of Loneliness: The History of an Emotion*. Oxford: Oxford University Press, 2019.

Alberti, Fay Bound. "One Is the Loneliest Number: The History of a Western Problem". *Aeon*, 12 de setembro, 2018. <https://aeon.co/ideas/one--is-the-loneliest-number-the-history-of-a-western-problem>.

Baumeister, Roy F. *The Cultural Animal: Human Nature, Meaning, and Social Life*. Nova York: Oxford University Press, 2005.

Cacioppo, John T. e William Patrick. *Loneliness: Human Nature and the Need for Social Connection*. Nova York: Norton, 2009.

Cacioppo, John T., Louise C. Hawkley e Gary G. Berntson. "The Anatomy of Loneliness". *Current Directions in Psychological Science,* 12, nº 3 (2003): 71–74. <https://www.jstor.org/stable/20182842?seq=1>.

Chen, Zhansheng, *et al.* "When Hurt Will Not Heal: Exploring the Capacity to Relive Social and Physical Pain". *Psychological Science,* 19, nº 8 (2008): 789–95. <https://pubmed.ncbi.nlm.nih.gov/18816286/>.

Csikszentmihalyi, Mihaly. *Finding Flow: The Psychology of Engagement with Everyday Life*. Nova York: Basic Books,1998.

DePaulo, Bella. *Singled Out: How Singles Are Stereotyped, Stigmatized, and Ignored, and Still Live Happily Ever After*. Nova York: St. Martin's, 2007.

Diamond, Jared. *The World Until Yesterday: What Can We Learn from Traditional Societies?* Nova York: Penguin, 2013.

Finkel, Michael. "The Strange and Curious Tale of the Last True Hermit". *GQ*, 4 de agosto, 2014. <https://www.gq.com/story/the-last-true-hermit>.

Finkel, Michael. *The Stranger in the Woods: The Extraordinary Story of the Last True Hermit*. Nova York: Knopf Doubleday, 2017.

Forgas, Joseph P. e Roy F. Baumeister, eds. *The Social Psychology of Living Well*. Nova York: Taylor and Francis, 2018.

Friedrich, Lena. "The Hermit — the True Legend of the North Pond Hermit". Vimeo, 10 de abril, 2020. <https://vimeo.com/406217619>.

REFERÊNCIAS

Gawande, Atul. "Hellhole". *New Yorker*, 23 de março, 2009. <https://www.new yorker.com/magazine/2009/03/30/hellhole>.

Gottman, John e Nan Silver. *What Makes Love Last? How to Build Trust and Avoid Betrayal*. Nova York: Simon & Schuster, 2013.

Haney, Craig. "Mental Health Issues in Long-Term Solitary and 'Supermax' Confinement". *Crime and Delinquency,* 49, nº 1 (2003): 124–56. <https://www.researchgate.net/publication/249718605_Mental_Health_Issues_in_Long-Term_Solitary_and_Supermax_Confinement>.

Hari, Johann. *Lost Connections: Uncovering the Real Causes of Depression — and the Unexpected Solutions*. Nova York: Bloomsbury, 2018.

Harris, Michael. *Solitude: In Pursuit of a Singular Life in a Crowded World*. Nova York: St. Martin's, 2017.

Holt-Lunstad, Julianne. "Why Social Relationships Are Important for Physical Health: A Systems Approach to Understanding and Modifying Risk and Protection". *Annual Review of Psychology,* 69 (janeiro de 2018): 437–58. <https://pubmed.ncbi.nlm.nih.gov/29035688/>.

Insel, Thomas R. "Is Social Attachment an Addictive Disorder? *Physiology and Behavior* 79 (agosto de 2003): 351–57. <https://pubmed.ncbi.nlm.nih.gov/12954430/>.

Junger, Sebastian. *Tribe: On Homecoming and Belonging*. Nova York: Grand Central, 2016.

Kemp, Andrew Haddon, Juan A. Arias e Zoe Fisher. "Social Ties, Health, and Wellbeing: A Literature Review and Model". In *Neuroscience and Social Science: The Missing Link*, editado por Augustín Ibáñez, Luca Sedeño e Adolfo.

M. Garcia. Cham, Switzerland: Springer International, 2018. <https://www.researchgate.net/publication/317616735_Social_Ties_Health_and_Wellbeing_A_Literature_Review_and_Model>.

Khazan, Olga. "How Loneliness Begets Loneliness". *Atlantic*, abril de 2017. <https://www.theatlantic.com/health/archive/2017/04/how-loneliness-begets-loneliness/521841/>.

Klinenberg, Eric. *Going Solo: The Extraordinary Rise and Surprising Appeal of Living Alone*. Nova York: Penguin, 2013.

Latson, Jennifer. *The Boy Who Loved Too Much: A True Story of Pathological Friendliness*. Nova York: Simon & Schuster, 2017.

Lilienfeld, Scott O., *et al*. *Fifty Great Myths of Popular Psychology: Shattering Widespread Misconceptions about Human Behavior*. Malden, MA: Wiley-Blackwell, 2010.

Massachusetts General Hospital. "Social Connection Is the Strongest Protective Factor for Depression". *ScienceDaily,* 14 de agosto, 2020. <https://www.science daily.com/releases/2020/08/200814131007.htm>.

Massachusetts Institute of Technology. "A Hunger for Social Contact". *ScienceDaily,* 23 de novembro, 2020. <https://www.sciencedaily.com/releases/2020/11/201123120724.htm>.

Murthy, Vivek H. *Together: The Healing Power of Human Connection in a Sometimes Lonely World*. Nova York: Harper Wave, 2020.

Olds, Jacqueline e Richard S. Schwartz. *The Lonely American: Drifting Apart in the Twenty-First Century*. Boston: Beacon, 2010.

Pinker, Susan. *The Village Effect: How Face-to-Face Contact Can Make Us Healthier and Happier*. Toronto: Random House of Canada, 2014.

Powdthavee, Nattavudh. "Putting a Price Tag on Friends, Relatives, and Neighbours: Using Surveys of Life Satisfaction to Value Social Relationships". *Journal of Socio-Economics,* 37, nº 4 (2008): 1459–80. <https://www.sciencedirect.com/science/article/abs/pii/S1053535707001205>.

Seelye, Katharine Q. "'Boo Radley' of the Woods? Not to All Maine Neighbors".

New York Times, 12 de junho, 2013. <https://www.nytimes.com/2013/06/12/us/hermit-in-maine-is-legend-to-some-thief-to-others.html>.

Self, Will, *et al*. "'Would That All Journeys Were on Foot': Writers on the Joys of Walking". *Guardian*, 18 de setembro, 2018. <https://www.the-guardian.com/cities/2018/sep/18/would-that-all-journeys-were-on-foo-t-writers-on-the-joy-of-walking>.

Shenk, Joshua Wolf. "What Makes Us Happy?" *Atlantic*, junho de 2009. <https://www.theatlantic.com/magazine/archive/2009/06/what-makes-us-happy/307439/>.

Simonton, Dean Keith. *The Wiley Handbook of Genius*. Chichester, UK: WileyBlackwell, 2014.

Stevens, Jenny. "The Friend Effect: Why the Secret of Health and Happiness Is Surprisingly Simple". *Guardian*, 23 de maio, 2018. <https://www.theguardian.com/society/2018 /may/23 /

the-friend-effect-why-the-secret-of-health-and-happiness-is-surprisingly-simple>.

Universidade de Estocolmo. "Trust in Others Predicts Mortality in the United States". *ScienceDaily,* 25 de outubro, 2018. <https://www.sciencedaily.com/releases/2018/10/181025103318.htm>.

Storr, Will. *Selfie: How We Became So Self-Obsessed and What It's Doing to Us.* Nova York: Harry N. Abrams, 2019.

Storr, Anthony. *Solitude: A Return to the Self.* Nova York: Free Press, 2005.

Vincent, David. *A History of Solitude.* Cambridge, UK: Polity, 2020.

Walton, Gregory M. *et al.* "Mere Belonging: The Power of Social Connections". *Journal of Personality and Social Psychology,* 102, nº 3 (2012): 513–32. <https://pubmed.ncbi.nlm.nih.gov/22023711/>.

Whitehead, Nadia. "People Would Rather Be Electrically Shocked Than Left Alone with Their Thoughts". *Science,* 3 de julho, 2014. <https://www.sciencemag.org/news/2014/07/people-would-rather-be-electrically-shocked-left-alone-their-thoughts>.

Wikipédia. "Christopher Thomas Knight". <https://en.wikipedia.org/wiki/Christo pher_Thomas_Knight>.

Wikipédia. "Solitary Confinement". <https://en.wikipedia.org/wiki/Solitary_confinement>.

Worrall, Simon. "Why the North Pond Hermit Hid from People for Twenty--Seven Years". *National Geographic,* 8 de abril, 2017. <https://www.nationalgeographic.com/news/2017/04/north-pond-hermit-maine-knight-stranger-woods-finkel/>.

Yeginsu, Ceylan. "U.K. Appoints a Minister for Loneliness". *New York Times*, 17 de janeiro, 2018. <https://www.nytimes.com/2018/01/17/world/europe/uk-britain-loneliness.html>.

CAPÍTULO 17

Alberti, Fay Bound. *A Biography of Loneliness: The History of an Emotion.* Oxford: Oxford University Press, 2019.

Alter, Adam. *Irresistible: The Rise of Addictive Technology and the Business of Keeping Us Hooked.* Nova York: Penguin, 2017.

American Association for the Advancement of Science. "Empathy: College Students Don't Have as Much as They Used To". *EurekAlert!*, 28 de maio, 2010. <https://www.eurekalert.org/pub_releases/2010-05/uom--ecs052610.php>.

Beck, Julie. "Married to a Doll: Why One Man Advocates Synthetic Love". *Atlantic*, 6 de setembro, 2013. <https://www.theatlantic.com/health/archive/2013/09/married-to-a-doll-why-one-man-advocates-synthetic-love/279361/>.

Beusman, Callie. "My Sensual Journey into Japan's $90 Million Fake Anime Boyfriend Market". *Vice*, 18 de março, 2016. <https://www.vice.com/en_us/article/qkg74b/my-sensual-journey-into-japans-90-million-fake-anime-boyfriend-market>.

Bruni, Luigino e Luca Stanca. "Watching Alone: Relational Goods, Television, and Happiness". *Journal of Economic Behavior and Organization,* 65, nº 3–4 (2008): 506–28. <https://www.sciencedirect.com/science/article/abs/pii/S0167268106002095>.

Cortez, C. A. "Mediated Interpersonal Communication: The Role of Attraction and Perceived Homophily in the Development of Parasocial Relationships". Dissertação de doutorado, Universidade de Iowa, 1993. <https://elibrary.ru/item.asp?id=5801038>.

Crist, Ry. "Dawn of the Sexbots". *CNET,* 10 de agosto, 2017. <https://www.cnet.com/news/abyss-creations-ai-sex-robots-headed-to-your-bed-and-heart/>.

Denworth, Lydia. *Friendship: The Evolution, Biology, and Extraordinary Power of Life's Fundamental Bond.* Nova York: W. W. Norton, 2020.

Derrick, Jaye L. "Energized by Television: Familiar Fictional Worlds Restore SelfControl". *Social Psychological and Personality Science,* 4, nº 3 (2013): 299–307. <https://journals.sagepub.com/doi/abs/10.1177/1948550612454889>.

Derrick, Jaye L., Shira Gabriel e Kurt Hugenberg. "Social Surrogacy: How Favored Television Programs Provide the Experience of Belonging". *Journal of Experimental Social Psychology,* 45, nº 2 (2009): 352–62. <https://www.sciencedirect.com/science/article/abs/pii/S0022103108002412>.

DeSteno, David. *Emotional Success: The Power of Gratitude, Compassion, and Pride.* Nova York: Houghton Mifflin Harcourt, 2019.

REFERÊNCIAS

Dormehl, Luke. "Realdoll Is Building a Fleet of AI-Powered Sex Robots with Customizable Personalities". *Digital Trends,* 3 de fevereiro, 2017. <https://www.digital trends.com/cool-tech/realdoll-sex-robot-ai/>.

Eyal, Keren e Jonathan Cohen. "When Good Friends Say Goodbye: A Parasocial Breakup Study". *Journal of Broadcasting and Electronic Media,* 50, nº 3 (2006): 502–23. <https://www.tandfonline.com/doi/abs/10.1207/s15506878jobem5003_9>.

Frey, Bruno S., Christine Benesch, and Alois Stutzer. "Does Watching TV MakeUs Happy?" *Journal of Economic Psychology,* 28, nº 3 (2007): 283–313. <https://psycnet.apa.org/record/2007-07718-001>.

Giles, David. *Illusions of Immortality: A Psychology of Fame and Celebrity.* Londres: Macmillan Education, 2000.

Glascock, Taylor. "The Japanese Gamers Who Prefer to Date Videogame Characters". *Wired*, 28 de outubro, 2015. <https://www.wired.com/2015/10/loulou-daki-playing-for-love/>.

Halpern, Jake. *Fame Junkies: The Hidden Truths Behind America's Favorite Addiction.* Boston: HMH Books, 2007.

Hampton, Keith N., Chul-joo Lee, Eun Ja Her. "How New Media Affords Network Diversity: Direct and Mediated Access to Social Capital Through Participation in Local Social Settings". *New Media and Society,* 13, nº 7 (2011): 1031–49. <https://journals.sagepub.com/doi/10.1177/1461444810390342>.

Hari, Johann. *Lost Connections: Uncovering the Real Causes of Depression — and the Unexpected Solutions.* Nova York: Bloomsbury, 2018.

Harris, Michael. *Solitude: In Pursuit of a Singular Life in a Crowded World.* Nova York: St. Martin's, 2017.

Hegarty, Stephanie. "Why I 'Married' a Cartoon Character". *BBC*, 17 de agosto, 2019. <https://www.bbc.com/news/stories-49343280>.

Hirayama, Maki. "Developments in Information Technology and the Sexual Depression of Japanese Youth since 2000". *International Journal of the Sociology of Leisure,* 2 (2019): 95–119. <https://link.springer.com/article/10.1007/s41978-019-00034-2>.

Lutz, Ashley. "Meet the Men Who Gave Up Dating in Favor of Life-Sized Dolls". Insider, 16 de maio, 2012. <https://www.businessinsider.com/meet-the-men-who-gave-up-dating-for-life-sized-dolls-2012-5>.

Katayama, Lisa. "Love in 2-D". *New York Times*, 21 de julho, 2009. <https://www.ny times.com/2009/07/26/magazine/26FOB-2DLove-t.html>.

Khademi, Casey Ali. "The Cultural Reconstruction of Fame: How Social Media and Reality Television Have Reshaped America's Definition of 'Famous'". Dissertação de doutorado, Universidade Stanford, março de 2015. <https://comm.stanford.edu/mm/2016/07/Casey-Khademi-MA--Thesis.pdf>.

Khazan, Olga. "How Loneliness Begets Loneliness". *Atlantic*, abril de 2017. <https://www.theatlantic.com/health/archive/2017/04/how-loneliness-begets-loneliness/521841/>.

Koike, Mayu, *et al.* "What Factors Attract People to Play Romantic Video Games?" *PLOS One*, 15, nº 4 (2020). <https://www.ncbi.nlm.nih.gov/pmc/articles/PMC 7162468/>.

Kushlev, Kostadin, *et al.* "Smartphones Reduce Smiles Between Strangers". *Computers in Human Behavior,* 91 (fevereiro de 2019): 12–16. <https://www.sciencedirect.com/science/article/abs/pii/S0747563218304643>.

Lather, Julie e Emily Moyer-Guse. "How Do We React When Our Favorite Characters Are Taken Away? An Examination of a Temporary Parasocial Breakup". *Mass Communication and Society,* 14, nº 2 (2011): 196–215. <https:// www.tandfonline.com/doi/abs/10.1080/15205431003668603>.

Lindstrom, Martin. *Brandwashed: Tricks Companies Use to Manipulate Our Minds and Persuade Us to Buy*. Nova York: Currency, 2011.

Liu, Dong, *et al.* "Digital Communication Media Use and Psychological Well-Being: A Meta-Analysis". *Journal of Computer-Mediated Communication,* 24, nº 5 (2019): 259–73. <https://academic.oup.com/jcmc/article/24/5/259/5583692>.

Lowry, Rachel. "Meet the Lonely Japanese Men in Love with Virtual Girlfriends". *Time*, 15 de setembro, 2015. <https://time.com/3998563/virtual-love-japan/>.

Maheshwari, Surabhika. "Children of Famous Parents: An Exploratory Study". *World Academy of Science, Engineering and Technology,* 47 (2008): 350–59. <https://citeseerx.ist.psu.edu/viewdoc/download?doi=10.1.1.193.1528&rep=repl&type=pdf>.

Marche, Stephen. "Is Facebook Making Us Lonely?" *Atlantic*, maio de 2012. <https://www.theatlantic.com/magazine/archive/2012/05/is-facebook--making-us-lonely/308930/>.

Marsh, Jenni. "The Rise of Romance Gaming: Is the Perfect Boyfriend Inside Your Phone?" *CNN,* 1º de novembro, 2017. <https://www.cnn.com/2016/11/21/asia/romance-gaming-japan/index.html>.

Murthy, Vivek H . *Together: The Healing Power of Human Connection in a Sometimes Lonely World.* Nova York: Harper Wave, 2020.

Naquin, Charles E., Terri R. Kurtzberg e Liuba Y. Belkin. "E-Mail Communication and Group Cooperation in Mixed Motive Contexts". *Social Justice Research,* 21 (2008): 470–89. <https://link.springer.com/article/10.1007/s11211-008-0084-x>.

Niemiec, Christopher P., Richard M. Ryan e Edward L. Deci. "The Path Taken: Consequences of Attaining Intrinsic and Extrinsic Aspirations in PostCollege Life". *Journal of Research in Personality,* 73, nº 3 (2009): 291–306. <https://www.ncbi.nlm.nih.gov/pmc/articles/PMC2736104/>.

Nishimura-Poupee, Karyn. "No Sad Endings for Japan's Virtual Romance Fans". *Phys Org*, 11 de fevereiro, 2017. <https://phys.org/news/2017-02-sad-japan-virtual-romance-fans.html>.

Noser, Amy e Virgil Zeigler-Hill. "Self-Esteem Instability and the Desire for Fame". *Self and Identity,* 13, nº 6 (2014): 701–13. <https://www.tandfonline.com/doi/abs/10.1080/15298868.2014.927394>.

Ohanesian, Liz. "Japanese Romance Apps Hit the U.S., and They're Amazing". *LA Weekly*, 7 de julho, 2014. <https://www.laweekly.com/japanese-romance-apps-hit-the-u-s-and-theyre-amazing/>.

Olds, Jacqueline e Richard S. Schwartz. *The Lonely American: Drifting Apart in the Twenty-First Century.* Boston: Beacon, 2010.

Pinker, Susan. *The Village Effect: How Face-to-Face Contact Can Make Us Healthier and Happier.* Toronto: Random House of Canada, 2014.

Potter, Ned. "More Facebook Friends, Fewer Real Ones, Says Cornell Study". *ABC News*, 7 de novembro, 2011. <https://abcnews.go.com/Technology/facebook-friends-fewer-close-friends-cornell-sociologist/story?id=14896994>.

Prinstein, Mitch. *Popular: Finding Happiness and Success in a World That Cares Too Much About the Wrong Kinds of Relationships.* Nova York: Penguin, 2017.

Putnam, Robert. *Bowling Alone: The Collapse and Revival of American Community.* Nova York: Simon & Schuster, 2000.

Rockwell, D. e D. C. Giles. "Being a Celebrity: A Phenomenology of Fame". *Journal of Phenomenological Psychology,* 40, nº 2 (2009): 178–210. <https://psycnet.apa.org/record/2009-21140-003>.

Rosenblatt, Gideon. "Unrequited Love in the Time of Technology". *Vital Edge,* 5 de fevereiro, 2015. <https://www.the-vital-edge.com/unrequited-love/>.

Schwartz, Barry. *Paradox of Choice: Why More Is Less.* Nova York: Ecco, 2003. Scott Barry Kaufman (@sbkaufman). "The thirst for power is an attempt to es-cape from loneliness. However, power is never as satisfying as love. (Baumeister & Leary, 1995)". Twitter, 30 de junho, 2017, 20h41. <https://mobile.twitter.com/sbkaufman/status/880994842221752320>.

"Sex Dolls That Talk Back". *New York Times,*11 de junho, 2015. <https://www.nytimes.com/2015/06/12/technology/robotica-sex-robot-realdoll.html?_r=0>.

Storr, Will. *Selfie: How We Became So Self-Obsessed and What It's Doing to Us.* Nova York: Harry N. Abrams, 2018.

Tarantola, A. "Realdoll Invests in AI for Future Sexbots That Move, and Talk Dirty". *Engadget,* 13 de junho, 2013. <https://www.engadget.com/2015-06-12-realdoll-robots-ai-realbotix.html>.

Thompson, Clive. *Coders: The Making of a New Tribe and the Remaking of the World.* Nova York: Penguin, 2019.

Turkle, Sherry. *Alone Together: Why We Expect More from Technology and Less from Each Other.* Nova York: Basic Books, 2012.

Turkle, Sherry. *Reclaiming Conversation: The Power of Talk in a Digital Age.* Nova York: Penguin, 2016.

Uhls, Y. T. e P. M. Greenfield. "The Value of Fame: Preadolescent Perceptions of Popular Media and Their Relationship to Future Aspirations". *Developmental Psychology*, 19 de dezembro, 2011. Advance online publication. doi:10.1037/a0026369.

Universidade de Maryland. "Cellphone Use Linked to Selfish Behavior". ScienceDaily, 14 de fevereiro, 2012. <https://www.sciencedaily.com/releases/2012/02/120214122038.htm>.

Universidade de Rochester. "Achieving Fame, Wealth, and Beauty Are Psychological Dead Ends, Study Says". *ScienceDaily,* 19 de maio, 2009. <https://www.science daily.com/releases/2009/05/090514111402.htm>.

Young, Emma. "Different Kinds of Loneliness—Having Poor Quality Relationships Is Associated with Greater Distress Than Having Too Few". *Research Digest* (blog), 2 de fevereiro, 2019. <https://digest.bps.org.uk/2019/02/20/different-kinds-of-loneliness-having-poor-quality-relationships-iS-associated-with-a-greater-toll-than-having-too-few/>.

Universidade Estadual de Wichita. "People Lie More When Texting, Study Finds". *ScienceDaily,* 26 de janeiro, 2012. <https://www.sciencedaily.com/releases/2012/01/120125131120.htm>.

CAPÍTULO 18

"An Audience with... Ted Kaptchuk". *Nature Reviews Drug Discovery,* 7 (julho de 2008): 554. <https://www.nature.com/articles/nrd2629>.

Baumeister, Roy F. *The Cultural Animal: Human Nature, Meaning, and Social Life*. Nova York: Oxford University Press, 2005.

Blanchflower, David G. e Andrew J. Oswald. "Well-Being over Time in Britain and the USA". Working Paper Nº 7487. *National Bureau of Economic Research*, janeiro de 2000. <https://www.nber.org/papers/w7487>.

Bregman, Rutger. *Humankind: A Hopeful History*. Translated by Elizabeth Manton and Eric Moore. Nova York: Little, Brown, 2020.

Cacioppo, John T. e William Patrick. *Loneliness: Human Nature and the Need for Social Connection*. Nova York: Norton, 2009.

Cahalan, Susannah. *The Great Pretender: The Undercover Mission That Changed Our Understanding of Madness*. Nova York: Grand Central, 2019.

Caluori, Reto. "Even Psychological Placebos Have an Effect". *Informationsdienst Wissenschaft*, 5 de fevereiro, 2019. <https://idw-online.de/de/news710065>.

Charles, S. J., *et al.* "Blocking Mu-Opiod Receptors Inhibits Social Bonding in Rituals". *Biology Letters,* 16 (2020). <https://royalsocietypublishing.org/doi/10.1098/rsbl.2020.0485>.

Christian Science Monitor. "The Ten Happiest Jobs". <https://www.csmonitor.com/Photo-Galleries/In-Pictures/The-10-happiest-jobs/(photo)/382926>.

Colla, Judith, *et al.* "Depression and Modernization: A Cross-Cultural Study of Women". *Social Psychiatry and Psychiatric Epidemiology,* 41, nº 4 (2006): 271-79. <https://pubmed.ncbi.nlm.nih.gov/16520885/>.

Crockett, Molly J., *et al.* "Harm to Others Outweighs Harm to Self". *Proceedings of the National Academy of Sciences,* 111, nº 448 (2014): 17320–25. <https:// www.pnas.org/content/111/48/17320.short>.

Dartmouth College. "Our Brains Are Obsessed with Being Social". *ScienceDaily*, 16 de maio, 2018. <https://www.sciencedaily.com/releases/2018/05/180516162533.htm>.

Denworth, Lydia. *Friendship: The Evolution, Biology, and Extraordinary Power of Life's Fundamental Bond.* Nova York: W. W. Norton, 2020.

Feinberg, Cara. "The Placebo Phenomenon". *Harvard Magazine*, janeiro-Fevereiro de 2013. <https://harvardmagazine.com/2013/01/the-placebo-phenomenon>.

Finniss, Damien G., *et al.* "Placebo Effects: Biological, Clinical, and Ethical Advances". *Lancet,* 375, nº 9715 (2010): 686–95. <https://www.ncbi.nlm.nih.gov/pmc/articles/PMC2832199/>.

Gaab, Jens, *et al.* "Effects and Components of Placebos with a Psychological Treatment Rationale — Three Randomized-Controlled Studies". *Scientific Reports,* 9, nº 1421 (2019). <https://www.nature.com/articles/s41598-018-37945-1>.

Greenberg, Gary. "What If the Placebo Effect Isn't a Trick?" *New York Times Magazine*, 7 de novembro, 2018. <https://www.nytimes.com/2018/11/07/magazine/placebo-effect-medicine.html>.

Hare, Brian e Vanessa Woods. *Survival of the Friendliest: Understanding Our Origins and Rediscovering Our Common Humanity.* Nova York: Random House, 2020.

Hari, Johann. *Chasing the Scream: The First and Last Days of the War on Drugs.* Nova York: Bloomsbury, 2019.

Hari, Johann. *Lost Connections: Uncovering the Real Causes of Depression — and the Unexpected Solutions.* Nova York: Bloomsbury, 2018.

Hidaka, Brandon H. "Depression as a Disease of Modernity: Explanations for Increasing Prevalence". *Journal of Affective Disorders,* 140, nº 3 (2012): 205–14. <https://pubmed.ncbi.nlm.nih.gov/22244375/>.

Insel, Thomas R. "Is Social Attachment an Addictive Disorder?" *Physiology & Behavior,* 79, nº 3 (2003): 351–7. <https://pubmed.ncbi.nlm.nih.gov/12954430/>.

REFERÊNCIAS

Junger, Sebastian. *Tribe: On Homecoming and Belonging*. Nova York: Grand Central, 2016.

Kaptchuk, Ted J. "About". <https://www.tedkaptchuk.com/>.

Kaptchuk, Ted J. "The Placebo Effect in Alternative Medicine: Can the Performance of a Healing Ritual Have Clinical Significance?" *Annals of Internal Medicine,* 136, nº 11 (2002): 817–25. <https://pubmed.ncbi.nlm.nih.gov/12044130/>.

Kaptchuk, Ted. "Placebo Effects Make Good Medicine Better". TEDMED. <https://www.tedmed.com/talks/show?id=299407>.

Kaptchuk, Ted J. e Franklin G. Miller. "Open Label Placebo: Can Honestly Prescribed Placebos Evoke Meaningful Therapeutic Benefits?" *BMJ*, 2 de outubro, 2018. <https://pubmed.ncbi.nlm.nih.gov/30279235/>.

Kirsch, Irving. "Antidepressants and the Placebo Effect". *Zeitschrift für Psychologie,* 222, nº 3 (2014): 128–34. <https://www.ncbi.nlm.nih.gov/pmc/articles/PMC4172306/>.

Kirsch, Irving e Guy Sapirstein. "Listening to Prozac but Hearing Placebo: A Meta-analysis of Antidepressant Medication". *Prevention and Treatment,* 1, nº 2 (1998). <https://psycnet.apa.org/record/1999-11094-001>.

Lowe, Derek. "Expensive Placebos Work Better". *Science*, 29 de janeiro, 2015. <https://blogs.sciencemag.org/pipeline/archives/2015/01/29/expensive_place bos_work_better>.

Miller, Franklin G. e Ted J. Kaptchuk. "The Power of Context: Reconceptualizing the Placebo Effect". *Journal of the Royal Society of Medicine,* 101, nº 5 (2008): 222–25. <https://www.ncbi.nlm.nih.gov/pmc/articles/PMC2376272/>.

Miller, Franklin G., Luana Colloca e Ted J. Kaptchuk. "The Placebo Effect: Illness and Interpersonal Healing". *Perspectives in Biology and Medicine,* 52, nº 4 (2009): 518. <https://www.ncbi.nlm.nih.gov/pmc/articles/PMC2814126/>.

Murthy, Vivek H. *Together: The Healing Power of Human Connection in a Sometimes Lonely World*. Nova York: Harper Wave, 2020.

Universidade Estadual de Ohio. "Why Some Friends Make You Feel More Supported Than Others". *ScienceDaily,* 7 de outubro, 2020. <https://www.sciencedaily.com/releases/2020/10/201007085609.htm>.

Olds, Jacqueline e Richard S. Schwartz. *The Lonely American: Drifting Apart in the Twenty-First Century.* Boston: Beacon, 2010.

Olson, Jay A., *et al.* "Super Placebos: A Feasibility Study Combining Contextual Factors to Promote Placebo Effects". *PsyArXiv Preprints,* 26 de dezembro, 2020. <https://psyarxiv.com/sh4f6/>.

Pinker, Susan. *The Village Effect: How Face-to-Face Contact Can Make Us Healthier and Happier.* Toronto: Random House of Canada, 2014.

Porot, Nicolas e Eric Mandelbaum. "The Science of Belief: A Progress Report". *WIREs Cognitive Science,* 12, nº 2 (2021): e1539. <https://wires.onlinelibrary.wiley.com/doi/10.1002/wcs.1539>.

Prioleau, Leslie, Martha Murdock e Nathan Brody. "An Analysis of Psychotherapy Versus Placebo Studies". *Behavioral and Brain Sciences,* 6, nº 2 (1983): 275–85. <https://www.cambridge.org/core/journals/behavioral-and-brain-sciences/article/abs/an-analysis-of-psychotherapy-versus-placebo-studies/08C6F3704103BE1DE 8737138D61BE66B>.

Quinones, Sam. *Dreamland: The True Tale of America's Opiate Epidemic.* Nova York: Bloomsbury, 2015.

Robinson, Paul H. e Sarah M. Robinson. *Pirates, Prisoners, and Lepers: Lessons from Life Outside the Law.* Lincoln, NE: Potomac Books, 2015.

Snyder, C. Richard, ed. *Handbook of Hope: Theory, Measures, and Applications.* Cambridge, MA: Academic, 2000.

Solnit, Rebecca. *A Paradise Built in Hell: The Extraordinary Communities That Arise in Disaster.* Nova York: Penguin, 2010.

Specter, Michael. "The Power of Nothing". *New Yorker*, 12 de dezembro, 2012. <https://www.newyorker.com/magazine/2011/12/12/the-power-of-nothing>.

Sternberg, Robert e Judith Glück, eds. *The Cambridge Handbook of Wisdom.* Cambridge: Cambridge University Press, 2019.

Storr, Will. *Selfie: How We Became So Self-Obsessed and What It's Doing to Us.* Nova York: Harry N. Abrams, 2018.

Suttie, Jill. "Why Americans Struggle to Be Happy". *Greater Good Magazine*, 26 de outubro, 2015. <https://greatergood.berkeley.edu/article/item/why_americans_struggle_to_be_happy>.

University of Michigan Health System. "Placebo Power: Depressed People Who Respond to Fake Drugs Get the Most Help from Real Ones".

ScienceDaily, 30 de setembro, 2015. <https://www.sciencedaily.com/releases/2015/09/150930140131.htm>.

Wai-lan Yeung, Victoria, Andrew Greers e Simon Man-chun Kam. "Merely Possessing a Placebo Analgesic Reduced Pain Intensity: Preliminary Findings from a Randomized Trial". *Current Psychology,* 38 (2019): 194-203. <https:// link.springer.com/article/10.1007/s12144-017-9601-0>.

Wehrwein, Peter. "Astounding Increase in Antidepressant Use by Americans".

Harvard Health Blog, 20 de outubro, 2011. <https://www.health.harvard.edu/blog/astounding-increase-in-antidepressant-use-by-americans-201110203624>.

Weissman, Myrna M., *et al.* "The Changing Rate of Major Depression: Cross-

National Comparisons". *JAMA* 268, nº 21 (1992): 3098-105. <https://jamanet work.com/journals/jama/article-abstract/401629>.

Wikipédia. "Inclusion of the Ingroup in the Self". <https://en.wikipedia.org/wiki/Self-expansion_model#Inclusion_of_the_ingroup_in_the_self>.

Wikipédia. "Placebo". <https://en.wikipedia.org/wiki/Placebo>.

Wikipédia. "Rumspringa". <https://en.wikipedia.org/wiki/Rumspringa>.

Wikipédia. "Ted Kaptchuk". <https://en.wikipedia.org/wiki/Ted_Kaptchuk>.

CAPÍTULO 19

Christakis, Nicholas A. *Blueprint: The Evolutionary Origins of a Good Society*. Nova York: Little, Brown, 2019.

Cozolino, Louis. *The Neuroscience of Human Relationships: Attachment and the Developing Social Brain*, 2ª edição. Nova York: W. W. Norton, 2014.

Finkel, Michael. *The Stranger in the Woods: The Extraordinary Story of the Last True Hermit*. Nova York: Knopf Doubleday, 2017.

Robinson, Paul H. e Sarah M. Robinson. *Pirates, Prisoners, and Lepers: Lessons from Life Outside the Law*. Lincoln, NE: Potomac Books, 2015.

CONCLUSÃO

Baumeister, Roy F. e Mark R. Leary. "The Need to Belong: Desire for Interpersonal Attachments as a Fundamental Human Motivation". *Psychological Bulletin,* 117, nº 3 (1995): 497–529. <https://psycnet.apa.org/record/1995-29052-001>.

Baumeister, Roy F. e William von Hippel. "Why Nature Selected Human Minds to Use Meaning". *Evolutionary Studies in Imaginative Culture,* 4, nº 1 (2020): 1–18. <https://www.jstor.org/stable/10.26613/esic.4.1.158?-seq=1>.

Freling, Traci H. "When Poignant Stories Outweigh Cold Hard Facts: A Metaanalysis of the Anecdotal Bias". *Organizational Behavior and Human Decision Processes,* 160 (2020): 51–67. <https://www.sciencedirect.com/science/article/abs/pii/S0749597819301633>.

Hu, Caitlin. "An Italian Doctor Explains 'Syndrome K,' the Fake Disease He Invented to Save Jews from the Nazis". *Quartz*, 8 de julho, 2016. <https:// qz.com/724169/an-italian-doctor-explains-syndrome-k-the--fake-disease-he-invented-to-save-jews-from-the-nazis/>.

"Italian Doctor Who Fooled Nazis". *BBC News*, atualizado em 3 de dezembro, 2004. <http://news.bbc.co.uk/2/hi/europe/4066105.stm>.

Lambert, Nathaniel M., *et al.* "To Belong Is to Matter: Sense of Belonging Enhances Meaning in Life". *Personality and Social Psychology Bulletin,* 39, nº 11 (2013): 1418–27. <https://journals.sagepub.com/doi/abs/10.1177/0146167213499186>.

Wikipédia. "Fatebenefratelli Hospital". <https://en.wikipedia.org/wiki/Fatebenefra telli_Hospital>.

Wikipédia. "Giovanni Borromeo". <https://en.wikipedia.org/wiki/Giovanni_Borromeo>.

Índice

Símbolos

11 de Setembro 192

A

ajuda mútua 53
Albert
  Bernstein, psicólogo 85
  Einstein, físico 167
  Ellis, psicólogo 130
Aldert Vrij, professor 36, 37
alertas de empatia 82, 149
Alex Todorov, professor 23
altruísmo 58, 62
  generalizado 192
Alysson Muotri, professor 69
Alzheimer 20
amnésia anterógrada 138, 140
amor-próprio 83
ancoragem egocêntrica 15
ansiedade 81

social 67
Arie Kruglanski, psicólogo 28
Aristóteles, filósofo 63–65, 71
astrologia 7
autoconsciência 85
autoestima 15, 115
autoexpansão 142, 144
autoprocessamento 65

B

Bella DePaulo, cientista
  social 164
Bernard Bailey, físico 81
Bianca Acevedo, neurocientista
  121
Bíblia 64, 100, 127
biologia 57–58
Buda 167
bullying 71, 85, 174

C

capacidade intelectual 38
Carroll Bryant, poeta 157
casamento autoexpressivo 107
Charles
  Darwin 58, 60
  Fritz, sociólogo 190–191
Cícero, filósofo 64
citrato de sildenafil 98
companheirismo 74
consumismo 168
contágio emocional 143
contratransferência 82
corredor da morte 113
Cupido 119

D

Dale Carnegie, escritor 72–73, 83, 90
Daniel
  Hruschka, antropólogo 56, 93
  Kahneman, prêmio Nobel 54
darwinismo 61, 90, 117
decepção 83
depressão 23, 81, 170
derrogação de alternativas 121, 123
destino retroativo 153
diplomacia 47
direitos humanos 105
disfunção erétil 99
disponibilidade de apoio 92
distorção idealista 123
divórcio 103, 130

Dorothy Day, humanitária 192

E

efeito
  Barnum 7–8
  da bela bagunça 76
  Forer 7
  Hans Esperto 14
  Michelangelo 142, 150, 157
  placebo 184, 186, 205
  Tolstói 132
empatia 65–66
episódio depressivo maior 115
equação de Price 60, 62
Eric Klinenberg, sociólogo 108
erotomania 124
Escala CI ("Comportamento Inclusivo") 65
escorbuto emocional 199
escuta ativa XVI–XVIII
esposificação da vida 108
esquizofrenia 170
estresse emocional 38
estudo duplo-cego 14
eufemismo XVI
evolução 62
exílio 164
existencialismo 169
Explosão de Lorimer 42

F

folie à deux 124–125, 132
Frank Tallis, psiquiatra 115

ÍNDICE

fraqueza da amizade 57

G

generosidade 62
Grace Humiston, detetive 2–4
Grupo de Interrogatório de
  Detentos de Alto Valor 36

H

habilidades de interpretação 27
Hans Esperto, cavalo 12
Helen Fisher, antropóloga 100,
  116
hiperindividualismo 169

I

idealização 120, 121, 125
Iluminismo 105, 126
ilusão positiva 121
imprevisibilidade 81
individualismo 168
instinto de autonomia 148
Isaac Newton 167
isolamento emocional 175

J

Jesus 167
Jonathan Haidt, cientista social
  72
Julianne Holt-Lunstad, professora de psicologia 81

K

Karen Levine, psicóloga 69

L

Larry Flynt, pornógrafo 86
lealdade irracional 119
legibilidade 18
leitura
  fria 8, 26
  passiva 45
linguagem corporal XXII, 14, 19
Lord Byron, escritor 166

M

Maomé 167
mapa do amor 145, 148
Mary Shelley, escritora 166
Masahrio Yamada, sociólogo
  172
memória
  autobiográfica 21
  emocional 140
  episódica 140
  processual 140
  semântica 140
mentiras 34–35
  detectar 35–36, 39
Método do Jornalista Amigável
  36, 38
Michael Esterman, professor 17
Michelangelo, artista 148–149
motivação 16–17

Mulher-Maravilha, personagem 35

N

narcisismo 78, 81–82, 177
navalha de Occam 45
Nicholas
  Christakis, professor 54
  Epley, pesquisador 15, 26

O

objetivos extrínsecos 174–175
ocitocina 68
  receptores de 62
Oskar Pfungst, cientista 12–13

P

Pablo Picasso 167
pandemia do COVID-19 164, 170, 193
perfilamento 15
perfil cognitivo desigual 68, 70
perytons 42
pessoas traiçoeiras 37
Platão 63
polidez 47
polígrafo 38
pós-modernismo 169
precisão empática 46
Primeira Guerra Mundial 3
procriação 62
profilamento criminal 6

psicopatas 38

R

raiva 83
rajada rápida de rádio 41
reciprocidade 54
relacionamentos
  ambivalentes 81
  transacionais 57, 63, 77
relações parassociais 177–178
reparo preventivo 145
ressonância magnética 65, 68
Richard Wiseman, pesquisador 34
Robert Bellah, sociólogo 73
rotulagem XVII

S

Sarah Burke-Spolaor, astrofísica 42
Scott Barry Kaufman, psicólogo 181
Sêneca, filósofo 105
senso de pertencimento 204
sentimento crítico 82
Sigmund Freud, psicanalista 115
sinalização 118–119
síndrome
  de Estocolmo 144
  de Williams 67–68, 72, 90
  do Resto de Nós 69
  K 201–202

ÍNDICE

sobreposição de sentimentos negativos (SSN) 129–131, 133

sobrevivência 62

socialização 68

Sócrates, filósofo 63

solidão 165–167, 173
  crônica 170
  epidemia de 173

solidariedade íntima 191

solitude 167–168, 181

Stanley Jaks, mentalista 8

status 175–177

Stephanie Coontz, historiadora 103

substituição de sentimentos positivos (SPO) 141–142

suicídio 84, 170, 174

supergeneralização 25

T

taxa-base 7–8

técnica de Reid 35

teoria
  da autoexpansão 65
  da seleção natural 58, 60, 66
  da sinalização 73–74

terapia de casamento XVIII

Thomas
  Gilovich, psicólogo 7
  Pollet, psicólogo 180

timidez 131

transtorno
  bipolar 115
  delirante 124

de personalidade limítrofe 84

de personalidade narcisista (TPN) 82

V

Viagra 98, 100

vício 116–117

viés
  de confirmação 26–27, 29, 45, 130
  do sobrevivente 101, 124
  egocêntrico 15

vieses cognitivos 9, 26

Virgílio, poeta 100

vulnerabilidade 75–76, 90, 92

Y

Yaacov Trope, psicólogo 28

Este livro foi impresso nas oficinas gráficas da Editora Vozes Ltda.,
Rua Frei Luís, 100 – Petrópolis, RJ.